Yes,
And

Yes,

예스, 앤드

And

까칠한 세상도 유연하게 돌파하는 웃음의 성공학

켈리 레너드·톰 요튼 지음 | 박선령 옮김 | 김호 감수

Winner's Secret Library WinLAB
WINNER'S BOOK

옮긴이 _ 박선령

세종대학교 영어영문학과를 졸업하고 MBC방송문화원 영상번역과정을 수료하였다. 현재 번역 에이전시 엔터스코리아에서
출판기획 및 전문 번역가로 활동하고 있다.
주요 역서로는 《어떻게 인생 목표를 이룰까》 《앤디워홀 이야기》 《상식 밖의 성공수업》 《비즈니스 씽커스》 《마케팅을 아는 여자》
《똑똑한 심리학》 《잽, 잽, 잽, 라이트훅》 등 다수가 있다.

예스, 앤드

초판 1쇄 발행 2015년 4월 30일
4쇄 발행 2015년 8월 14일

지은이 켈리 레너드, 톰 요튼
옮긴이 박선령
감 수 김 호
발행인 홍경숙
발행처 위너스북

경영총괄 안경찬
기획편집 노영지, 임소연

출판등록 2008년 5월 2일 제310-2008-20호
주소 서울 마포구 합정동 370-9 벤처빌딩 207호
주문전화 02-325-8901
팩스 02-325-8902

책임편집 노영지
표지디자인 오필민
본문디자인 최희민
제지사 한솔PNS(주)
인쇄 영신문화사

ISBN 978-89-94747-38-5 (03320)

이 도서의 국립중앙도서관 출판예정도서목록(CIP)은 서지정보유통지원시스템 홈페이지(http://seoji.nl.go.kr)와
국가자료공동목록시스템(http://www.nl.go.kr/kolisnet)에서 이용하실 수 있습니다.(CIP제어번호: CIP2015009665)

웃음 없는 하루는 낭비한 하루다.

- 찰리 채플린 -

+ 모 두 를 위 한 규 칙 +

／　　　1. 사람들을 만날 때는 눈을 똑바로 쳐다봐라.

／　　　2. 미소를 지어라.

／　　　3. 다른 사람이 얘기하는 중에 문자메시지나 이메일을 확인하지 마라.

／　　　4. 호기심을 품어라.

／　　　5. 단 하루만이라도 거절하는 말을 참아보자.

／　　　6. 자기가 잘못했을 때는 그 사실을 재빨리 인정하고 사과한 뒤 계속 전진하라.

／　　　7. 자신을 용서하라. 그리고 그만큼 다른 사람들도 용서하라.

／　　　8. 따르고 싶은 사람이 누구인가? 그 사람처럼 상대방을 이끌어라.

／　　　9. 나쁜 놈이 되지 말고, 나쁜 놈을 따르지도 말라.

／　　　10. 시간을 지켜라.

／　　　11. 준비를 철저하게 하라.

／　　　12. 자신이 해결하려고 애쓰는 문제에 집중하라.

／　　　13. 파트너를 돋보이게 하라.

／　　　14. 경외하지 말고 존중하라.

／　　　15. 상대방의 모든 것에 귀 기울여라.

／　　　16. 분위기를 읽어라.

／　　　17. 대화를 나눠라.

6

/ 18. 자신의 일을 사랑하라.

/ 19. 다른 사람들에게 갈채를 보내라.

/ 20. 가능하면 '나'가 아닌 '우리'라고 말하라.

/ 21. 자기 생각이 옳지 않을 수도 있다.

/ 22. 문을 활짝 열어라.

/ 23. 공포심 때문에 일하지 말라. 가능성을 느끼면서 일하라.

/ 24. 자기편으로 끌어들이고자 하는 관객들을 연구하고, 그들에게도 역할을 부여하라.

/ 25. 즉흥 연기자가 되어라.

* 미국 시카고에 있는 세컨드 시티(The Second City) 극단에는 드나드는 문마다 이 목록이 붙어 있다. 세컨드 시티는 '코미디계의 하버드'라 불리며 세계 최고의 코미디언들이 모인 곳이다. 위 글은 단원들을 위해 쓰였으나, 결과적으로는 모든 비즈니스의 핵심을 찌르고 있다.

신동엽이 만약 기업 컨설팅을 한다면?

: 세계 최고 기업들이 '코미디의 하버드' 세컨드 시티 (The Second City) 극
단에 컨설팅을 요청하는 이유

매년 400여 개가 넘는 기업(그중 절반은 포춘 1,000대 기업[1]이다)의 리더들
이 즉흥연기(Improvisation)를 하는 세계 최고의 코미디 극단 세컨드 시티에 컨
설팅과 교육을 의뢰하는 이유는 무엇일까? 바로 '예스, 앤드'를 배우기 위
해서다. '예스, 앤드'가 직원들의 창의력을 높이고, 조직 내부의 소통을 보
다 원활하게 하며, 기업 교육은 물론, 심지어 위기 상황에서의 대응력을 키
우는 데 도움이 되기 때문이다.

'예스 앤드'가 무엇일까? 즉흥극의 가장 중요한 원칙이다. 예를 들어,
무대 위에 두 사람이 올라간다. 미리 짜인 대본도 없다(매일 살아가는 우
리의 삶이나 기업을 경영하면서 벌어지는 일도 미리 짜진 대본이 없기는

---

1) '3 improv exercises that can change the way your team works', Tom Yorton, 〈Harvard Business Review〉, 2015. 3. 9.

마찬가지이다!). 한 배우가 "꼼짝 마! 난 총을 갖고 있다"라고 말했을 때, 또 다른 배우가 "그게 무슨 총이야, 그건 네 손가락이잖아!"라고 하게 되면 즉흥극은 성립이 되지 않는다. 상대가 한 대사와 상황을 그대로 인정하면서('예스'), 새로운 것을 덧붙여야('앤드') 한다. 예를 들면, "아니! 그 총은 내가 크리스마스 선물로 준 것이잖아! 이 나쁜 자식!"이라고 하게 되면 또 다시 새로운 상황이 시작된다.[2] 즉흥극의 가장 중요한 성립 요건인 '예스, 앤드'의 마인드가 21세기 기업 경영에 실질적으로 도움이 된다는 것을 알게 된 기업들이 세컨드 시티 극단과 프로젝트를 하고 교육을 받고 있는 것이다.

코미디는 물론 연극과는 아무런 상관이 없는, 기업의 조직 및 리더십 커뮤니케이션 컨설팅을 하는 내가 2010년 여름 시카고에 위치한 유서 깊은 세컨드 시티 극단에서 즉흥연기를 배운 것도 순전히 그들로부터 기업 경영에 필요한 커뮤니케이션 기술, '예스, 앤드'를 배우기 위한 목적이었다. 당시 이 책의 저자 중 한 명인 톰 요튼을 인터뷰하여 한 잡지에 글을 기고하기도 했는데, 톰 요튼은 실제 글로벌 광고 대행사인 오길비를 비롯, 시어스 백화점 및 3Com 등에서 마케팅을 해온 인물이다. 그가 세컨드 시티에서 많은 화제작을 만든 켈리 레너드와 함께 쓴 책이 바로《예스, 앤드》이다. 이 책은 '미국 기업들이 현재 읽고 있는 책 리스트(2015년 2월)'에서 5위를 차지하기도 했다.[3]

---

2) 이 상황은 세컨드 시티에서 활동했던 티나 페이(Tina Fey)의 책《Bossypants》(2011)에서 가져온 것이다.

3) 'Top 25: What corporate America is reading, February 2015', 800-CEO-READ, 〈Chicago Tribune〉, 2015. 3. 5.

'예스, 앤드'가 기업에 실질적인 도움이 될지 고개를 갸우뚱하는 분이 있을 것 같다. 몇 가지 예를 들어보자.

> **사례 1** _ 2014년 12월 국내 한 항공사의 오너일가는 '예스, 앤드'를 못해서, 부사장이 구속까지 되는 일이 발생했다. 당시 '땅콩회항' 사건으로 사회에서 문제가 되자 이 항공사는 언론을 통해 입장을 발표했다. "승객분들께 불편을 끼쳐드려 사과 드립니다. 사무장을 하기시킨 이유는 최고 서비스와 안전을 추구해야 할 사무장이 1) 담당 부사장의 지적에도 불구하고 규정과 절차를 무시했다는 점, 2) 매뉴얼조차 제대로 사용하지 못하고 변명과 거짓으로 적당히 둘러댔다는 점을 들어 조 부사장이 사무장의 자질을 문제 삼았고, 기장이 하기 조치한 것입니다……. 전 임원들은 항공기 탑승 시 기내 서비스와 안전에 대한 점검 의무가 있습니다……. 부사장은 기내 서비스와 기내식을 책임지고 있는 임원으로서 문제 제기 및 지적은 당연한 일입니다……."

위기상황에 빠진 리더들에게 컨설팅을 자주 하는 나로서는 흥미를 갖고 볼 수밖에 없었다. 기업이 자신의 실수나 잘못으로 공개사과를 할 때, 입장문의 가장 중요한 프레임은 '예스, 앤드'이다. 즉, 잘못을 인정하며('예스'), 이와 관련 개선 조치를 내놓는 것('앤드')이 사과의 기본 구조이다. 이 입장문은 '예스, 앤드'가 아닌 '노, 벗(No, But)'의 구조인데, 이런 사과는 효과를 얻기 힘들며, 오히려 여론의 분노를 높여서 스스로를 더 불리한 구석으로 몰아간다. 첫 번째 대응을 이렇게 망치고 나면, 그 이후 회사가 비싼 돈

들여 신문에 사과문을 게재하고, 당사자는 물론 회장인 아버지까지 나서서 사과해도 상황은 개선되지 않는다.

결국 '예스, 앤드'가 아닌 '노, 벗'의 대응으로 인해 여론은 급속도로 악화되었고, 부사장은 구속되고, 1심에서 징역 1년 선고를 받았다. 예스, 앤드를 실천하지 못한 대가치고는 너무나 크다. 실제 위기관리 컨설팅에 들어갈 때, 컨설턴트의 가장 중요한 임무 중 하나는 고객이 상황을 있는 그대로 받아들이도록 하는 것이다. 위기관리의 중요한 조언 중 하나는 다음과 같다. "위기관리는 '어떤 사건이 발생했는가'보다 '(발생한 것을 받아들이고) 무엇을 할 것인가'에 대한 것이다(Crisis management is not about what happened, but, what you do with what happened)." 줄여서 말하면 다음과 같다. "예스, 앤드!"

사례 2 _ 국내 대기업에서 일하는 A임원은 소통이 잘 되는 팀을 만들기 위해서 무엇을 어떻게 해야 할지 고민이다. 결국 조직의 소통역량을 키우겠다면서 직원들에게 프레젠테이션 교육을 시키기로 결심했다.

소통강화를 위해 말하기나 프레젠테이션 교육보다 더 중요한 것이 있다. 바로 듣기이다. 제대로 듣기 위해서는 '예스, 앤드'의 마인드를 갖지 않고는 불가능하다. 듣기란 기본적으로 나의 판단을 중지하고 상대의 이야기에 집중하는 것이기 때문이다. 리더가 잘 듣겠다면서 계속 판단을 하고 '노, 벗'으로 가게 되면 소통능력은 계속 떨어지게 되어 있다. 실제 세컨드 시티 극단의 기업 컨설팅 및 교육을 담당하는 세컨드 시티 웍스에서 가장 많은 의뢰를 받는 영역 중의 하나가 커뮤니케이션이다. 즉흥극의 기술을 통해 '예스, 앤드'가 실제 대화와 소통 능력 향상에 어떻게 도움이 되는지를 수많은 기업들이 즉흥연기 배우들로부터 배우고 있는 것이다. 베스트셀러 《파는 것이 인간이다》(다니엘 핑크 저)에서도 한 장을 할애하여 즉흥극의 기술, 특히 '예스, 앤드'가 세일즈나 커뮤니케이션에 어떤 도움이 되는지를 상세하게 설명하고 있다.

> **사례 3** _ 국내 한 대기업은 브레인스토밍 회의에서 직원들이 새로운 아이디어를 두려워하지 않고 내놓을 수 있는 방법을 고민했다. 가장 중요한 솔루션은 '예스, 앤드'였다. 즉, 회의 진행 방식을 다른 사람이 내놓은 아이디어에 자신의 또 다른 아이디어를 연결하는 방식으로 대화를 재구성하는 것이다.

브레인스토밍 회의에서 다른 사람의 아이디어에 자신의 아이디어를 연결하기 위해서는 자연스럽게 다른 사람의 아이디어에 집중하게 되고, 자신의 생각과의 연결성을 도모하게 된다. 세컨드 시티에서 내게 즉흥연기 수업을 해주었던 맷 호브(Matt Hovde)는 "즉흥연기란 창조성을 풀어내는 방법이다(Improv is a way to unlock your creativity)"라고 설명한다. 또한, 디자인 씽킹(Design Thinking)으로 가장 유명한 기업 아이디오(IDEO)의 CEO 팀 브라운은 창의적 마인드의 핵심을 '예스, 앤드'라고 말했고, 이 마인드를 가장 잘 이해하도록 도와주는 책을 바로《예스, 앤드》라고 추천한 바 있다.

즉흥연기와 세컨드 시티의 역사를 이해하는 데 있어 우리는 두 사람을 알아둘 필요가 있다. 즉흥연기는 처음에는 코미디나 엔터테인먼트와는 관련이 없었다. 교육자이자 작가였던 비올라 스폴린(Viola Spolin, 1906-1994)이 어린이들의 창의력과 자기표현 능력을 개발하기 위해 극장에서의 트레이닝 게임으로 만든 것이었다. 그녀가 1984년에 쓴《Improvisation for the Theater》는 즉흥연기는 물론 교육 분야에서도 인정받는 책이다. 그녀는 사람들이 즉흥연기 기법을 통해 창의성과 직관(intuition)에 접근할 수 있도록 돕고자 했다.[4]

또 한 사람은 바로 그녀의 아들인 폴 실스(Paul Sills, 1927-2008)이다. 어머니인 스폴린이 즉흥연기를 교육에 활용하는 기법을 만들어냈다면, 이를 코미디 극단 등을 통해 널리 확산시킨 사람이 폴 실스이다. 그는 1955년 시카고 대학에서 만난 친구들과 함께 콤파스 플레이어스(Compass Players)라는 즉흥연기 극단을 만들어 스폴린의 기법을 활용한 연극을 무대에 올렸고, 1959년에는 역시 동료들과 세컨드 시티 극단을 만들게 된다.[5] 우리에게도 친숙한 영화 〈그라운드호그 데이(Groundhog Day)〉와 〈사랑도 통역이 되나요(Lost in translation)〉에 나온 빌 머레이(Bill Murray)도 세컨드 시티 극단을 거쳐 간 수많은 유명 배우 중 한 사람이다.

---

4) 'Viola Spolin, 88, a teacher who inspired improve theater', Mel Gussow, 〈The New York Times〉, 1994. 11. 23.
5) 'Paul Sills, a guru of improve theater, dies at 80', Campbell Robertson, 〈The New York Times〉, 2008. 6. 4.

《예스, 앤드》를 읽다 보면 세컨드 시티에서 작품을 어떤 식으로 만드는지, 제작자와 감독의 역할은 무엇이며, 배우들은 어떻게 창의적인 작품을 무대에 올리는지의 과정을 생생하게 볼 수 있다. 이 과정이 기업에 있는 경영자들에게 주목받는 이유는, 비즈니스에서 창조성이 점차 중요해지는 이 시대에 리더가 기업 내에서 팀을 어떻게 운영해야 하는지, 리더가 어떤 역할을 해야 하는지에 대한 통찰력을 얻을 수 있기 때문이다. 예를 들어, 세컨드 시티에서는 조직의 창의력을 극대화시키기 위해 리더인 제작자가 언제 개입해야 하고 빠져야 하는지에 대한 룰이 있다. 이런 것이 기업 경영에 어떤 의미가 있을까?

대기업에서 가끔씩 발생하는 상황은 이렇다. 광고 에이전시에서 신제품 광고를 소비자의 취향에 맞추어 만든다. 조사를 해봐도, 신제품이 성공하기 위해서는 A라는 광고가 맞다. 고객사인 대기업의 잘 나가는 마케팅 담당 임원도 동의한다. 마지막 관문, 회장님이다. A안에 확신을 가진 마케팅 담당 임원과 광고회사는 회장님이 미련 없이 A를 선택하도록 비교 안으로서 누가 봐도 아닌 B 광고안을 만든다. 광고 최종 선택 회의. 10여 명의 담당 임원 및 직원들이 앉아 있고, A와 B안이 제시된다. 주의 깊게 보던 회장님의 한마디. "B안이 좋은데!" 그리고 묻는다. "다들 어떻게 생각하나?" 그 자리에 있던 모두, "저도 B안이 더 좋은 것 같습니다!"

회장님은 광고에 대한 안목을 높여야 할까? 회장님이 마케팅 강의라도 들어야 할까? 아니다! 왜 회장님이 광고의 최종결정을 내려야 할까? 회장님이 이 회의와 의사결정 구조에서 빠지는 게 정답이다. 회사 내부의 마케팅 담당 전문가에게 맡기면 된다. 가끔씩 소비자가 만족하는 광고가 아닌 회장님이 만족하는 광고가 실제 TV나 언론을 통해 나오는 이유이다. 이렇게 엉뚱한 광고가 나오면 결국 누가 손해일까?

《예스, 앤드》와 세컨드 시티의 즉흥연기 방식이 최근 미국 기업을 중심으로 주목을 받는 이유는 또 있다. 최근 들어와 기업 경영의 화두가 되고 있는 디자인 사고(Design Thinking)나 린 스타트업(Lean Startup)을 보면 놀랍도록 오랜 전통의 즉흥 연기 방식과 맞닿아 있다는 것을 알 수 있다. 디자인 사고와 린 스타트업 방식에서는 완제품을 개발하는 단계에서 프로토타입(prototype, 시제품)을 만들어놓고 고객의 피드백을 받아 더 완전한 상품으로 함께 만들어(co-creation) 가는데, 세컨드 시티 극단에서는 정식으로 한 작품을 무대 위에 올리기 전에 관객들에게 무료로 개방하여 피드백을 받아 개선해나가는 작업을 취한다. 팀 브라운은 디자인 사고에 대해 이야기하면서 "빨리 성공하기 위해서는 자주 실패해야 한다"고 강조했다.

내가 시카고에서 톰 요튼을 만나 인터뷰했을 때 인상적이었던 말은 "즉흥연기란 완벽함에 대한 것이 아니다(It's not about being perfect)"라는 것이었다. 즉흥연기를 하다 보면 여러 가지 실수를 하게 된다. 내 경우에는 영어로 즉흥연기를 펼친다는 것 자체가 많은 실수의 가능성을 내포하고 있었고, 상대방의 대사를 이해하지 못해 실수한 적이 많았다. 하지만 단 한 사람도 나의 실수에 키득거리지 않았고, 내가 정 이해하지 못한 부분은 친절히 설명을 해주었다. 그런 과정에서 더 많은 것을 배울 수 있었다. 톰 요튼은 위대한 즉흥연기자는 실수를 덜 하는 사람이라기보다는 실수를 쿨하게 극복할 수 있는 사람이라고 말한다. 세컨드 시티의 배우들은 자신들이 무대에서 성공적인 연기를 펼치는 만큼, 실수도 있을 것이라는 점을 인정하고 있었다. 이런 맥락에서 "덜 계획하고 더 발견하라(Plan less and discover more)"[6]는 조언은 요즘처럼 불확실성이 높고 빠른 속도로 변화하는 세상에 적응해야 하는 기업의 리더들이 귀 기울일 필요가 있다.

《예스, 앤드》는 배우를 위한 책이 아니다. 즉흥 연기의 원칙과 기법을 기업 경영과 리더십에 접목할 수 있도록 세계 최고 코미디 극단에서 일하는 프로듀서와 경영자가 알기 쉽게 풀어 쓴 보기 드문 책이다. 트위터의 CEO인 딕 코스톨로, 명문 와튼 경영대학원의 아담 그랜트 교수, IDEO의 팀 브라운, 경영 작가인 다니엘 핑크 등이 이 책에 찬사를 보내는 이유이다. 이 책은 또한 기업에서 인재 개발 및 교육을 책임지고 있는 사람뿐 아니라 교실에서 학생을 가르치는 교사들에게도 매우 유용하다.[7] 부록에서는 대표적으로 기업의 트레이닝이나 교실에서 쓸 수 있는 즉흥연기 게임들을 독자들이 사용할 수 있도록 소개하고 있다.

---

6) 'Using improve methods to overcome the fear factor', Tom Yorton, 〈Employment Relations Today〉, 2005.5) 'Paul Sills, a guru of improve theater, dies at 80', Campbell Robertson, 〈The New York Times〉, 2008. 6. 4.
7) 국내에서 즉흥연기를 교육에 활용하는 방법에 대해 배우고 싶다면 사다리 연극놀이연구소(playsadari.com)의 프로그램을 참고하기 바란다. 배우인 오지혜는 학교에서 연극놀이를 가르칠 것을 강력하게 주장한다. ("'영어'만큼 '연극'이 중요한 이유', 김호, 한겨레, 2013. 2. 11. 참고)

미국의 유명 코미디 프로그램인 새터데이 나이트 라이브(Saturday Night Live, 줄여서 SNL)는 세컨드 시티로부터 배우들을 선발하고, 코미디 연기 기법에 있어서도 이 극단의 영향을 많이 받았다. 국내에서 SNL의 진행을 맡고 있는 개그맨 신동엽에게 기업 컨설팅을 부탁한다면 어떤 조언을 줄까? 신동엽의 우수함은 대본을 그대로 따라하는 것보다 순간적인 애드리브와 뛰어난 상황 대응력에 있다. 그는 즉흥연기를 훌륭하게 해낸다. 기업의 경영이 계획대로만 된다면 얼마나 좋을까? 경영의 어려움과 묘미는 대본에 없는 상황에 대응하는 것에서 나온다. 기업이 신동엽으로부터 배울 수 있는 것은 바로 빠른 상황 판단과 대응력 아닐까?

《예스, 앤드》로부터 우리가 읽어내야 할 것은, 기업 경영에는 정해진 대본이 없다는 사실이다. 《예스, 앤드》는 대본이 없는 상황에서 기업의 리더들이 어떻게 행동해야 할지에 대한 훌륭한 가이드를 제시하고 있다.

어디 기업 경영만 그럴까? 우리 삶에도 어차피 정해진 대본은 없다.

김호 더랩에이치 대표

차례

세상에서 가장 재미있게 일하는 방법

우리는 아주 근사한 직업을 갖고 있다. 우리는 지구상에 있는 이들 가운데 최고로 재미있고 창조적인 사람들과 함께 일한다. 또한 우리 회사의 제품은 독창성과 지성, 웃음으로 가득하다. 물론 때로는 이 일이 싫어지기도 한다. 누구나 다 그렇듯이 말이다. 하지만 경험상 다른 이들에 비해 자기 일에 진저리를 치며 벗어나고 싶어 하는 경우가 훨씬 적은 듯하다. 더구나 우리는 일에 만족을 느낄 때와 그렇지 못할 때의 차이점이 뭔지 파악하고 있기 때문에 금방 해결책을 찾을 수 있다. 일은 언제든 지겹고 지칠 수 있다. 하지만 행복하게 일할 수 있는 방법은 따로 있다.

우리는 즉흥적으로 일할 때 가장 행복하고 성공적이다. 여기서 즉흥적이란 말은 마음 내키는 대로 일한다는 뜻이 아니라 우리 극단에서 가르치는 즉흥 연기의 7가지 요소를 말한다. 즉흥 연기의 요소를 충실히 따르면 아이디어를 빠르고 효과적으로 끌어낼 수 있다. 또한 동료들과 조화를 잘 이룰 수 있고, 고객들과 지속적이고 충만한 소통도 가능하다. 나아가 인생의 돌풍도 침착하게 견뎌낼 수 있으며 실패의 두려움에 짓눌리지 않을 수 있다. 즉흥 연기자 모드로 돌입했을 때, 우리는 더 훌륭해지고, 놓치기 쉬웠던 것을 놓치지 않게 된다. 즉흥 연기자가 될 때 삶이 더욱 풍부해지는 것이다. 우리는 당신의 삶도 그렇게 될 것이라 믿는다. 그것이 바로 우리가 이 책을 쓴 이유이다.

우리는 즉흥 연기의 기본 원리를 정한 사람들도 아니고, 이 분야의 권위자도 아니다. 또 세컨드 시티(The Second City, 시카고에 있는 미국 최고의 코미디 극단)에서 워크숍을 진행하거나 제작 과정에 참여하는 인기 스타도 아니다. 다만 우리는 즉흥 연기를 연습하는 사람들은 자신감과 창의성, 유연성이 커진다는 것을 목격했다. 그래서 모든 이들이 일을 더 즐겁게 할 수 있게 도우려는 세컨드 시티의 노력에 오랜 기간 함께해왔다. 그리고 이러한 세컨드 시티의 활동을 지켜보면서 우리는 다음과 같은 결론에 도달했다. 그건 바로 즉흥 연기가 그 어떤 자기계발 비법보다 효과적이라는 것이며, 더구나 이것은 어떤 환경에서도 효력이 있다.

우리 두 사람이 이 책을 쓰기로 결정한 건 코미디로 업무 능력을 향상시킨다는 세컨드 시티의 작업이 혁명적이었을 뿐만 아니라, 이미 실제로 이런 혁명이 곳곳에서 일어나는 중이라는 강력한 증거를 더 이상 무시할 수 없었기 때문이다. 이 서문을 쓰던 날 〈뉴욕타임스〉에는 토머스 프리드

먼(Thomas Friedman)이 기고한 '구글이 인재를 채용할 때 기대하는 특성'이란 기사가 실렸다. 이 글에서는 "즉석에서 일을 처리할 수 있는 능력", "기꺼이 권한을 포기할 수 있는 자세", "다른 사람이 기여할 수 있는 공간을 만들어주는 사람", "실패에서 교훈을 얻는 법을 배울 수 있는 사람" 등 이런 특성을 가진 인재가 더욱 필요해질 것이라 말한다.

이는 곧 즉흥 연기자의 특성이기도 하다. 더구나 다행스럽게도 여러분도 이것을 배울 수 있다. 식이요법과 운동이 건강을 유지하는 열쇠인 것처럼, 즉흥극 연습은 직업 경력을 발전시키기 위한 요가와도 같다. 즉흥극 연습은 감성 지능을 높이고, 좁고 불편한 공간에서도 중심을 잡는 법을 가르쳐주며, 보다 설득력 있는 리더와 보다 협력적인 동료가 될 수 있게 도와주는 확실한 강화 운동인 셈이다. 더욱 좋은 점은 사무실 밖에서도 이런 특성을 고스란히 사용할 수 있다는 것이다. 연인이나 가족, 친구 등 개인적인 관계에까지 즉흥극의 장점을 확대 적용할 수 있다.

세컨드 시디 트레이닝 센터에서 예술 감독으로 일했던 앤 리버라(Anne Libera)는 즉흥극을 처음 배우는 학생들에게 항상 다음과 같은 말을 하며 오리엔테이션을 시작했다.

"이 일은 여러분의 인생을 바꿔놓을 거예요."

이 말처럼 분명 이 글을 쓰는 우리의 인생은 더 좋은 방향으로 바뀌었다. 또한 즉흥극 기술을 이용해 효과적인 팀을 구축하고, 기업 내의 사일로 (Silo, 회사 안에 성이나 담을 쌓고 외부와 소통하지 않는 부서)를 없애고, 창의성을 발전시키고, 혁신의 불을 붙인 수천 명의 전문직 고객에게서 들은 경험담에 비춰볼 때, 이 방법이 여러분의 인생도 바꿔놓을 것이라 확신한다.

그러니 이제 자리에 편안히 앉아 사탕껍질은 미리 벗겨놓고, 휴대폰은 끄고, 사진 촬영이나 녹음은 자제해줄 것을 부탁드린다. 우리는 이제부터 당신을 포토맥(Potomac) 강이 내려다보이는 리조트로 데려갈 예정이다.

01

"시끄러운 소음이 아니라 진실과 신뢰로 회사를 채워야 합니다.

웃음이 거기에서 큰 부분을 차지할 수 있어요.

경영대학원에서는 웃음과 유머의 역할에 대해 가르치지 않죠.

하지만 지금까지 제가 처리한 중요한 계약이나 기업 인수, 판매, 행사, 혹은 직원 채용이나

해고 가운데 유머와 웃음이 조금이라도 포함되지 않았던 적은 한 번도 없어요."

0 1

흥 겨 운   비 즈 니 스

버지니아 주 리스버그(Leesburg)에 있는 랜즈다운(Lansdowne) 콘퍼런스 센터는 기업들이 회의를 열기에 안성맞춤인 장소다. 게다가 워싱턴 DC 부근의 와인 생산 중심지에 있고, 호텔처럼 유리와 벽돌로 지은 건물에 대회용 골프 코스도 2개나 갖추었다. 이곳을 '코미디의 명소'라고 생각할 사람은 아무도 없을 것이다. 하지만 지난 13년 동안 매년 1월만 되면 이곳은 세컨드 시티의 배우들이 일으키는 떠들썩한 웃음소리로 들썩인다.

코미디 배우들이 매년 이곳을 찾는 이유는 백여 명의 메이저리그 신인 선수들 때문이다. 그들이 유명 구단에 들어가서 겪을 별난 문제들에 잘 대처하도록 도와주기 위해서이다. 코미디 배우와 운동선수라니, 이는 언뜻 듣기에 잘 어울리지 않는 조합이다.

사실 시속 150킬로미터가 넘는 속도의 공을 던지거나 치는 메이저리

그 신인선수들은 일반인에게는 상당히 낯선 다양한 문제를 겪는다. 예를 들면, 경기장 밖에서 베테랑 선배들과 어떻게 원만하게 지낼 수 있는지, 탐욕스러운 미디어 관계자들을 어떻게 대해야 하는지, 가난하게 자란 선수의 경우 갑자기 손에 넣은 큰돈을 어떻게 관리해야 하는지, 일과 사생활 사이에서 어떻게 균형을 잡는지 등 이런 부분에서 신인선수들은 큰 어려움을 겪을 수 있다. 또한 성적을 올려주는 약물이나 사인을 해달라며 공격적으로 다가오는 팬, 스포츠계에서 벌어지는 조직범죄의 영향 등 각종 위험도 피해가야 한다. 이는 프로 운동선수들이 자주 겪는 문제지만, 이에 대한 미흡한 대처로 선수 생명이 끝나는 경우가 적지 않을 만큼 중요한 문제이기도 하다.

그래서 메이저리그와 메이저리그 선수협회는 신인선수들을 교육할 필요가 있었다. 그들은 이 콘퍼런스 센터에 모인 선수들(대부분 허세가 심하고 남성 호르몬이 넘쳐흐르는 20세 전후의 청년들)에 대해 잘 알았다. 강의실에서 진행하는 일반적인 강의 형태로는 이들이 장기간 좋은 성적을 거두는 데 꼭 필요한 생활 기술을 배울 수 없을 게 분명했다. 좀 더 재미있는 일이 필요했다.

그들은 묘안을 마련했다. 나흘간 세컨드 시티 단원들을 초빙해서 선수들이 실제로 겪는 상황을 코미디극으로 꾸며 공연하고, 그 공연 내용을 중심으로 선수들과 세컨드 시티 출신의 임상 심리학자 케이트 포터필드(Kate Porterfield) 박사와 함께 생산적인 대화를 나누게 했다. 즉, 즉흥극에 기반을

둔 의사소통 기술을 가르친다는 색다른 방법을 택했다. 다시 말해 야구선수라는 까다로운 청중들의 마음을 사로잡을 코미디언이나 즉흥극 강사들과 시간을 보내면서 본인의 경력을 지키는 능력을 키우게 한다는 것이다.

우리가 이 콘퍼런스에서 맡은 역할은 물론 재미있고 신나는 부분이지만, 그들에게 단순히 즐거움을 주기 위해서만 이곳을 찾는 건 아니다. 우리는 코미디를 통해 인생의 진지한 주제를 소개한다. 그리고 젊은 운동선수들을 그 과정에 함께 참여시킴으로써 그들이 납득하기 힘든 상황을 헤쳐 나가는 데 도움이 될 중요한 의사소통 기술을 가르치러 오는 것이다.

메이저리그와 우리가 이런 교육을 실시하는 이유는 즉흥극 기술을 익힌 사람은 경력을 쌓는 과정에서 발생하는 온갖 어려움에 능숙하게 대처할 수 있다는 사실을 깨달았기 때문이다. 예컨대 오랫동안 소식이 없던 먼 친척이 찾아와서 식품점이나 레코드점을 차리게 돈을 빌려달라고 하는 경우, 젊은 야구선수들은 즉흥극을 통해 배운 상대방의 마음을 누그러뜨리고 대화의 방향을 다른 데로 돌리는 기술을 쓸 수 있다.

물론 여러분도 까다로운 직원이나 불만을 품은 고객의 마음을 돌리는 데 이 기술을 활용할 수 있다. 가장 기초적인 즉흥극 기술만 익혀도 눈앞에서 벌어지는 상황에 좀 더 신속하게 대응할 수 있다. 그리고 꾸준히 연습하면 어색해질 수 있는 상황에서 재치 있는 말을 던져 긴장감을 누그러뜨리는 것도 가능해진다.

사람들을 웃게 하라. 생각하게 하라. 이 성공 법칙은 신인 야구선수들만을 위한 것이 아니다. 기업의 CEO, 교육개혁가, 항해선 함장, 의약품 개발 연구원 등 지난 30년 동안 세컨드 시티가 만나온 수백 만 명의 전문가들에게도 해당된다. 세컨드 시티는 이들을 위해 전통적인 연기 교수법을 21세기에 맞는 최신식 기업 교육 프로그램으로 재구성했다. 또한 단순히 의사소통 능력의 개선만을 돕는 것이 아니라 창조와 혁신을 위한 새로운 능력 역시 발전시킬 수 있도록 돕는다. 이러한 능력으로 개인과 팀은 창의력을 발휘할 수 있고, 이를 통해 얻은 새로운 아이디어를 시장에서도 효과적으로 적용할 수 있다.

다양한 업계의 전문가들과 함께 일을 하면 할수록 세컨드 시티는 한 가지 사실을 더욱 깊이 깨닫는다. 업무 기획과 과정, 통제 및 관리 방법의 다양성에도 불구하고 결국 비즈니스는 하나의 거대한 즉흥극과 같다는 점이다. 직장에 다니거나 사업을 경영해본 사람이라면 예상치 못한 뜻밖의 일을 처리하는 데 수많은 시간과 에너지가 소모된다는 사실을 잘 알고 있을 것이다. 마치 예측하기 힘든 변화구와 같은 일들 말이다. 이 책은 이 같은 현실의 어려움을 극복하는 데 필요한 도구를 마련해줄 것이다.

| 코미디 배우가 어떻게 비즈니스를 가르칠 수 있는가

코미디와 기업 운영은 서로 어울리지 않는다. 양복 입은 근엄한 신사는 외려 도서관이 더 어울리지 않는가. 하지만 우리 극단과 보통 기업들을 비교해서 살펴보면 서로 공통된 부분이 많다. 우선 둘 다 압박감이 심하다. 또한 빠르게 변화하는 환경 속에서 팀을 이뤄 일하고, 변화와 새로운 정보에 적응해야 한다. 기업들이 새로운 것을 만들어내거나 혁신을 이뤄야 하는 것처럼(그러지 못하면 영영 사라지거나), 코미디 극단도 매일 밤 무대위에서 새로워야 한다. 둘 다 청중(고객)을 책임져야 하는 입장인 것이다.

기업들처럼 우리도 새로운 인재를 찾아서 키워야만 사업이 성장하고 세월이 지나도 활력을 유지할 수 있다. 또한 부서 간의 업무를 단절시키는 사일로를 제거하고, 상호 작용과 협업 수준을 높여야 더 큰 이익을 얻을 수 있다. 판매 목표를 달성하지 못하거나, 경쟁사가 고객을 빼돌리거나, 신제품 출시가 참담한 실패로 끝날 경우, 우리도 다른 기업들처럼 두려움에 쫓겨 행동할 것이 분명하다.

이런 식으로 공통점 목록은 계속 이어진다. 이것을 보고 놀랄 사람이 많겠지만 그중에서도 가장 크게 놀랄 사람은 아마 세컨드 시티 창립자들일 것이다. 시카고 대학에 지성을 공급하면서 1950년대 후반과 1960년대 초반에 급성장한 반체제 운동의 주 무대이던 그들의 작은 카바레 극장이, 그 시절 의문을 제기하고 도전했던 바로 그 자본주의 체제에 적용되리라고 그들은 상상도 못 했을 것이다.

세컨드 시티를 설립한 폴 실스(Paul Sills)와 버니 살린스(Bernie Sahlins), 하워드 앨크(Howard Alk)는 모두 시카고대학 졸업생으로, 두 가지 중요한 측면,

즉 형식과 내용을 중심으로 혁명을 일으키려 했다. 이들은 새로운 형식의 코미디 예술을 창조했다. 이들의 코미디는 앙상블 연기를 기반으로 하고, 사회 복지사로 일하던 실리의 어머니 비올라 스폴린(Viola Spolin)이 가르치던 즉흥 게임에 뿌리를 두었다. 사실 이 게임은 이민을 온 아이들이 새로 접하게 된 문화를 제대로 이해할 수 있도록 돕기 위한 것이었다.

동시에 이 예술가들은 내용 면에서 현재 상황에 도전하는 것들을 담았다. 체제에 순응하며 지적인 희망이 사라지고 도덕성이 결핍된 아이젠하워 시대에 직접적으로 대응하기 위해 이 내용과 형식 두 가지를 결합시킨 것이다. 그 과정에서 관객들에게 충격을 안겨주곤 했다. 이들이 만든 코미디 작품은 다양한 패러디나 과장보다는 진실에 기초했고, 무대 위에서 보여주는 행동은 현실적이었고 쉽게 알아볼 수 있었다.

일례로 1961년에 상연된 세컨드 시티의 고전 작품 〈가족 상봉(Family Reunion)〉에서는 시카고로 이사한 아들 워렌이 자신의 아파트에서 시골에서 온 부모를 맞이한다. 그는 12년째 테드라는 룸메이트와 함께 살고 있다. 이 곳이 커플이 사는 장소라는 징후가 아파트 곳곳에 드러나 있지만, 워렌의 부모는 그것을 보려 하지 않는다. 워렌은 마침내 부모에게 진실을 말하기 위해 용기를 그러모은다.

> 워렌: 저에 대해서 말씀드릴 게 있어요. 제 얘기를 들어주셨으면 해요. 저는……
>
> 전……, 테드는 동성애자예요.

아버지: 그래, 워렌. 네가 도시에 살면서 동성애자와도 친할 만큼 넓은 아량이 생긴 것 같아 기쁘구나.

1961년에 이 장면을 본 관객들은 깜짝 놀랐다. 더불어 이 극은 개인의 사생활과 정치를 혼합한 코미디의 등장을 이끌었다.

세컨드 시티에서 형식과 내용 이 두 가지는 서로 연결되어 있고, 그래서 더욱 강력한 힘을 발휘한다. 즉흥극에서는 연기자가 곧 작가이다. 그들은 함께 연기하는 앙상블 멤버들과 협력하고 청중들과 계속 대화를 주고받으면서 극 내용을 만들어간다. 게다가 이들은 "이게 재미있는 이유는 진실이기 때문이다"라는 오래된 금언을 따른다. 연기자들은 이 금언에 따라 자신의 개인적인 경험에서 소재를 찾아서 진정한 감정과 통찰력을 공유하려고 애쓴다. 이는 그들에게 즐거움을 안겨주는 동시에 한밤중까지 잠들지 못하고 고민하는 원인이 되기도 한다.

세컨드 시티에서 활약한 1세대 예술가들의 경우, 즉흥극은 그전까지 존재했던 방식과는 완전히 다른 형태의 희극적인 자기표현 수단이 되었다. 작품은 재미있고 솔직했으며, 그럼에도 매우 심각한 주제를 다루는 경우가 많아 혁명적이었다.

이후 반세기 동안 세컨드 시티는 계속 관습에 도전하면서 교수법과 도구, 기술 개발에 힘쓴 덕분에 다들 들어가고 싶어 하는 창의적인 집단의 상징이 되었다. 빌 머레이(Bill Murray)부터 길다 래드너(Gilda Radner), 존 캔디(John

Candy), 존 벨루시(John Belushi), 스티브 카렐(Steve Carell), 티나 페이(Tina Fey) 등 미국에서 가장 전도유망한 미래의 코미디 스타들이 대거 몰려들었다. 이들은 모두 수업을 듣고 세컨드 시티의 순회공연과 상설 공연 무대에 올라 자신의 기술을 연마했다.

그러던 중에 완전히 새로운 유형의 연기자가 세컨드 시티를 찾기 시작했다. 기업 관리자, 마케팅 담당자, 교사, 변호사, 광고 책임자, 경영대학원 졸업생 등이 바로 그런 부류다. 심지어 정치인과 텔레비전 프로그램 진행자들도 초보자들을 위한 즉흥극 수업을 찾았다. 덕분에 평일 저녁과 주말 낮이면 이런 사람들이 세컨드 시티 강의실을 가득 메웠다. (1980년대 중반에 오프라 윈프리와 함께 수업을 들은 사람들은 그녀가 훗날 더 큰 목적을 위해 즉흥극 훈련을 이용하게 되리라는 걸 꿈에도 몰랐을 것이다.

기분 전환이나 친목을 목적으로 수업을 들은 사람들도 많지만, 이들도 곧 세컨드 시티가 단순한 여흥거리가 아닌 그보다 훨씬 중요한 것을 세상에 제공한다는 사실을 느꼈다. 새로운 수강생들이 바라는 것은 보다 빠른 시간 안에 혁신을 이루거나 아니면 사업부서의 팀워크를 높이거나, 보다 뛰어난 진행자가 되거나, 사업을 할 때 발생하는 불가피한 변화에 적응하는 법을 배우는 것 등 다양했다. 그들은 곧 세컨드 시티의 즉흥극 기반 훈련 방식이 기업 세계에서 스타가 되는 필수적인 기술을 습득할 수 있는 확실한 방법이라는 걸 알게 되었다.

우리는 이 초라한 극장이 '실세'라고 불리는 사람들에게 도전장을 던지는 장소이자, 동시에 그 '실세'가 직업적으로 발전하는 방법을 배우는 장소라는 평판에 어안이 벙벙해질 정도로 놀랐다. 기업 학습을 전문으로 하는 싱크탱크인 마지 센터(The MASIE Center)의 설립자 겸 CEO 엘리엇 마지(Elliott Masie)는 전통적인 경영대학원 커리큘럼에 존재하는 공백 때문에 이런 현상이 발생하는 것이라고 생각한다. 그의 설명은 이랬다.

"시끄러운 소음이 아니라 진실과 신뢰로 회사를 채워야 합니다. 웃음이 거기에서 큰 부분을 차지할 수 있어요. 경영대학원에서는 웃음과 유머의 역할에 대해 가르치지 않죠. 하지만 지금까지 제가 처리한 중요한 계약이나 기업 인수, 판매, 행사, 혹은 직원 채용이나 해고 가운데 유머와 웃음이 조금이라도 포함되지 않았던 적은 한 번도 없어요."

기업 의뢰인들과 오랜 기간 작업을 계속한 끝에, 우리는 회사 내에 비즈니스 업계와의 작업을 전담하는 부서를 신설하기로 결정했다. 그렇게 1989년에 세컨드 시티 코미디 마케팅 그룹(Second City Comedy Marketing Group, 나중에 세컨드 시티 웍스로 개명)이 탄생했다. 원래 회사 내의 기업 엔터테인먼트 전담 부서로 만들어지기는 했지만, 지난 10년 사이에 세컨드 시티 웍스는 전문직 종사자나 팀을 위한 훈련장으로 변모했다. 그들은 늘어나는 정보의 양과 업계, 기술, 시장의 빠른 변화 속도, 자꾸 바뀌는 업무 현장 상황, 투명성과 고객 참여에 대한 새로운 기준 등으로 인해 갈수록 당혹감을 느꼈다. 사람들은 빠르게 변화하는 세상에 유연하게 대처할 방법을 알기 위해 우리를 찾았다. 덕분에 위대한 코미디 즉흥극의 토대인 독창성과 의사소통과 협업이 직업적인 성공에도 필수적이라는 사실을 새롭게 깨닫는 사람들이 늘고 있다.

| MBA에서 알려주지 않는 7가지

경영대학원에서 전통적으로 가르치는 정량적, 전략적, 분석적 기술은 잘못이 전혀 없다. 다만 이제 그것만 가지고는 업계에서 성공을 보장받을 수 없다. 상황은 갈수록 복잡하게 변하고, 이제는 좋은 아이디어를 뒷받침할 연합을 구축하는 능력에 따라 성공이 좌우되기 때문이다. 이런 경우에 사람이나 기업이 빠르게 움직이는 정보와 기회를 잡고 일터에서 발생하는 각종 문제에 신속하고 영리하게 대처하려면 소프트스킬이 필수적이다. 즉 남의 말에 기꺼이 귀 기울여 신뢰할 수 있는 관계를 맺고, 책임감 있게 위험을 감수하거나 지원하며, 변화에 적응하고, 역경 속에서도 긍정적인 태도를 유지하는 기술이 필요하다. 이제 이런 기술이 다른 무엇보다 중요해졌다. 그리고 우리는 우리 시대의 가장 멋지고 독창적인 연기자들에게 영감을 안겨준 즉흥극의 7대 요소를 이용하여 이 기술을 익힐 수 있다. 즉흥극의 7대 요소는 이렇다.

1. 예스, 앤드(Yes, And)

이 두 개의 단어가 모든 즉흥극의 기반을 이룬다. 아이디어를 그냥 낱낱이 분석하기만 하는 것은 소모전이 되기 쉽다. 이와 반대로 우스꽝스러워 보일 정도로 모든 아이디어를 긍정하고 확장하는 환경에서 독창적인 혁신이 발생한다. 그런 환경에서 최고의 코미디가 탄생하고 발명이 실현된다. 이것은 업무의 모든 단위에서 활용해야 하는 주문(呪文)이다. '예스, 앤드'라는 태도를 받아들인 노동 문화는 직원들이 낸 아이디어를 심사하고 비판하거나 너무 급히 퇴짜를 놓는 조직에 비해 창의성이 뛰어나고 문제를 신속하게 해결하며 직원들의 참여를 이끌어낼 가능성이 높다.

'예스, 앤드'를 받아들인다고 해서 모든 아이디어를 실행에 옮길 필요는 없지만, 어떤 아이디어든 기회는 줘야 한다. 이는 간단한 발상으로 보이지만, 대인 커뮤니케이션과 협상, 갈등 해결 능력을 향상시키는 놀라운 힘을 지니고 있다. 적용 단계에서는 이 두 개의 단어를 기반으로 창조성과 혁신이 싹튼다. 이 책에서는 당신이 하는 일에 '예스, 앤드'를 결합시킬 방법을 알려주고, 개인 생활에서 효과를 발휘하는 방법도 제시할 것이다.

2. 앙상블(Ensemble)

우리는 세컨드 시티에서 빛을 발하는 스타들에게 축하를 보낸다. 하지만 이들은 혼자 연기해서가 아니라 공동으로 작업하는 법을 배웠기 때문에 스타가 된 것이다. 앙상블은 우리 사업의 모든 부분에서 탁월한 중심을 이루고 있고, 영업팀, 이사회, 매장 직원 등 어디에서나 그 모습을 찾을 수 있다. 이는 조직의 성장과 경쟁력에 있어 필수적인 요소이다. 하지만 안타깝게도 앙상블을 구축하고 유지, 발전시키는 일에 관심을 기울이는 조직은 충격적일 만큼 적다. 회의실을 가득 채운 안경 쓴 똑똑이들이 문제를 해결하려 애쓰기보다는 자신의 지능을 과시하는 일에만 관심을 기울인다든가, 성공의 공은 혼자 독차지하고 실패의 책임은 회피하는 리더, 자신의 문제를 눈가림하려고 하는 개인 등 앙상블의 중요성을 간과한 결과를 도처에서 볼 수 있다.

우리는 개인의 요구와 그보다 거대한 팀의 요구를 서로 조화시키는 방법을 알고 있다. 사실 그 두 가지를 동시에 강화하는 것도 가능하다. 이건 제로섬 게임이 아니다. 무대 위에서건 기업에서건 기능이 최대한 발휘되는 앙상블에서는 모든 구성원이 남이 아닌 자신과 싸운다. 즉 자기가 반드시 옳아야 한다는 욕구나 남에게 쏠린 관심을 훔쳐오고 싶다는 욕구, 자기가 통제권을 쥐고 있는 것처럼 보이고 싶다는 욕구 등과 맞서 싸우는 것이다. 이때 비로소 스타가 등장할 수 있다.

우리는 이 책에서 뛰어난 성과를 올리는 훌륭한 앙상블을 독려하는 방법을 알려줄 생각이다. 이는 집단의 목표가 개인의 목표를 능가하고, 모든 구성원들에게 칭찬이 넘치고, 솔직함이 처벌이 아닌 보상을 받을 수 있는 환경을 조성할 때 가능하다. 또 앙상블 내에서 좋은 연기(성과)를 선보이는 게 곧 스타덤(성공)에 오르는 길이라는 것도 알려줄 것이다.

3. 공동 창작(Co-Creation)

반세기 동안 이 일을 하면서 이야기를 진척시키는 데는 독백보다 대화가 낫다는 걸 알게 되었다. 우리 앙상블은 관객들 앞에서 연기를 할 때뿐만 아니라, 관객과의 대화나 피드백을 통해서도 끊임없이 무언가를 창조한다. 이때 공동으로 창작된 것을 전부 합치면 각 부분을 따로 놔뒀을 때보다 더 큰 뭔가가 만들어진다. 또한 갈수록 하나로 연결되어 가는 세상에서 공동 창작은 이제 피할 수 없는 현실이 되었다. 하지만 불행히도 공동 창작이 가장 필요한 비즈니스 분야에서는 아직 이 방법을 배우거나 적용하지 않고 있다. 이 책에서 소개하는 즉흥극 방법론을 이용하면 새로운 콘텐츠와 제품, 새로운 마케팅 캠페인, 새로운 프로세스, 심지어 각 사업부서 간의 새로운 관계까지 공동으로 만들어내는 법을 배울 수 있다.

4. 진정성(Authenticity)

사람들이 웃을 때는 그 자리에서 공유되는 진실 때문인 경우가 많다. 그러나 안타깝게도 업계에서는 그것이 정치적으로 올바르지 않을지도 모른다는 우려와 편의주의 때문에 진실을 무시하거나 별로 심각하지 않은 일처럼 다루는 경우가 대부분이다.

"남의 기분을 상하게 하는 걸 두려워하지 말라."

이 말은 세컨드 시티를 오랫동안 이끌어 온 금언이다. 우리는 연기자들에게 권위에 맞서 진실을 말하거나 관습에 도전하거나 규칙에 의문을 제기하는 걸 두려워하지 말라고 가르친다.

　너무 진지한 태도를 고수하고 또 자신들의 믿음에 어떻게 의문을 제기해야 하는지 모르는 기업이나 조직은 경쟁에서 매우 불리하다. 강인한 리더와 조직은 문제나 실패가 아예 존재하지 않는 것처럼 행동하기보다는 외려 제대로 기능을 발휘하지 못한 부분이 있음을 인정한다. 이들은 팀원들에게 현 상황에 문제를 제기하고, 잘못된 추정이나 이제 제대로 기능하지 못하는 전통에 도전하고, 진실한 목소리를 듣기 어려운 상황에서도 진실을 요구한다. 팀원들이 불만을 드러내고 문제를 강조할 수 있게 허용하는 관리자들의 경우, 배우고 성장하는 능력이 훨씬 커진다. 조직의 계층 구조나 현 상황과 굳게 결탁한 조직들과 달리, 이들은 불손한 언행을 저지르는 경쟁자들로부터 자신을 보다 확실하게 보호할 수 있기 때문에 혁신 능력도 커진다.

　존중과 숭배의 차이를 항상 손쉽게 구분할 수 있는 건 아니기 때문에 우리는 항상 그 둘 사이에서 제대로 균형을 잡아야만 한다. 그러나 자신들의 기업 문화에 적절한 수준의 무례함을 주입할 수 있는 개인과 기업은 조직의 사기를 높일 뿐만 아니라 경쟁력을 강화하기 위한 기초도 확립하게 된다. 코미디와 무례함은 자신을 방해하는 낡은 믿음을 재고하도록 돕기 때문이다.

5. 실패(Failure)

세컨드 시티에게 실패란 추상적인 원리 이상의 그 무엇이다. 배우들은 무대에 오를 때마다 실수를 저지른다. 직관에 어긋나는 얘기이기는 하지만 세컨드 시티 졸업생이자 교사인 릭 토머스(Rick Thomas)의 표현대로, 우리는 "인생의 갈라진 틈에 빠질" 기회를 찾는다. 그렇기 때문에 즉흥극을 공연할 때마다 사실상 실패를 찾아다닌다. 무대 위에서 실수가 발생하면 모든 관객이 그걸 알아차리고 무대에 있는 배우들 대부분도 그 사실을 안다. 하지만 실수를 인정하고 그걸 본래 이야기와 결합시켜 새롭고 예기치 못한 상황으로 전개하면, 관중들은 그런 모습에 열광한다.

절대 실패해서는 안 된다는 얘기를 우리는 자주 듣는다. 하지만 사실은 그 반대가 정답이다. 여러분이 일하는 과정에서 실패도 몫을 하도록 하는 게 중요하다. 창의성을 위협하는 가장 큰 적은 두려움, 특히 실패에 대한 두려움이다. 실패가 지닌 부정적인 힘을 축소시키면 두려움도 서서히 줄어들어 창의성이 꽃필 수 있다. 즉흥극은 위험에 관해 일반적으로 늘어놓는 빈말을 넘어서, 점진적인 실패를 통해 뛰어난 성공을 거둘 수 있는 안전한 기회를 만들어준다.

조직이 실패에 대해 어떻게 얘기하는지 살펴보면 그들이 현재 일을 얼마나 잘하고 있는지 알 수 있다. 반사적으로 실패를 눈가림하거나 벌을 주는 회사에서는 아무도 모험을 하려 하지 않고 자기 의견을 터놓고 말하지 못한다.

실패는 기정사실이 되어야 한다. 실패가 창의적인 업무 과정의 일부로 완전히 굳어지게 해서, 실패가 발생해도 개인이 무력감에 빠지지 않고, 그걸 목적 달성을 위해 꼭 필요하고 심지어 재미있기까지 한 과정으로 여길 수 있게 해야 한다.

6. 동조자를 따르라(Follow the Follower)

1950년대 후반과 1960년대 초반에 걸쳐 완전히 다른 분야에 종사하던 두 명의 전문가가 서로 비슷한 아이디어를 생각해냈다. 경영 컨설턴트인 피터 드러커는 지식 노동자라는 개념을 소개하면서, 미래 세계에서 모든 조직의 성공은 개인이 자신의 잠재력을 분석하고 그에 부응하는 성과를 올릴 수 있게 해주는 수평적인 조직 구조와 경영에 크게 의존할 것이라고 말했다. 이와 비슷한 시기에 미국 연극의 선구자이자 즉흥극에 관한 책을 쓰기도 한 비올라 스폴린은 남들과 힘을 합쳐 일하면서 동시에 리더십을 발휘할 수 있는 보다 적극적이고 동적인 방법으로 "동조자를 따르라"라는 개념을 제안했다. 이건 어떤 집단에서 특정 구성원의 전문 지식이 필요한 경우 그 사람이 리더 역할을 맡을 수 있고, 집단의 요구가 달라지면 그에 따라 다시 위계질서를 바꿀 수 있는 유연한 원칙이다.

세컨드 시티는 이 독창적인 사상가 두 명의 말이 모두 옳다는 걸 안다. 우리가 무대에서 거둔 성공이 위계 구조에서 나온 적은 한 번도 없었다. 이는 앙상블의 모든 구성원, 즉 각자 이 집단에 특별한 전문 지식을 제공하는 지식 노동자들이 필요할 때마다 다른 이들을 통솔할 수 있었던 덕분이다.

리더들은 현 상태를 유지하는 데서 끝나는 게 아니라 그 상태가 어떤지 제대로 이해해야 한다. 다시 말해 가끔 리더의 역할을 포기함으로써 더 막강한 힘을 얻을 수 있다는 걸 인정해야 한다는 얘기다. 특히 인터넷을 이용해 전문가들이 서로 힘을 합쳤다가 다시 해산하기도 하는 글로벌 경제 시대에는 그런 현상이 더 심하다.

리더십과 전문적인 기술이 더욱 역동적으로 움직이는 이런 세상에서는 '동조자를 따르라'라는 접근 방식을 통해 더 큰 성공을 거둘 수 있다. 리더들은 아이디어와 창의성을 발휘해 비즈니스 구축 업무를 수행하는 팀에게 필요한 권한을 부여하는 것이다. 특정 시기에 특정 프로젝트를 진행해야 하는 경우, 각 직원은 리더 역할을 맡을 수도 있고 필요한 지원을 제공할 수도 있으며, 외부와 협력하는 일을 맡을 수도 있다. 새로운 아이디어에 착수하는 일을 더 이상 리더 한 명의 힘에만 의지하지 않고, 구성원 모두가 창의성을 발휘해 회사의 지속적인 성장에 참여할 수 있게 해준다면 조직의 힘이 더욱 강해질 것이다.

내부의 역할을 의도적으로 변화시키는 능력은 예술에 가까우며 쉽게 얻을 수 있는 능력이 아니다. 책 뒤에서는 '동조자를 따르라'는 원칙을 실행에 옮기는 방법을 소개하여 당신의 조직과 그 안에서 당신이 하는 역할을 강화할 수 있게 도울 것이다.

7. 경청(Listening)

진지한 경청은 즉흥극의 필수 요소다. 또한 제품 판매부터 직원 평가나 브레인스토밍 회의에 이르기까지 사업의 여러 부분에서도 중요한 자질이다. 다시 말해 효과적인 관계 구축, 의사소통, 리드, 관리를 원하는 사람이라면 누구나 자신의 경청 능력에 관심을 갖고 키워나가는 것을 최우선으로 삼아야 한다.

자기가 좋은 경청자라고 생각하는 사람은 많지만, 상대를 이해하기 위해 귀를 기울이는 것과 대응할 기회를 기다리면서 귀를 기울이는 것 사이에는 엄청난 차이가 있다. 전자는 우리의 관점을 풍부하고 폭넓게 해주지만, 후자는 항상 자기 말이 옳아야 하고 자기가 대화를 주도해야 한다는 욕구를 충족시킬 뿐이다. 유감스럽게도 대부분의 대화는 듣기/대답하기 모드로 진행되므로 그 결과가 별로 신통치 않다. 뒤에 그보다 더 좋은 방법을 알려주겠다.

상대방의 말을 경청하게 되면 과거를 되돌아보거나 세 걸음쯤 앞서 나가는 게 아니라 지금 그 순간에 집중할 수 있다. 세컨드 시티의 다양한 기법을 활용하면, 좀 더 적극적인 경청을 통해 훨씬 눈부신 창의력을 발휘하는 이들로 일터를 가득 채울 수 있다.

| 즉문즉답의 시대에 대처하라

앞선 7가지 요소가 바로 세컨드 시티가 거둔 성공의 핵심이다. 이는 우리의 유명한 졸업생들이 남긴 성공담에서도 적잖은 부분을 차지하고 있다. 또한 닛산, 모토로라, 구글, 나이키, 맥도날드 같은 다양한 기업과 조직들에도 영향을 미쳤다. 이 책을 읽고 나면 당신도 이런 성공 요인들을 자기 것으로 만들 수 있다.

세컨드 시티에서는 웃기는 법을 가르치지 않는다. 농담이나 짤막한 우스갯소리를 배우지도 않는다. 여기에서 배우는 건 비판받을지도 모른다는 두려움 때문에 진실을 검열하곤 하는 자기 뇌의 특정 부분에 다가가는 방법이다. 항상 옳은 말이나 공손한 말만 해야 한다는 제약을 더 이상 느끼지 않게 되면 ― 사람들 앞에서 방해나 두려움 없이 자신을 표현할 수 있는 자유가 주어지면 ― 그때 비로소 재미가 찾아온다.

코미디는 진실을 말하고 들을 수 있는 안전한 장소를 제공해준다. 하지만 유감스럽게도 우리 삶에서 가장 중요한 순간, 특히 회사의 운명이 위기에 처할 수도 있는 이사회실 안에서는 진실을 말할 수 있는 자유, 그리고 마찬가지로 중요한 진실을 들을 수 있는 자유가 거의 존재하지 않는다.

이 책은 그런 모든 상황을 변화시킬 수 있다. 즉흥 연기자에게 필요한 도구를 가르쳐줄 뿐만 아니라 특히 어려운 대화 중에 코미디를 이용해서 솔직하고 허심탄회하게 의사를 전달하는 방법도 알려준다. 코미디도 즉흥극과 마찬가지로 기교와 방법론이 필요한 특별한 기술이다. 이 책을 통해 즉흥극의 7가지 요소를 살펴보면, 다음과 같이 신선하고 관습에 얽매이지 않으면서 의욕을 높여주는 방법을 발견할 수 있을 것이다.

- 보다 신속하게 아이디어를 제시한다.
- 보다 효율적으로 의사를 전달한다.
- 어떤 상황에서도 능력을 발휘할 수 있는 앙상블을 구성한다.
- 직원이나 고객들과 허심탄회하게 대화를 나눈다.
- 공동의 성공을 위협하는 조직 내의 사일로를 와해시킨다.
- 무에서 유를 창조한다.

이건 공허한 약속이 아니다. 우리는 온갖 유형의 기업에서 이 아이디어를 실행에 옮긴 구체적인 방법들을 자세히 소개할 예정이다. 예를 들어, 파머스 보험(Farmers Insurance)이 수년 전부터 즉흥극의 커뮤니케이션 원칙을 사내에 도입해, 보험 청구 담당자들이 스트레스를 많이 받는 업무임에도 보다 능률적이고 이해심 있는 의사 전달자가 될 수 있도록 도운 이야기를 들려줄 것이다. 크로록스(Clorox)가 트위터를 통해 고객과 실시간으로 대화를 나누고 함께 마케팅 프로그램을 구상해 엄청난 결실을 거둔 얘기도 할 생각이다. 또 수많은 포춘(Fortune) 선정 1,000대 기업들이 코미디를 이용해 임직원 교육이라는 따분하고 끔찍하기까지 한 주제에 직원들을 참여시킬 수 있도록 도운 방법에 대해서도 얘기할 것이다.

시카고 올드타운 중심부에서 작은 카바레 극장으로 시작한 이곳이, 이제는 여러 개인과 조직들이 남들이 예상치 못한 창의적인 돌파구를 만들고 패러다임을 변화시키는, 성숙한 혁신의 실험실이 되었다. 세계에서 가장 유명한 코미디 기관의 DNA를 엿볼 수 있는 기회를 제공하는 이 책은 일과 사업에서 보다 혁신적이고 창의적이고 성공적인 사람이 되고자 하는 모든 이들을 위해 구체적인 즉흥 연기 방법과 기술을 알려준다.

02

"예스, 앤드는 리더십에 관한 모든 고전적인 해석에

드러난 것과 똑같은 기본 원칙에서 시작되었습니다.

그 원칙이란 우리 모두를 합친 것보다 현명한 사람은 아무도 없다는 것입니다.

내가 이 자리에서 가장 똑똑한 사람이어야만 한다는 생각을

포기하면 마법 같은 일이 벌어질 수 있습니다."

0 2

예 스 , 앤 드 : 창 조 적 사 고

몇 해 전, 세컨드 시티 웍스는 글로벌 기업의 젊은 HR 책임자(케이티라고 부르자)와 함께 일할 기회가 있었다. 그녀는 회사에서 '높은 잠재력'을 지닌 관리자를 대상으로 실시하는 임원 육성 프로그램에 선발되었다. 이 프로그램은 2년 동안 진행되며, 참가자들은 6개월마다 회사 내에서 새로운 보직을 맡아야 했다. 다시 말해 정기적으로 새로운 사람들을 만나 그들과 원만하게 교류하면서 그 속에 동화되어야 한다는 뜻이었다.

케이티는 똑똑하고 유능하고 의욕이 넘쳤지만 약간 내성적인 성격이라서, 6개월마다 완전히 새로운 팀에 합류해 새로운 동료들과 생산적인 관계를 맺어야 하는 상황에 겁이 났다. 그녀는 새로운 상황에 처하면 대개 행동을 유보하는 편이었다. 또한 자기가 새로운 팀에 쉽게 융화되어 개인적인 인적 네트워크를 형성할 수 있는 사람이라고는 생각지 않았다. 케이티는 자신의 이런 단점 때문에 자신의 성공이 제약을 받고 결국 경력을 망치게 되지 않을까 걱정했다.

우리가 케이티와 그녀의 동료들과 함께 일하기 전까지 케이티는 세컨드 시티에 대해 아는 게 없었다. 그러니 동료들끼리의 네트워크 구축을 즉흥 연기에 빗대어 설명을 들은 적도 없었을 것이다. 하지만 무대 작업이라는 렌즈를 통해 케이티가 처한 상황을 살펴본 우리에게는 그녀와 동료들이 직면한 문제는 즉흥극 입문 과정처럼 보였다.

즉흥극 용어로 설명하자면, 케이티는 혼자서 장면을 이끌어가야 하는게 두려워서 아예 장면을 시작하지 못하고 있는 것이었다. 또 새로운 상황에 처할 때마다 즉각적으로 남들 눈에 재미있고 설득력 있는 사람으로 비쳐야 한다는 생각에 겁을 먹고 있었다. 그녀는 상황에 효과적으로 대처하기 위한 아무런 전망이나 도구도 없이, 계속 무에서 유를 창조해야 하는 즉흥극 상황에 처해 있었다.

그렇다면 우리는 케이티에게 어떤 주문을 했을까? 아주 간단한 방법을 썼다. 그녀와 '노출(Exposure)'이라는 게임을 한 것이다. 워크숍 강사는 케이티와 다른 참가자 절반에게 자리에서 일어나 무대 위에 줄지어 서라고 하고, 나머지 절반은 무대에서 3미터쯤 떨어진 곳에 앉아 관객 역할을 하도록 했다. 강사는 무대 아래에서 "여러분은 우리를 보세요. 우리는 여러분을 살펴볼 테니까"라고 말했다. 그러자 다들 몹시 당혹스러워했다. 무대 위에 있는 사람들은 자꾸 자세를 바꾸기 시작했다. 어떤 사람은 얼굴이 빨개졌고 어떤 사람은 자기 손과 옷을 계속 만지작거렸다. 모두가 어느 정도씩 불편함을 드러내자 강사가 말했다. "이제 여러분 눈에 보이는 극장 벽의 벽돌을 하나도 빠뜨리지 말고 전부 세어보세요." 그러자 꼼지락대던 행동들이 몇 초 만에 멈췄다. 이제 다들 할 일이 생긴 것이다. 모두들 그 일에 집중했다. 무대 위의 사람들은 벽돌 수를 세는 동안 기분이 완전히 편안해져서 몇 분도 안 되어 미소까지 짓고 있었다.

가장 단순한 형태의 즉흥극은 자신에게 쏠린 주의를 다른 데로 돌리고 개인적인 판단을 억누르는 기능을 한다. 지금 당면한 순간에 온 정신을 집중하다 보면 수줍음이나 불안감은 발 들일 틈이 없다. '눈앞에 닥친 일에 자신의 모든 에너지를 쏟는다.' 케이티는 이 연습을 통해 모두가 자기를 주시하고 있는 것처럼 느껴질 때에도 자기 일 — 그녀의 경우, 자기 조직 내의 새 부서에 적응하고 인적 네트워크를 형성하는 것 — 을 마무리하는 데만 집중하면 불안감을 억제할 수 있다는 사실을 배웠다. 이윽고 자기 노력의 열매를 맛보기 시작하면서부터는 자신의 '성과'를 평가하는 건 '자기 자신뿐'이라는 사실도 깨닫게 되었다.

케이티의 긴장이 서서히 풀려가는 사이, 우리는 주로 남의 말을 경청하고, 공유하고, 교환하는 능력을 높여주는 게임들을 추가했는데, 이것도 전부 사회성을 키우는 일종의 체조와 같은 초급 수준의 즉흥극 연습이다. 정신요법 의사이자 시카고 공황/불안 회복센터의 책임자인 마크 페퍼(Mark Pfeffer) 박사는 이렇게 설명한다.

"두려움을 떨쳐내는 법을 배울 때마다 뇌에 변화가 생깁니다. 즉흥극은 사람들을 자신의 공포와 직면해야 하는 상황에 던져놓기 때문에 신경 경로 변화에 영향을 미칠 수 있는 가장 빠른 방법입니다."

결국 케이티는 자기에게는 없다고 생각했던 의사소통 및 인적 네트워크 형성 기술을 모두 갖추고 있다는 걸 깨달았다. 그녀에게 필요한 건 그걸 실행에 옮길 장소뿐이었다. 그녀가 배운 것이 있다면 '예스, 앤드'방식이었다.

| 예스, 앤드란 무엇인가?

우리는 일을 하면서 케이티 같은 사람을 수없이 만났다. 그리고 시간이 지나면서 명함에 찍힌 직함에 상관없이 직업적인 성공을 위해서는 무에서 유를 창조하는 능력이 필요하다는 걸 알게 되었다. 이는 많은 부분에서 즉흥극의 진수와 맞닿아 있다. 케이티가 기반이 전혀 없는 곳에서 새롭고 효과적인 업무 관계를 구축하려 한 것처럼, 기업에서 일하는 전문가들이 날마다 무에서 무언가를 창조해내야 하는 상황은 이외에도 무수히 많다. 몇가지 예를 들자면 다음과 같다.

• 새로운 마케팅 캠페인
• 신제품과 새로운 사업 분야

- 새로운 고객 및 소비자와 신뢰 쌓기

- 보다 나은 프로세스와 문제 해결책

- 새로운 역할에 대한 직무 기술서

- 새로운 직원 정책, 교육 커리큘럼, 성과 관리 시스템, 예산(새로운 수익은 말할 것도 없다)

- 고객의 불만에 대한 사려 깊은 대응

- 새로 생긴 회사 소프트볼 팀 이름 짓기

조직에서 일하는 사람이라면 누구나 무에서 유를 창조하는 일을 하게 되어 있다. 이런 창의적인 일을 유별나게 잘 해내는 사람들은 예스, 앤드라는 마음가짐으로 도전에 임한다. 아마 그들이 부르는 이름은 이와 다를지도 모른다. '극한 설계'라고 부를 수도 있고, 어쩌면 '갈등 해소'라고 부를지도 모른다. 우리 세계에서는 '예스, 앤드'라고 하며, 이것은 우리만의 요리 비법 소스이자 컴퓨터로 말하면 소스 코드, 또는 모든 문의 자물쇠를 여는 열쇠 구실을 한다. 또 즉흥성의 기본 원리이기도 해서 이를 바탕으로 해야 다른 모든 즉흥극의 원리가 존재할 수 있다.

장면이 진행되는 방향을 이끌어줄 대본이 없는 즉흥극을 공연할 때는 예스, 앤드가 다음과 같은 식으로 작용한다. 어떤 배우가 무대에서 아이디어를 제시하면 다른 배우들이 그 아이디어에 동의한 뒤 그걸 바탕으로 자기만의 이야기를 만들어간다.

예컨대 누군가가 "와, 난 하늘에 별이 이렇게 많은 건 처음 봤어"라고 말할 수 있다.

그 시점에서 함께 공연하는 배우에게는 단 하나의 책임만이 있다. 그 말에 동의하면서 거기에 뭔가 새로운 아이디어를 덧붙이는 것이다. 아마 이런 식이 될 것이다.

"그래. 여기 달에서는 모든 게 다 다르게 보이네."

이 간단한 말을 통해 첫 번째 배우가 제시한 아이디어를 받아들이고 또 다른 아이디어를 덧붙였다. 그리고 이런 긍정은 첫 번째 배우가 극을 풀어 나가는 데 기반으로 삼을 수 있는 정보를 제공하고, 이 장면을 위한 많은 가능성을 열어준다.

만약 두 번째 배우가 "내 눈에는 별이 하나도 안 보이는데……. 지금은 환한 대낮이잖아"라면서 첫 번째 배우가 제시한 아이디어를 부인한다면 어떨까? 막 움트기 시작하던 장면이 갑자기 중단되고, 첫 번째 배우는 관객들이 흥미를 느낄 수 있는 방향으로 대응 방안을 빨리 찾아내야 한다. 우리 경험상 관객들은 무대 위에서 멋진 일이 벌어지기를 바란다. 배우들이 장면의 기본적인 사실을 놓고 옥신각신하는 모습을 보는 데는 별 흥미가 없다. 그런 건 지루하기만 할 뿐이다.

즉흥극 분야에는 예스, 앤드와 같은 의미를 지닌 말들이 몇 개 있다. 우리가 아이디어를 "긍정 및 발전시킨다"거나 장면을 "탐색하고 고조시킨다"고 얘기하는 걸 듣게 될 것이다. 여러 가지 변형이 있기는 하지만, 제시된 아이디어를 받아들이고 거기에 새로운 아이디어를(그걸 어떻게 생각하든 구애받지 않고) 덧붙인다는 중심 개념은 우리가 세컨드 시티에서 하는 모든 일의 절대적인 기반이다.

이는 우리가 장면을 만들고, 다채롭고 재미있는 캐릭터를 창조하는 방식이자 전체적인 쇼 제작의 핵심이기도 하다. 예스, 앤드는 티나 페이나 제인 린치(Jane Lynch) 같은 졸업생들에게 깊은 인상을 남겼다. 이들은 우리 무대를 떠나 오랜 시간이 흐른 뒤에도 회고록을 쓰거나 졸업식 축사를 할 때 이것에 대한 이야기를 언급하곤 했다. 사실 우리는 예스, 앤드라는 렌즈를 통해 우리 사업 전체와 세상에서 우리가 차지하고 있는 위치를 바라본다고 주저 없이 말할 수 있다. 우리는 이곳에서 사람들의 아이디어를 긍정하고 더욱 발전시켜 나간다. 이 방법은 재치 있고, 사려 깊으며, 유용하고, 흥미진진하며, 대개의 경우 떠들썩한 웃음이 터진다.

예스, 앤드와 경영의 관계

우리의 기업 고객들 대다수에게 예스, 앤드는 이해하기는 쉬워도, 실제 상황에서 활용하기는 상당히 어려운 개념이다. 이를 활용하려면 우선 당신이 제시한 의견을 다른 사람들이 지지하고 발전시켜 나갈 것이라는 믿음이 있어야 한다. 그리고 여러분도 남이 처음 제시한 아이디어가 마음에 들건 안 들건 상관없이 그들을 위해 그렇게 해줘야만 한다. 하지만 보통 비즈니스에서 지원은 언제나 조건부로 이루어진다. '그 아이디어가 어떻게 진전될지 내가 바로 이해할 수 있다면 지지해주겠다' 혹은 '내게 이익이 될 만한 게 있으면 지원해주겠다' 같은 식인 것이다. 일의 세계에서는 한쪽이 아이디어나 대화를 계속 통제하는 "아니오"나 "네, 하지만"이라는 반응이 일반적이다.

물론 업계에서 통제가 곧 성공을 보장한다면 모든 기업이 엄청난 성공을 거둘 것이다. 대부분의 기업이 프로세스나 통제, 모듈 같은 걸 매우 중요하게 여기기 때문이다. 하지만 일이 그렇게 간단하지 않다는 걸 다들 알고 있다.

예스, 앤드는 우리를 미처 예상치 못한 곳으로 이끄는 일이 종종 있기 때문에 어떤 사람들은 그걸 불안해한다. 하지만 이제는 기업들이 경계 태세를 풀고 깜짝 놀라는 걸 거리끼지 않아야만 혁신이라는 과녁의 한복판을 맞힐 수 있다.

이 원칙을 '예스, 앤드'라고 부르는 이유는, 우리가 즉흥극 연습을 할 때 각 문장의 첫머리를 이 말로 시작하기 때문이다. 하지만 어떤 말을 사용하느냐보다 더 중요한 건 이 원칙에 담긴 정신이다. 예스, 앤드 문화를 건설하려면 예스, 앤드 태도를 본받아야 한다. 사람들이 제시하는 개인적인 의견을 지지하고 그것을 발판 삼아 앞으로 나아가도록 노력해야 한다.

| 사무실에서의 예스, 앤드

예스, 앤드 활용법을 일일이 알려주는 책 같은 건 없지만, 예스, 앤드 사고방식이 개인과 조직에 도움을 줄 수 있는 상황과 시나리오는 다양하다.

대인 관계 및 팀 커뮤니케이션

높은 잠재력을 지닌 HR 관리자이지만 새로운 팀에 동화되는 걸 두려워했던 케이티의 사례로 되돌아가 보자. 케이티는 새로운 팀원과 대화를 시작하는 걸 특히 조심스러워했는데, 그 이유가 그런 상황에서는 활기차고 익살스러운 모습을 보여야만 한다는 압박감을 느꼈기 때문이다. 케이티는 인적 네트워크를 제대로 구축하기 위해서는 그래야 한다고 생각했지만, 자신의 내성적인 평소 성격을 봐서는 새로운 팀 상황에서 도저히 그렇게 행동할 수 없을 것 같았다.

우리는 케이티가 유능하면서도 편안한 모습으로 행동할 수 있게 즉흥적인 커뮤니케이션 모델을 가르쳐주는 워크숍을 진행했다. 우선 그녀에게 동료 두 사람과 함께 '아는 체 박사(Doctor Know-It-All)'라는 게임을 하게 했다. 이 게임은 이들이 무대에 앉아 있는 동안 관객이 무작위로 질문을 던지고, 세 사람은 그 질문에 대해 한 번에 한 단어씩만 사용해서 대답해야 한다. 또 '정정합니다(Take That Back)'라는 게임도 했는데, 이 게임을 할 때는 사람들이 자기가 마지막에 한 말을 취소하고 다른 말로 바꿔야 하기 때문에 무대 위의 상황이 끊임없이 달라지면서 전혀 예측할 수 없는 방향으로 진행된다. 참가자들은 이에 적응하기 위해 재빨리 머리를 굴려야만 한다(일상적인 업무 상황에서 늘 그러는 것처럼 말이다).

우리는 케이티에게 최고의 인적 네트워크 개발자는 대화를 시작하거나 독점하는 사람이 아니라 타인의 아이디어에 동의하고 그걸 발전시켜 나가는 사람이라는 걸 알려줬다. 케이티는 재미있는 쌍방향 연습을 통해 새로운 동료들과 관계를 맺거나 관심을 사로잡는 최고의 방법은 상대방의 말에 진지하게 귀 기울이고 그들의 아이디어를 받아들이는 것이라는 사실을 깨달았다. 예스, 앤드 커뮤니케이션 방식에 전념하면 이런 일이 자연스럽게 이루어진다. 더불어 그녀는 천성적으로 조용한 자신의 스타일이 단점이 아니라는 것도 알게 되었다. 오히려 이런 성격은 원활한 인적 네트워크 구성이나 팀 구축과 관련한 모든 부분에서 도움이 된다.

다양한 성격과 서로 다른 스타일, 경험, 강점을 지닌 사람들로 구성된 팀이 최고의 팀이다. 케이티가 자기 그룹에 도움이 될 수 있다는 자신감을 얻는 동안, 적극적인 성향을 지닌 그녀의 동료들은 소심한 동료에게 팀에 기여할 기회를 주는 방법을 배웠다. 이들은 소심한 동료들이 구석에 가만히 앉아 있게 내버려두지 않고 본인의 아이디어를 공유하도록 부추기는 법을 깨우쳤다.

케이티가 '아는 체 박사' 연습을 하는 동안 남의 말에 온전히 귀 기울이면서 터무니없는 상황을 제대로 이해할 수 있게 된 덕분에 객석에서 몇 차례 큰 웃음을 유발하는 성과도 거뒀다. 그녀의 타이밍은 완벽했다. 한나절의 연습이 끝나고 나자 아무도 케이티를 수줍음이 많은 사람이라고 여기지 않게 되었다.

코칭 및 피드백 세션

업무를 수행할 때는 동료들 간의 원활한 커뮤니케이션이 필수적이지만, 상사나 그들을 위해 일하는 사람들과의 의사소통도 중요하다. 당신이 상사라면, 직원들을 지도하고 그들의 성장을 도울 피드백을 제공하는 것이 당신의 가장 중요한 책임 가운데 하나일 것이다. 예스, 앤드는 일상적인 업무 커뮤니케이션을 좀 더 긍정적인 방향에서 바라볼 수 있는 3가지 방법을 제공하기 때문에, 대인 커뮤니케이션 능력을 향상시키는 최고의 보조 수단이라 할 수 있다.

첫째, 예스, 앤드는 누군가 일을 잘 해냈을 때 그걸 인정하고 그 사람이 더 앞으로 나아가도록 격려할 기회를 준다. 반대로 실수로 일을 망쳤을 때도 효과가 있다. 그들의 실수나 그릇된 판단을 지적하기 전에, 그걸 벌충할 수 있는 방법이 있는지 판단할 수 있기 때문이다. 예컨대 당신이 유난히 나쁜 실적을 거둔 뒤에 상사를 만났을 때 상사가 "그럼 그 고객을 놓친 건가요?"라고 물으면 예스, 앤드는 정직하면서도 소극적이지 않은 자세로 대응할 수 있게 해준다. 예를 들면 이렇게 대답할 수 있다. "네, 그리고 그 이유도 알고 있습니다. 이번에 잘못한 일들을 철저하게 분석해서 다시는 이런 일이 없도록 할 겁니다."

둘째, 예스, 앤드 사고방식을 받아들이면 팀의 수준을 끌어올리도록 동기를 부여하는 데 매우 유용하다. 오랜 고객인 파머스 보험과 함께 협력적 리더십에 관한 워크숍을 진행하던 중에 일이었다. 참가자들 가운데 직급이 좀 높은 한 사람이, 언뜻 보기에 그리 흥미로운 아이디어가 아닌데도 항상 열린 마음으로 직원들의 아이디어를 받아들여야 하는 리더들의 고충에 대해 점잖은 태도로 이렇게 얘기했다.

"예스, 앤드는 모든 아이디어를 다 좋아할 필요는 없다는 걸 알려주었지요. 그래도 아주 사소한 아이디어에 잠시 동안이라도 관심을 가질 수 있게 도와주더군요."

정말 멋진 표현이었다. 우리가 오랫동안 사랑해온 수많은 체인점과 제품들도 처음부터 조짐이 좋았던 건 아니다. 1990년대 래리 데이비드(Larry David)와 제리 사인펠드(Jerry Seinfeld)가 제작해서 시청자를 열광시킨 시트콤 〈사인펠드(Seinfeld)〉는 원래 방송국에서 아이디어 회의를 할 때 "별거 아닌 것에 관한 쇼를 만들자"면서 시작된 것이다. J. K. 롤링은 수많은 출판사에서 거절을 당했다. 그들은 소년 마법사 해리 포터가 모든 사람의 상상력을 사로잡으리라는 사실을 미처 알아차리지 못한 것이다. 아이팟을 개발한 토니 파델(Tony Fadell)은 이 아이디어를 사줄 회사를 찾아 여러 곳을 돌아다녔지만 다들 그 자리에서 거절했다. 스티브 잡스가 "네, 그리고요"라고 말하기 전까지는 말이다. 때로는 말도 안 되는 것 같은 아이디어라도 두 번, 세 번, 혹은 네 번씩 다시 살펴볼 필요가 있다.

마지막으로 예스, 앤드는 대화가 이루어지는 분위기를 공평하게 만들어서 상사와 부하직원 간의 원활한 커뮤니케이션을 돕는다. 아이디어에 귀기울이고 그걸 활용하려고 노력하다 보면, 아이디어를 제시한 사람의 직급이 아니라 아이디어 자체의 장점에 좀 더 관심을 기울이게 된다. 스펄터스 유대인 연구소(Spertus Institute for Jewish Learning and Leadership)의 회장 겸 CEO인 할 M. 루이스(Hal M. Lewis) 박사는 예스, 앤드를 필수적인 리더십 도구라고 생각한다.

"예스, 앤드는 리더십에 관한 모든 고전적인 해석에 드러난 것과 똑같은 기본 원칙에서 시작되었습니다. 그 원칙이란 우리 모두를 합친 것보다 현명한 사람은 아무도 없다는 것입니다. 내가 이 자리에서 가장 똑똑한 사람이어야만 한다는 생각을 포기하면 마법 같은 일이 벌어질 수 있습니다."

예스, 앤드는 사람들이 자기 말에 귀 기울이고 존중받는다는 느낌을 준다. 이렇게 서로를 존중하는 분위기에서는 그 어떤 문제도 헤쳐나갈 수 있다.

브레인스토밍 및 아이디어 창출

비즈니스계, 정치계, 스포츠계, 연예계, 교육계에서는 마치 성배를 찾듯이 언제나 '새 것'을 찾으려 애쓴다. 우리가 사는 세상은 분야를 막론하고 혁신을 높이 평가한다. 일상적으로 쓰는 생활 언어만 살펴봐도 알 수 있다. 소비재 회사는 '새롭게 개선된' 세탁용 세제의 장점을 내세운다. 정계 도전자는 재임 중인 인물의 신물 나는 발상에서 벗어나 '신선한 변화'를 대변하는 자신을 뽑아달라며 선거 유세를 한다. 교육자들은 수업에 활용되는 신기술의 장점을 극찬한다. TV 방송국은 프로그램을 홍보하면서 "8시에는 완전히 새로워진 뉴스가 이어집니다" 같은 표현을 사용한다.

그러나 새로운 걸 만들어내고 혁신을 이루기 위해 투입되는 그 모든 에너지에도 불구하고 세상에는 똑같은 것들이 너무나 많고, 남을 모방하는 흉내쟁이들도 많으며, 결국 실패로 끝나는 혁신도 무수히 많다.

그리고 이건 정말 심각한 문제다. 2010년에 실시된 언스트 앤 영(Ernst & Young)의 조사에 따르면, 조사에 참여한 고위 중역들 가운데 자기 회사가 경쟁사보다 혁신적이라고 생각하는 사람은 47퍼센트뿐이었다. 17퍼센트는 경쟁사보다 혁신에 뒤처져 있다고 생각했고, 41퍼센트는 회사를 계속 성장시킬 거창한 아이디어가 부족하다고 여겼다.

여기에는 몇 가지 이유가 있다. 사람들은 혁신과 발명은 자기가 아닌 다른 사람의 책임이라고 생각한다. 또는 혁신은 별도의 분야로 비밀 실험실처럼 일상적인 업무 활동과 거리를 둬야 한다고 생각하기도 한다. 대개의 경우 개인과 조직은 늘 혁신과 씨름하고 있다. 창안자와 혁신 과정을 소중하게 여기는 기본 철학이 없는 상태에서는 지속적으로 혁신을 이룬다는 게 어렵기 때문이다. 우리는 혁신이 부족한 것과 업무 현장에 군대식 사고방식이 계속 존재하는 것 사이에 연관성이 있다고 생각하지만, 아직 이런 생각을 뒷받침할 객관적인 증거는 찾아내지 못했다.

그렇다면 어떻게 해야 혁신을 촉진할 수 있을까? 우리는 기회가 있을 때마다 '예스, 앤드'를 장려하면 된다고 말한다. 아마 '예스, 앤드'를 가장 확실하게 적용할 수 있는 부분은 당신과 팀원들이 신제품 아이디어나 마케팅 구호, 독창적인 주제 등을 제시하려 애쓰는 브레인스토밍이나 아이디어 회의일 것이다. 이런 창조적인 과정은 우리가 무대 위에서 예스, 앤드를 이용하는 방식과 비슷하다.

우리는 예스, 앤드를 사용하여 팀들이 단기간 내에 많은 아이디어를 떠올리는 것을 목격했다. 또 전통적인 브레인스토밍 방법을 이용했을 때에 비해 실현 가능성이 떨어지거나 더 특이한 아이디어를 내놓는 모습도 자주 봤다. 그 이유는 간단하다. 사람들이 빠른 시간 안에 아이디어를 제시하면서 또 서로의 아이디어를 지지해줄 경우, 아이디어를 걸러내거나 섣불리 판단하는 일이 줄어든다. 또 브레인스토밍 과정의 초기 단계에서 필터를 제거하면 아이디어가 새로운 장소로 이동하고, 이때 일반적인 통념으로는 잘 고려하지 않는 새로운 연결 고리를 발견하게 된다.

우리는 고객사의 요청에 따라 전략을 기획하거나 새로운 마케팅 캠페인을 개시할 때, 혹은 새롭고 색다른 아이디어를 위한 장을 마련할 때, 혁신 및 창의성 워크숍을 실시하는 경우가 있다. 그럴 때마다 우리는 업무 팀에 예스, 앤드 정신을 불어넣으려고 노력한다. 이렇게 예스, 앤드 정신에 철저한 덕분에, 침대 매트리스에 들어가는 스프링과 코일을 생산하는 레깃 엔 플랫(Leggett & Platt)이라는 고객사와 함께 매우 성공적인 마케팅 캠페인을 구상하게 되었다.

솔직히 말해서 매트리스 사업은 그렇게 매력적인 분야가 아니고 스프링과 코일 쪽은 더 그렇지만, 레깃의 의뢰인들은 매우 창의적인 사람들이었다. 그들과 함께 브레인스토밍을 진행하던 중에 스프링과 코일로 만든

매트리스의 주된 장점인 섹스할 때의 느낌이 좋아진다는 점을 강조하는 재미있는 랩 동영상을 제작하자는 아이디어가 나왔다. 우리는 바로 실행으로 옮겼고, 이 동영상 덕분에 이 회사 사업에 관한 소문이 사방으로 퍼져나갔다. 해당 분야에서 그들의 제품을 바라보는 시선이 완전히 바뀌었다. 이 임무와 관련해서는 교훈적인 부분이 무척 많지만 요점은, 예스, 앤드 방식을 이용해서 이질적인 아이디어들 사이에 존재하는 예상 밖의 연결 고리를 찾아내지 못했다면 침대 스프링과 섹시한 랩 동영상 사이를 연결하는 도약은 절대 불가능했을 거라는 사실이다.

문제 해결 및 갈등 해소

솔직히 말하자. 직장에서 궁지에 몰리거나 예상치 못한 문제를 해결해야 하는 상황에 처하면, 당면한 문제를 해결하는 데 집중하기보다는 안전한 곳에 틀어박혀 남을 비난하거나 이 사건의 파급 효과와 상사들로부터 내려올 지시에만 집중하고 싶다. 우리도 위기의 순간에 경험한 일이지만, 결국 상황이 매우 암울할 때도 예스, 앤드를 사용할 수 있다는 걸 보여주는 확실한 증거가 되었다.

우리 동료 가운데 한 명이(그 일과 관련된 여러 당사자들을 보호하기 위해 그를 잭이라고 부르겠다) 유명한 문화 단체의 이사장으로 임명되었다. 잭이 그 자리에 앉은 지 2주가 지난 어느 금요일 늦은 오후에 한 이사가 잭에게 전화를 걸었다.

"비상사태가 발생했습니다. 당장 이사들을 모두 소집해야 합니다."

이사진 전원이 회의실에 도착하자 회의를 소집한 이사가 말문을 열었다.

"우리 조직에서 장기 근속한, 우리가 오랫동안 동료이자 친구로 신뢰해온 누군가가 협회 돈을 횡령했다는 사실이 막 밝혀졌습니다."

자세한 내용이 드러나자 잭도 다른 모든 사람들과 마찬가지로 충격을 받았다. 그들 모두가 신뢰하고 좋아했던 사람이 그 믿음을 완전히 배반했을 뿐만 아니라 그로 인해 협회 재정이 엉망이 됐기 때문이다.

"우리는 지금 파산 상태입니다. 사람들에게 어떻게 이 사실을 알리고, 협회를 어떻게 재건할지 생각해내지 못한다면 협회는 문을 닫고 말 겁니다." 이사가 침통하게 말했다.

오랜 침묵을 뚫고 협회 후원자이자 이 사태에 도움을 받기 위해 부른 유명한 정치 컨설턴트가 입을 열었다. 그가 다음과 같이 말한 순간, 할 말을 잃었던 회의실 분위기가 순식간에 변했다.

"우리 업계에는 여러분이 인생 신조로 삼을 만한 유명한 말이 있습니다." 그는 잠시 말을 멈췄다가 이렇게 덧붙였다. "위기가 가져다주는 기회를 결코 헛되이 해서는 안 된다는 겁니다."

이 말을 한 사람은 예스, 앤드를 어떻게 이용해야 하는지 제대로 알고 있었던 윈스턴 처칠이다.

이후 3시간 동안 위기를 헤쳐 나가기 위해 예스, 앤드를 이용한 논의가 벌어졌다. 우선 협회 구성원들에게 이 믿기 힘든 사실을 알려야만 했다. 그래서 메시지를 전달하는 방법과 누가 그 일을 할 것인지에 대해 논의했다. 잭은 새로운 이사장인 자기에게 그 일을 해야 할 책임이 있다고 말했다. 컨설턴트 역시 잭이 신임 이사장인 만큼 이 위기의 대변인으로 나서기에 안성맞춤이라고 했다. 과거에 이 조직 내에서 벌어졌을 수도 있는 범죄 행위에 연루되지 않았기 때문에 사람들의 신뢰를 얻을 수 있고 또 앞으로 나아가기 위한 길을 놓을 수 있다는 것이었다.

모든 의사소통이 투명하게 이루어져야 했다. 이 사실을 협회 회원들에게 알리는 것도 중요하지만, 회원과 언론매체, 후원자들이 대화를 나누고 최신 정보를 나눌 수 있는 기회도 매주 제공해야 했다.

모두에게 힘든 시기였지만 이들은 결국 살아남았고, 협회의 재정 안정성도 재건할 수 있었다. 예스, 앤드 모드의 리더십이 없었다면 그런 일이 과연 가능했을지 의심스럽다.

예스, 앤드는 이런 극단적인 상황에서도 유용하지만 일상적인 의사결정이나 동료들과의 문제 해결에도 도움이 된다. 흔한 해결책으로는 아무것도 해결하지 못하기 때문에 문제가 반복되는 경우가 종종 있다. 이런 상황에서 동료들에게 그 낡은 문제에 대한 새로운 대안과 해결책을 제시해 달라고 요청한다면 도움이 될 것이다. 이때에는 모두가 '노'가 아닌 '예스, 앤드'의 자세로 임해야 한다.

우리는 문제를 해결할 때는 아무리 나쁜 아이디어라도 더 나은 아이디어로 연결되는 다리 역할을 한다는 말을 자주 한다. 예스, 앤드는 어떤 아이디어도 차단하지 않고 모두가 잠재성은 있지만 불완전한 아이디어를 떠올릴 수 있게 해준다. 압박감과 위기 앞에서도 긍정적인 분위기를 조성하면 사람들은 어떤 문제가 발생해도 해결할 수 있다는 자신감을 얻게 된다. 이는 세컨드 시티에서 열리는 작전 회의나 임원 회의에서도 늘 있는 일이다. 여느 기업들과 마찬가지로 우리에게도 나름의 문제가 있지만, 우리는 늘 해결할 수 있다는 정신을 가지고 문제에 대처한다. 문제가 해결될 때까지 서로 도울 것이라는 사실을 경험을 통해 알고 있기 때문이다.

반대 극복

비즈니스계에서는 서로를 설득하기 위해 많은 시간과 돈과 에너지를 쓴다. 큰 거래를 체결하고자 하는 영업사원이나 포괄적인 아웃소싱 프로그램을 추천하는 컨설턴트, 사내에서 예산을 더 많이 확보하려고 다투는 마케팅 담당자 등, 이들 모두는 책상 건너편에 앉아 있는 사람을 내 의견에 동조하도록 하는 게 얼마나 어려운 일인지 잘 알 것이다.

중요한 결정을 내릴 때는 대개 반대가 따르게 마련이다. 그리고 여러분은 적대적인 분위기가 조성되는 걸 피하기 위해 가능한 일을 다 하려고 할 것이다. 이런 상황에서 예스, 앤드 태도를 유지하면 상대방의 정당한 걱정을 인정하고 공통된 합의점에 도달하기 위한 문을 열어두는 데 도움이 된다.

우리는 상황이 따라주지 않았기 때문이 아니라 상호 신뢰 분위기를 조성하지 못해서 거래 체결이나 추천에 실패하는 의뢰인들을 많이 봤다. 문제를 해결하기 위해 세컨드 시티 웍스를 초빙한 유명 경영 컨설팅회사도 바로 이런 상황에 처해 있었다. 고객의 피드백을 분석한 결과 자신들이 고객에게 오만하고 거들먹거리는 인상을 준다는 걸 깨달았다. 이 회사의 고객들은 여기에서 제공한 분석 결과와 추천 내용을 존중하고 중요하게 여겼지만, 회사 컨설턴트들과 접촉하면서 불쾌한 기분을 느꼈다. 결과적으로 이 컨설팅회사는 원만하게 협력하는 분위기를 원했던 고객에게서 추가적인 일거리를 얻는 데 실패했다.

우리는 우선 컨설턴트들이 방어적인 자세를 취하지 않고 자기가 어떤 부분에서 잘못을 저질렀는지 파악할 방법을 찾아야 했다. 오만하다는 말을 듣고 싶은 사람은 아무도 없다.

우리는 두어 가지 방법을 통해 이 컨설팅 회사를 도울 수 있었다. 먼저 의뢰인의 관점에서 본 전형적인 상호 관계를 풍자한 우스꽝스럽고 짤막한 연극을 만들었다. 여기에는 다른 사람이 말을 끝맺거나 자기 생각을 제대로 표현할 여지를 안 주고 계속 중간에 끼어드는 인간 방해기 같은 캐릭터가 등장한다. 컨설턴트들이 의뢰인과 좋은 관계를 맺기보다는 자기 말이 옳다고 주장하는 걸 더 중요시한다는 걸 보여준 이 연극은 열렬한 반응을 얻었다. 그런 다음 컨설턴트들의 경청 기술을 개선하고 전하기 어려운 소식을 말하거나 힘든 결정을 권유할 때에도 좀 더 긍정적인 어조로 말해야 한다는 걸 강조하는 워크숍을 여러 차례 진행했다.

여느 때처럼 이 사례에서도 예스, 앤드가 의뢰처와의 작업을 뒷받침하는 핵심적인 아이디어 역할을 했다. 하지만 단순히 그런 말들을 구체적으로 표현하는 방법만 가르친 게 아니다. 그보다 중요한 건 관대하고 협력적인 태도로 의사소통을 하면서 합의에 도달하는 길을 찾도록 유도했다는 것인데, 비즈니스에서 일을 진행하는 데 필요한 건 결국 이런 것들이다.

세컨드 시티 사람들에게 있어 혁신이란 일상의 한 부분이며, 즉흥극 연기는 곧 혁신이다. 우리의 독창성 가운데 일부는 선천적으로 창의력이 뛰어난 직원들에게서 나오는 것이지만 그게 다는 아니다. 우리는 항상 훌륭하고 독창적인 제품을 만들도록 이끌어주고, 기업을 성장시키며, 마음 맞는 인재 풀을 늘려서 한층 더 새로운 걸 만들 수 있게 해주는 구체적인 예스, 앤드 철학을 추구한다.

| 일상에서의 예스, 앤드

지금까지 살펴본 사례들은 예스, 앤드가 경영 툴로서 어떻게 기능하는지 보여주었다. 반면 예스, 앤드는 겉으로 드러나지 않는 부분에서도 비즈니스계에 영향을 미친다. 사실 우리는 예스, 앤드 같은 즉흥극 아이디어가 날마다 우리 주위에 살아 숨 쉬고 있다고 주장한다. 다만 우리가 그걸 깨닫지 못할 뿐이다. 믿을 수 없는 얘기라고?

기술 업계에서 예스, 앤드가 작용하는 두 가지 사례를 꼽자면, 온라인

백과사전인 위키피디아(Wikipedia)와 지난 20년 동안 기술 분야에서 많은 관심을 끈 오픈소스 운영 체제 리눅스(Linux)를 들 수 있다.

여러분 중에도 위키피디아를 이용해본 사람이 꽤 많을 거라고 생각한다. 특히 제출 기한이 3일이나 지난 과제를 하느라 허둥대는 20대 자녀를 둔 사람이라면 더욱 그럴 것이다. 이 사이트의 콘텐츠는 사용자가 직접 만드는 것인데, 이 말은 곧 주제가 어떤 것이든 상관없이 누구나 콘텐츠를 새롭게 작성하거나 이미 작성되어 있는 내용을 편집 또는 추가할 수 있다는 뜻이다. 무대 위에서 예스, 앤드를 이용하는 것처럼, 위키피디아는 우리가 '탐구와 고취' 모델이라고 부르는 방식을 이용한다. 어떤 주제가 제시되면 그걸 기반 삼아 새로운 걸 추가하거나 심화시키고 때로는 방향을 돌리기도 하는 것이다.

'탐구와 고취'는 예스, 앤드 다음 가는 즉흥극의 원칙이다. 함께 쌓아가는 방법만 배우면 '탐구와 고취'를 통해 흥미롭고 중요한 뭔가를 만들어낼 수 있다. 긍정적인 태도로 시작하는 게 좋지만 깊이 파고들다 보면 언제나 성공으로 가는 길이 나타난다. 물론 이 방법을 통해 말도 안 되는 항목이나 부실한 기말 보고서가 나오기도 하지만, 다른 사람이 제시한 뭔가를 예스, 앤드의 태도로 받아들이는 것의 장점은 이미 분명하다.

또 하나의 좋은 예인 리눅스는 (위키피디아 설명에 따르면!) 무료로 제공되는 오픈소스 소프트웨어의 개발 및 배포 모델에 따라 만들어진 운영 체제로 유닉스(Unix)와 비슷하다. 우리는 소프트웨어 개발에 대해서는 아무

것도 모르고 또 아는 척할 생각도 없지만, 리눅스도 예스, 앤드 원칙이 작용한 또 하나의 사례라고 생각한다.

개발자들은 기존 코드를 이용하거나 수정해서 이 소프트웨어가 새롭고 멋진 일을 하게 만들 수 있는데, 그들은 실제로 그렇게 했다. 리눅스는 현재 서버와 메인프레임의 주요 OS로 사용되고 있으며 세계에서 가장 빠른 슈퍼컴퓨터의 90퍼센트 이상이 다양한 버전의 리눅스를 사용하고 있다.

그리고 이 모든 일이 1991년에 리누스 토르발스(Linus Torvalds)가 처음 개발한 리눅스 커널이라는 운영 체제에서 시작되었다는 사실을 생각해보자. 이렇게 훌륭한 일을 시작한 리누스에게 감사한다. 리누스의 뜻을 예스, 앤드로 받아들여 이렇게 유용한 시스템을 만들어낸 전 세계 개발자들에게도 감사한다. 요컨대 리눅스는 예스, 앤드 정신을 세상에서 가장 강력하고 자애롭고 유용하게 표현한 것이라고 할 수 있다. 리누스와 그 친구들에게 갈채를 보내는 바다. 이들은 자기도 모르는 새에 세계적인 수준의 즉흥 연기자의 반열에 올랐다.

앙상블을 만들고 실수를 지워주는 예스, 앤드

여러분이 일상 업무에 예스, 앤드를 적용할 때 명심해야 할 사항이 몇 가지 있다.

우선 일상적인 업무나 사교 모임에서 브레인스토밍이나 대화에 예스, 앤드 원칙을 적용할 경우, 본인의 아이디어를 내놓는 것만큼 다른 사람의 아이디어도 지지해줘야 한다는 것이다. 이는 예스, 앤드의 힘을 확신하는 사람에게도 어려운 일이다. 록 스타 같은 CEO나 억만장자 벤처캐피탈, 전설적인 기업가, 스타와 유명인사를 선호하는 문화권에서는 조연들이 귀한 대접을 못 받는다. 특히 예전에는 유명인사라고 하면 할리우드 스타나 스포츠 영웅만 떠올렸다. 하지만 리얼리티가 대세인 요즘에는 〈언더커버 보스(Undercover Boss)〉나 〈샤크 탱크(Shark Tank, 투자자들과 창업자들이 만나는 리얼리티 TV 쇼)〉, 그리고 케이블 TV에서 방송하는 온갖 비즈니스 프로그램 덕분에 누구든 15분 정도는 유명해질 기회를 얻을 수 있다. 결국 앤디 워홀의 예상이 옳았던 것이다.

이 분야에서는 다들 혼자 힘으로 일을 처리해서 영웅적인 위치에 오르고 싶다는 유혹을 느낀다. 특히 영화에서는 그런 사람이 가장 큰 보상을 받는 것처럼 보인다. 이런 환경에서 타인의 아이디어에 동의하고 그걸 기반으로 삼는 일의 중요성을 기억하기란 쉽지 않다. 하지만 훨씬 실질적인 방법이기도 하다. 예스, 앤드는 보다 나은 앙상블을 만들고 이를 통해 무대와 일터에 있는 모든 사람이 스타가 될 수 있는데, 이 문제에 대해서는 다음 장에서 좀 더 자세히 살펴볼 예정이다.

타성에 빠진 적이 있거나 시작 단계에서 계속 실패를 거듭하고 있다면, 다음과 같은 사실에서 희망을 얻자. 가장 훌륭한 아이디어는 처음부터 근사한 모습으로 등장하지 않고, 최고의 발명품은 운 좋은 사고와 실수의 결과물을 신중하게 선회시킨 데서 나온 경우가 많다.

- 심장 박동 조율기는 원래 무선 주파수를 이용해 체온을 낮추는 장치로 개발되었다.
- 어릴 때 손에서 놓지 못하던 슬링키라는 스프링 장난감은 원래 전함의 기계 부품으로 사용할 생각이었다.
- 전해지는 말에 따르면 폭죽은 주방 실험이 잘못되면서 생겨난 결과물이라고 한다.

훌륭한 즉흥 연기자는 틀린 대사와 어리석은 실수에 어떻게 대처해야 하는지를 안다. 우리는 결국 레모네이드를 만드는 사람들이다(영어에서 레몬은 과일을 의미하기도 하지만, 실수를 뜻하기도 한다. 레몬을 레모네이드로 만든다는 것은 화를 복으로 만든다는 뜻). 실수를 저지른 그 순간에는 스트레스를 받지만, 예스, 앤드 사고방식을 가진 사람은 새로운 사고와 가능성을 위한 영감을 얻기도 한다. 우리는 "사고가 터진 상황 속에서도 뭔가를 얻어야 한다"고 말한다. 실패의 두려움을 극복할 수만 있다면 이 방법에 엄청난 잠재력이 감춰져 있다.

인정과 발전

예스, 앤드의 장점은 여러 개의 작은 아이디어 중에서 크고 확실한 아이디어를 하나 골라 점진적으로 발전할 수 있게 해준다는 것이다. 세컨드 시티는 신인 배우나 의뢰인들을 위해 어떻게 아이디어에 접근해야 하는지를 설명하는 격언을 만들었다. 바로 '처음부터 대성당을 꿈꾸지 말고 벽돌

한 장부터 시작하라'는 것이다. 가끔 즉흥 연기자가 장면이 발전할 기회가 생기기도 전에 완성된 아이디어와 사랑에 빠져, 앞뒤가 맞지 않는데도 불구하고 앙상블 동료에게 그 아이디어를 강요하는 경우가 있다. 다른 사람들은 모두 새로운 벽돌 한 장을 원하는 상황에서 그 장면에 '대성당을 집어넣는' 격이다. 대성당은 모든 창조적인 순간을 갑자기 중단시켜버리는 반면 벽돌은 혁신의 과정을 꽃피운다.

세컨드 시티 트레이닝 센터의 초급 단계에서는 이 개념의 힘을 분명하게 느낄 수 있는 실습을 한다. 이걸 '한 단어 이야기'라고 하는데, 다음과 같은 방식으로 진행된다. 보통 6~10명 정도 인원으로 구성된 그룹을 둥글게 모여 앉히고, 독창적인 이야기를 하나 만들게 한다. 이때 각자 전체적인 이야기에 들어갈 단어를 한 번에 하나씩만 말할 수 있다. 이 방식을 어렵다고 느끼는 사람이 많은데, 특히 자기만의 담을 쌓은 공간에서 작업하는 데 익숙한 독창적인 사람일 경우 이야기의 방향을 직접 제어하고 싶어 하기 때문에 더욱 어려워한다. 그러나 이러한 사람도 자기 차례가 되면 이야기를 가장 합리적으로 진행시킬 수 있는 단어를 하나만 추가할 수 있기 때문에 혼자서 전체 이야기의 방향을 제어한다는 건 불가능한 일이다.

당신이 그 자리에서 있는 사람들 중에 똑똑한 축에 든다면 자기가 알고 있는 인상적인 어휘들을 사용하고 싶을 것이다. 실제로 흔히 쓰지 않는 거창하고 지루한 단어가 그 상황에 가장 논리적으로 들어맞는 경우도 있다. 그러나 아무리 똑똑해도 이야기에 집어넣을 수 있는 유일하게 논리적인 단어가 '그리고'밖에 없는 경우도 있다. 이것은 우리가 항상 두각을 나타내는 학생 역할만 할 수 없으며 언젠가는 모두 조연 역할을 해야 할 때도 있다는 걸 기억하는 데 좋은 연습이다. 이 연습은 몇 분 동안 이어지는데, 여러분도 짐작하겠지만 이런 식으로 만들어진 이야기는 예상치 못하게 아주 재미있는 방향으로 진행되는 경우가 많다. 참가자들은 자기 혼자할 때보다 훨씬 재미있는 이야기를 만들어내는 이런 독특한 방식을 인정하고 발전시켜야 한다.

어떤 이들은 이 연습을 할 때 정말 힘들어한다. 대부분의 사람에게는 본인이 직접 좋은 아이디어, 즉 다 지어진 대성당을 제시해서 공적을 인정받으려는 성향이 있다. 이런 사람들은 '한 단어 이야기'를 진행하는 동안에도 경솔하게 권력을 휘두르거나 주도권을 쥐려고 한다. 그래서 이야기를 구성할 때 단어 하나가 아닌 완성된 구절을 제시해서 게임 규칙을 어기곤 한다. 자기 앞에 제시된 단어들을 무시하고 그게 이치에 맞건 안 맞건 상관없이 본인의 아이디어를 끼워 넣는 것이다. 이들은 이야기 진행 방향이 마음에 들지 않거나 하면 다른 사람들이 제시한 단어를 비판하기도 한다.

어디서 많이 듣던 이야기 같지 않은가? 조직 내에서도 이와 비슷한 행동들을 어렵지 않게 찾아볼 수 있다. 어떤 사람들은 아이디어가 떠오르면 거기에 집착하면서 다른 이들의 동참을 바라지 않는다. 가끔은 이런 방식을 통해 훌륭한 아이디어가 나오기도 하지만 그런 초기 아이디어가 잠재력을 제대로 발휘하지 못하고 끝나는 경우가 훨씬 많다.

워크숍 중에 이런 일이 발생하면 우리는 먼저 그들의 지성과 허영심, 일을 제대로 해내고자 하는 욕구에 호소하면서 규칙에 따라 게임을 진행하게 한다. 그런 다음 게임이 가르치는 교훈, 즉 창의력이 뛰어나고 혼자 일하는 걸 좋아하는 사람이라 하더라도 모두 이 스토리텔링의 일부이고, 자기가 전체의 작은 일부분이라는 걸 인정한 뒤에도 이야기에 중요한 기여를 할 수 있다는 사실을 강조한다. 리더들은 이런 메시지를 자기 조직 사람들과 자주 공유해야 한다.

이 실습은 우리에게 무엇을 가르쳐주는가? 첫째, 아무리 사소해 보이는 것이라도 작은 기여 하나하나가 다 중요하다. 기업에서는 말로만 아이디어가 괜찮다고 칭찬하는 경우가 많다. 하지만 그렇지 않은 기업, 예스, 앤드 원칙에 충실한 기업들은 성공적인 혁신 비율이 급등한다. 한 번에 한 사람씩 돌아가면서 일을 하려고 기다리는 게 아니라 모든 직원이 힘을 합쳐서 대성당을 지으면 훨씬 짧은 시간 안에 훨씬 많은 일을 해낼 수 있다.

둘째, 모든 기여가 다 중요한 만큼 다함께 일에 참여해야 한다. 혼자만 일에서 손을 떼거나 남의 의견을 무시해서는 안 된다. 그랬다가는 그룹 전체의 일을 방해하게 되기 때문이다. 이 실습은 개인의 성격이 대담하건 성급하건 조용하건 내성적이건 상관없이 각자 최선을 다해 참여하지 않으면 그룹 전체가 고통을 겪게 된다는 사실을 명확하게 알려준다.

마지막으로 이 실습은 통제권을 집단에 양도하는 안전한 방법을 제공한다. 또한 사람들이 모든 결과를 일일이 통제하려고 하지 않을 때 어떤 새로운 돌파구가 생기는지를 보여준다. 이 실습에서건 아니면 업무 상황에서건, '전체의 힘이 한 명의 힘보다 낫다'는 생각은 언제나 진리다.

| 예스, 앤드가 아닌 것들

세컨드 시티가 예스, 앤드의 열렬한 신봉자인 건 분명하다. 심지어 지금까지 살아온 55년의 역사 전체가 예스, 앤드를 실생활 속에 실천한 살아 숨 쉬는 표본이라고 해도 과언이 아니다. 우리는 업무에 효과적인 예스, 앤드를 인정하고 발전시켰다. 그 덕분에 하나의 무대에서 일을 시작한 우리가 본고장인 시카고의 경계를 넘어 이제 전 세계로 뻗어나가는 다차원적인 엔터테인먼트 겸 교육기관으로 발전했다. 이제는 예스, 앤드를 하나의 동사처럼 사용하는 수준에 이르렀다. 앞으로도 우리는 회의에서 동료가 내놓은 아이디어를 예스, 앤드로 받아들이고, 새로운 부동산, 사업 투자, 제휴, 프로그램에 발을 들이는 방식도 예스, 앤드 할 것이다.

예스, 앤드는 거절을 대신하는 말이 아니다
그런 우리도 예스, 앤드를 위한 시간과 장소가 따로 있다는 걸 안다. 공개 워크숍이나 비공개 워크숍을 진행하다 보면 누군가는 꼭 기업 문화 속에 예스, 앤드 방식을 도입하는 일의 현실성에 대해 강렬한 냉소를 보인다.

"솔직히 말해서 모든 아이디어가 다 좋은 아이디어는 아니잖아요." 그 또는 그녀는 이렇게 말한다. "형편없는 아이디어까지 다 지원하느라 쩔쩔매고 있으면 어떻게 생산적으로 일을 할 수 있겠어요?"

우리는 직원이나 회사가 발견한 아이디어를 모두 받아들여야 한다고 주장하는 게 결코 아니다. 우리는 코미디 사업을 하고 있지만 여기에도 어떤 한계는 있다. 사람들의 제안을 거절해야만 하는 때가 분명히 있다. 심지어 예스, 앤드가 사람들을 교묘하게 조종하거나 역효과를 낳는 경우도 있다.

신중함이나 품질, 상식을 대신하지도 않는다

예스, 앤드는 아이디어 창출의 시작 단계에 접근하는 최고의 방법이다. 이 방법은 개인과 집단이 최선의 노력을 기울이게 해주고, 그 결과 최고의 아이디어가 나온다.

야구선수들이 실제 게임을 시작하기 전에 운동장에서 공을 이리저리 던지면서 몸을 푸는 것처럼, 브레인스토밍을 할 때도 뇌의 특정 부위를 위한 준비 운동이 필요하다. 창의성을 발휘해야 하는 모임을 시작할 때 예스, 앤드 방식을 자리 잡게 하면 내화를 위한 펌프가 가동되도록 준비할 수 있다.

물론 아이디어를 분석하거나 해부하거나 기각하는 일도 종종 있다. 하지만 그건 어쨌거나 일단 아이디어에 귀를 기울인 뒤에 벌어지는 일이다.

항상 좋은 쪽으로만 사용되지 않는다

거절하는 기술을 완벽하게 습득한 뒤 그걸 마치 예스, 앤드처럼 위장하는 사람들이 많다. '예스, 앤드'의 적이 반드시 그 방에서 가장 큰 소리로 반대 의사를 외치는 사람은 아니다. 입으로는 찬성을 말하면서 행동으로 반대 의사를 표현하는 경우도 많다. 이곳 세컨드 시티 사람들도 항상 정직한 태도를 취하려고 노력하기는 하지만 다른 기업에서 일하는 사람들과 마찬가지로 이런 현상에 취약하다. 세컨드 시티의 제작 팀을 대상으로 간단한 설문조사를 실시해보니 즉흥극 메카의 신성한 홀 안에서도 이런 반(反) 예스, 앤드 행동이 나타나는 때가 있다고 한다.

- 많은 사람들이 찬성했지만 우린 작은 의견에도 귀 기울여야 해요: 상사가 다른 팀원들은 전부 합의에 도달했지만 그 내용이 자기 마음에 들지 않을 경우, 본인이 원하는 반대 결정이 나올 때까지 이런 식으로 계속 자기 의견을 밀어붙인다.

- 네, 좋은 생각이네요. 이 일은 나와 아무런 상관이 없지만……: 부탁받지도 않은 다른 부서 일에 참견하고 싶을 때, 예스, 앤드는 좋은 도피처가 될

수 있다. 예스, 앤드를 이용해 어떤 일을 찬성한다고 선언하기만 하면, 그 일을 하는 데 필요한 능력도 없고 여러분을 반기지도 않는 분야에 참견할 수 있으므로 매우 유용한 도구가 된다.

- 네, 좋아요. 당신이 망했으면 좋겠어요: 때때로 사람들이 하는 행동이 그들을 위험에 빠뜨릴 게 분명하다는 걸 알게 되는 경우가 있다. 이때 상대방이 별로 마음에 들지 않는다면 그가 내놓은 아이디어에 예스, 앤드만 외치면 된다. 그러면 협조적이지 않다는 이유로 비난 받을 위험도 없이 그들을 망쳐놓을 수 있다.

- 아뇨, 아닌 것 같아요. 네, 그건 제 아이디어에요: 어떤 사람이 아이디어를 단호하게 거부해 놓고서는 딴 데서 똑같은 아이디어를 제시해 그 뛰어난 발상에 대한 칭찬을 대신 받는다.

- 일단 찬성만 하면 곧 그 아이디어를 잊어버릴 거야: 시간이 지나면 결국 자기가 그런 아이디어를 내놨다는 사실조차 잊어버리게 될 거라는 걸 알기에, 잠시 사람들의 입을 다물게 하려고 예스, 앤드를 남발하는 경우도 있다. 이건 반대 의사를 표명하지 않고도 그 자리를 모면할 수 있는 좋은 전술이다.

- 반대도 찬성도 하지 않는 사람의 힘: 찬성이나 반대, 어느 쪽 입장도 표명하지 않은 채 자신의 권한을 유지한다. 그 어떤 결정도 하지 않는다면 아무도 여러분이 잘못된 결정을 내렸다고 말할 수 없다.

우리가 업무상 교류하는 사람들 중에도 예스, 앤드 모델에 계속 이의를 제기하는 사람이 있다. 언제나 반대할 만한 이유는 있게 마련이다. 이런 일을 방지하기 위해 브레인스토밍을 시작할 때는 자기가 예스, 앤드를 어떻게 활용하고 싶은지 기억해야 한다. 그리고 팀원들이 예스, 앤드 방식을 실행에 옮길 수 있는 기회를 끊임없이 주어야 한다. 언어나 신체적 신호, 유머 등 이용 가능한 도구를 총동원해서 포용력의 시범을 보이고, 사람들에게 본인의 아이디어가 아닌 다른 아이디어도 받아들이기를 기대한다는 사실을 명확하게 밝힌다.

기업 고객들과 같이 일한 경험을 되돌아보면, 기본적으로 정해져 있는 대답이 거절인 경우가 정말 많다. 위험과 실패할 가능성을 피하기 위해 반사적으로 일단 거절부터 하고 보는 것이다. 그렇게 행동하는 것도 이해는 가지만, 이런 태도 때문에 좋은 아이디어도 제안하지 않게 되어 새로운 방식을 시도할 기회를 놓치거나 팀이 가진 잠재력을 다 발휘하지 못하게 되는 등 결국 큰 대가를 치르게 된다. 거절이 일상화된 기업 문화의 악영향을 정량화하는 건 어려울지도 모르지만 높은 고객 불만족도나 업무와 회사에 대한 직원 참여도 저하 등 다양한 부분에서 그 영향이 드러난다.

우리가 정말 말하고 싶은 건, 신속하고 혁신적이며 서로 도움을 주고 시간이 지나도 뛰어난 기능을 유지하는 업무 환경을 조성하고 싶다면 거절이 기본적인 반응이 되어서는 안 된다는 것이다. 예스, 앤드는 속도와 에너지, 앞으로 나아가는 추진력을 부여한다. 그리고 이것을 실행에 옮기는 사람들은 업무나 사생활 면에서 어떤 어려움이 있더라도 자기는 무에서 유를 창조할 수 있고 거기에서 뭔가 훌륭한 걸 이끌어낼 수 있다는 자신감을 얻는다.

몇 해 전, 본사를 뉴욕에서 시카고로 옮긴

유명한 풍자 미디어기업 디 어니언(The Onion)의 임원들이 우리를 찾아온 적이 있다.

이런저런 얘기를 나누다가 인재 유지라는 주제 쪽으로 대화가 넘어갔다.

"귀사에서는 인재를 어떻게 유지하십니까?"

그들이 물었다.

"안 하는데요."

우리는 그렇게 대답했다.

0 3

완 벽 한 조 화 를 이 루 는 법

업계에서는 항상 팀 구성과 관련해 많은 얘기들이 오간다. 우리도 보다 큰 집단 내에서 개인의 역할을 강화하고, 이를 통해 그룹 전체의 기능을 향상시키기 위한 다양한 팀 구성 강좌를 제공하고 있다. 하지만 세컨드 시티에서는 창작 업무에 관여하는 사람들에 대해 얘기할 때 팀보다는 앙상블이라는 단어를 사용한다.

다음의 정의를 살펴보면 둘 사이의 미묘한 차이를 이해할 수 있을 것이다.

팀(Team):

경기나 대회에서 여러 편 가운데 한 편을 구성하는 다수의 사람들

앙상블(Ensemble):

모든 부분을 하나로 합친 것, 따라서 각 부분은 전체와 관련해서만 생각할 수 있음

팀이라는 단어에는 본질적으로 그 무리와 대항하는 외부의 적을 나타내는 경쟁의 의미가 내포되어 있다. 앙상블이란 단어에는 그런 앙금이 담겨 있지 않다. 앙상블은 독자적으로 존재하며, 구성원들이 하나처럼 행동할 때 비로소 그 참된 모습이 드러나는 독립체다.

팀에는 경기를 시작하는 선수와 후보 선수가 있고 경기 중에도 완벽한 계급 구조가 존재하기 때문에, 고등학교 농구팀의 후보 선수 부모라면 어떤 팀원이 중요하고 어떤 팀원이 중요하지 않은지를 정확하게 알려줄 수 있다. 반면 앙상블의 경우 수석 주자나 차석 주자 등이 있기는 하지만 모든 주자가 무대 위에 올라와서 거의 매 순간 공연에 참가한다.

세컨드 시티에서는 팀이 아니라 앙상블을 구성해야 한다고 생각한다. 역량이 뛰어난 앙상블은 경영진과 직원 모두에게 하늘이 내린 선물이다. 이들은 자체적으로 아이디어를 창출하거나 실행할 수 있고, 기업 전체와도 잘 어울리는 정교하게 조율된 구성단위이기 때문에 감독관이나 관리자는 그것의 장점을 십분 활용할 수 있다. 개인의 경우에도 자기와 비슷하거나 더 나은 능력을 지닌 동료들과 함께 일하면서 능력을 발전시킬 수 있기 때문에 이익이 된다.

앙상블은 함께 일하는 사람들의 다양한 능력과 관련된 방향으로 능력

을 향상시켜준다. 우리 회사의 역사를 살펴보라. 이 앙상블 극장은 지난 50년 동안 다른 어떤 연극 기관보다 많은 코미디 스타들을 키웠다. 간단히 말해 그룹 전체의 커다란 요구를 희생시키는 일 없이 앙상블을 통해 스타들이 탄생한 것이다.

그렇다고 우리가 팀이라는 단어를 완전히 배척하는 건 아니라는 점을 분명히 해두고 싶다. 사실 우리 사업이나 우리와 함께 일하는 기업들을 구성하는 여러 그룹의 기능을 설명하기 위해 팀이라는 말을 많이 쓴다. 하지만 이 단어에는 관계의 깊이나 공동의 책임감이 내포되어 있지 않다.

| 팀이 아닌 앙상블이 필요하다

우선 성공적인 개인 활동 가운데 진짜 개인의 힘만으로 활동한 경우는 드물다는 말부터 하고 싶다. 외골수적인 비전 때문에 모든 이에게 경멸과 비웃음을 사던 개인 사업가가 친구와 가족에게 폐를 끼치면서도 순전히 투지 하나로 성공을 거두는 이야기는 환상적이지만 흔한 신화다. 근사한 영화 소재는 될 수 있지만 이게 이야기의 전부는 아니다. 포드부터 잡스에 이르기까지 수많은 인물들의 축약된 성공담을 흔히 들을 수 있지만, 거기에는 그들이 기울인 노력이 총체적으로 성공을 거둘 수 있도록 도와준 창의적이거나 창의적이지 않은 수많은 동료들의 이야기가 배제되어 있다.

개인 수영 종목에 출전하는 게 아닌 이상 여러분의 업무는 수많은 사람들과 성공적으로 교류하는 능력에 의존할 가능성이 높다. 개중 일부는 여러분이 직접 엄선한 사람들일 수도 있지만 대부분은 예측 불허의 상황에 따라 관련을 맺게 된 사람들일 것이다.

따라서 여러분의 일상적인 업무 생활은 다른 사람들과 끊임없이 관계를 맺으면서 이루어진다. 더구나 혁신을 요구받을 때는 그 관계를 새로운 수준으로 끌어올려야만 한다. 어떤 기업이 중요한 계획을 실행에 옮겨야하는 경우, 이들은 이를 위한 특별 전문 위원회와 팀을 구성한다. 많은 사람이 목표 달성을 위해 동시에 힘을 모아야만 그 노력의 성공을 담보할 수 있다는 사실을 다들 알기 때문이다.

실리콘밸리부터 소호(SoHo)에 이르기까지 혁신의 세계에서는 협업이나 융합, 제휴 등의 형태로 만들어진 앙상블이 강력한 힘을 발휘한다. 시카고에는 에릭 레프코프스키(Eric Lefkofsky)와 브래드 키웰(Brad Keywell)이 설립한 '라이트뱅크(Lightbank)'라는 회사가 벤처 기업 투자의 선두에 서서 신생 기술 기업을 위한 비즈니스 생태계를 조성하고 있다. 시카고 강 제방 위에 위치한 그들의 회사 안을 돌아다녀보면 벨리(Belly), 로쿠(Locu), 퀴키(Qwiki), 힙스터(Hipster) 같은 여러 기업들이 물리적인 공간과 자원을 함께 사용하고 있는 모습을 볼 수 있다.

이런 독창적인 방식 덕분에 모범적인 경영 방안을 신속하게 공유할 수 있고, 인재 풀이 가까이에 있어서 날마다 예상치 못한 결과를 얻도록 도와준다. 레프코프스키와 키웰은 근접성을 이용해서 앙상블을 만들었다. 이들은 다양한 분야에 종사하는 창의적인 사람들이 일정 기간 동안 함께 일하면 서로 도움을 받을 수 있고, 공간을 함께 쓰다 보면 우연찮은 계기로 교류가 늘어나 그것이 훗날 새로운 발견이나 계획으로 이어질 수도 있다는 쪽에 내기를 걸었다.

시너지 효과

예술 분야에서도 이런 예들이 많다. 엘비스 코스텔로(Elvis Costello, 영국 유명 가수 겸 작곡가)는 솔로 레코드보다 다른 가수와 공동 작업한 앨범이 더 많이 팔리는 경우가 있다는 걸 깨달았다. 앨빈 에일리(Alvin Ailey)나 트와일라 타프(Twyla Tharp) 같은 뛰어난 현대 무용 안무가들은 무용수들과 함께 종종 즉흥적으로 안무를 구상해서 큰 호평을 받았다.

브로드웨이를 강타한 〈드라우지 샤프론(The Drowsy Chaperone)〉이라는 히트작은, 1997년에 세컨드 시티 졸업생인 밥 마틴(Bob Martin)과 자넷 반 드 그라프(Janet Van de Graaf)가 결혼할 때 토론토 출신 작가와 연기자 몇 명이 그들에게 준 결혼 선물에서 탄생했다. 이들은 그 '선물'을 가지고 토론토 프린지 페스티벌(Toronto Fringe Festival)에서 공연할 작품을 만들기로 했다. 이후 공연을 본 토론토의 유명한 제작팀이 작가들과 힘을 합쳐 공연 규모를 좀 더 키워서 토론토에 있는 160석 규모의 극장에서 공연을 했다. 그 다음에는 1,000석 크기의 뉴욕 윈터 가든 극장(Winter Garden Theatre)에서 공연을 제작했다. 이후 브로드웨이 제작자들이 몇 명 더 달라붙어 손을 본 〈드라우지 샤프론〉은 2006년에 브로드웨이에 첫 선을 보였고 토니상 시상식에서 최고의 뮤지컬 상을 받았다.

훌륭한 앙상블을 구성하면 개인의 차이를 상호 보완할 수 있기 때문에, 개인이 혼자 일할 때보다 앙상블을 이루어 함께 일할 때 더 좋은 성과를 올리게 된다. 유능한 개인들끼리 신속하게 아이디어를 교환하면서 창의성과 혁신을 부채질한다. 게다가 인재들을 모아서 앙상블을 구성하는 건 조직의 생존과 성장을 위한 기초 작업이기도 하다.

앙상블은 인재를 유지한다

몇 해 전, 본사를 뉴욕에서 시카고로 옮긴 유명한 풍자 미디어기업 디어니언(The Onion)의 임원들이 우리를 찾아온 적이 있다. 이런저런 얘기를 나누다가 인재 유지라는 주제로 대화가 넘어갔다. "귀사에서는 인재를 어떻게 유지하십니까?" 그들이 물었다. "안 하는데요." 우리는 그렇게 대답했다.

세컨드 시티에서는 젊은 코미디언을 키우고, 그들이 무대에서 연기를 해볼 수 있는 기회를 주기도 한다. 하지만 그들이 떠나가는 건 불가피한 일이다. 우리가 합류하기 훨씬 오래 전부터 정해진 방식으로, 이 회사의 특별한 점 중 하나는 창의적인 인력을 계속해서 충원할 수 있는 시스템을 구축한 것이다. 각 세대의 예술가들은 우리의 즉흥극 방법론을 다음 세대에 가르친다. 한 배우가 무대를 떠나면 코미디계의 우수한 인재를 새로 받아들이기 위해 문을 연다.

이렇게 인재가 드나드는 회전문은 앙상블이 특정한 하나의 그룹을 가리키는 말이 아니라는 사실을 가르쳐줬다. 세컨드 시티에서 앙상블이란 집단 메커니즘을 가리키는 말일 뿐이다. 각각의 앙상블은 유일무이한 존재이며, 기존 구성원이 나가거나 새로운 구성원이 추가될 때마다 새로운 앙상블이 만들어진다. 우리가 최고의 상태일 때는 새로운 앙상블을 모두 받아들이고 그것이 기존 앙상블과 다르게 기능하는 걸 찬양한다. 기존의 앙상블 구성원이 그룹에 부여하는 특징에도 관심을 기울이지만, 무엇보다 중요한 건 그런 기술을 복제하려고 애쓰지 않는다는 것이다. 그보다는 새로운 구성원의 기여를 가치 있게 여기면서 앙상블이 변화할 수 있도록 했다.

회사 내에서 앙상블을 발전시키면 확실한 이득이 있다. 하나의 창의적인 목소리가 조직 전체를 이끌어가는 것이 아니라, 업무에 관심이 많고 회사의 성장에 책임을 느끼면서 스스로 그 책임을 지는 창의적인 목소리들이 모인 합창단이 조직되는 것이다. 또 시간이 지나면서 새로운 인재를 환영할 채비를 갖추게 된다. 게다가 모든 구성원이 자기가 중요한 존재라고 여기면서 집단에 기여하도록 독려 받으면 인재 유출 속도가 실제로 느려진다. 유능한 인재는 항상 더 크고 좋은 기회에 이끌리게 마련이므로, 그들이 자신보다 더 큰 존재의 일원이 될 수 있는 기회를 충분히 줘야 하지 않겠는가?

| 회사의 리듬에 몸을 맡겨라

조직이 크면 클수록 결속력 있는 앙상블을 유지하기가 어렵다. 비즈니스계에서 일하는 사람들은 규모가 큰 일에 많은 사람들을 참여시킬수록 일이 진행되는 속도가 느려지고 다루기가 힘들며 복잡해진다는 것을 잘 안다.

이런 현실 때문에 큰 프로젝트와 씨름하는 사람들은 대개 합리적인 사람들이 능히 할 법한 일을 한다. 즉 노력하는 범위를 쉽게 손닿는 곳으로 한정하고, 승인하는 영역도 작게 유지하는 것이다. 이걸 '라이언 일병 구하기' 효과라고 하는데, 자기와 가장 가까운 소규모의 사람들을 위해 최선의 노력을 아껴두는 것을 말한다. 영화에서는 라이언 일병을 구하기 위해 파견된 군인들이 결국 자유나 민주주의 같은 추상적인 개념이 아니라 서로를 위해 싸우다가 죽는다. 전쟁터에서건 대기업에서건 일을 어렵고 위험하게 만드는 불필요한 협력을 피하는 건 복잡한 상황에서 나타나는 가장 쉽고 자연스러운 반응이다.

그러나 협업이 이렇게 어려운 만큼, 서로간의 유대가 긴밀하고 역량이 뛰어난 앙상블은 그 어떤 뛰어난 개인도 할 수 없는 일들을 해낸다는 사실을 우리는 경험으로 알고 있다. 앙상블 방식으로 콘텐츠를 제작하는 덕분에 우리는 50년 넘게 꾸준히 작품을 제작할 수 있었다. 게다가 이런 전문 기술을 다양한 플랫폼에 적용할 수 있게 된 덕분에, 교사가 보다 생산적으로 학생들의 관심을 사로잡고, 비영리 단체의 리더들이 단체의 목적 달성을 위해

지역사회의 지원을 얻으며, 평소대로라면 방향성 없이 마구잡이로 일했을 게 뻔한 기업 내의 동료 집단이 창의력의 불꽃을 피우도록 도울 수 있었다.

최근에는 글로벌 의료 장비 회사와 일하는 과정에서 우리의 인재 관리 및 개발 방식을 다른 영역에도 적용할 수 있다는 사실이 증명되었다. 우리는 매우 중요하지만 해결이 쉽지 않은 문제에 직면한 이 회사의 특정 제품 팀과 일하게 되었다. 이들은 글로벌 팀으로 구성원 대부분이 미국과 영국 이외의 지역에서 일하고 있었다. 이들은 시간대와 문화적 차이를 극복하고 각 지사와 보다 공고한 관계를 구축하고 싶어 했다. 또 매우 철저한 규제를 받는 의료 장비 분야에서 일하지만, 회사는 직원들이 보다 창의적인 발상을 내놓도록 독려하고 싶었다. 그리고 각 지역 팀들에게 직접 결정을 내릴 수 있는 권한을 부여하되, 합의에 이르기 어려운 상황에서도 서로 협력하고 일을 진척시킬 수 있도록 갈등을 효과적으로 관리해야만 했다.

이들과 여러 차례 논의를 거친 끝에, 우리는 이 회사 직원들이 문화적 차이를 초월해 보다 솔직하게 의사소통을 하면서 결속력 있는 앙상블을 구성하도록 돕는 워크숍 시리즈를 개발했다. 또 창의적인 해결책을 제시하도록 직원들을 독려하고 지원할 수 있는 환경을 조성하는 방법도 알려줬다. 이런 일련의 워크숍을 통해 수십 번의 즉흥극 실습을 하고, 각 실습이 끝나면 진행자가 실습 내용을 실제 상황에 적용하는 방법을 알려주었다. 세컨드 시티 트레이닝 센터의 공동 설립자인 셸던 파틴킨(Sheldon Patinkin)이 자주 하는 말에 따르면, 즉흥극 게임의 탁월한 점은 그냥 함께 게임을 하는 것만으로도 앙상블이 구성된다는 것이다.

효과적인 실습 방법 중에 '나를 빼고 얘기하세요(Talk Without I)'라는 게임이 있다. 게임 이름만 봐도 알 수 있듯이, 참가자들을 둘씩 짝지은 뒤 '나'라는 단어를 사용하지 말고 대화를 나누게 하는 것이다. 늘 그렇듯이 대화 주제는 뭐든 상관없다. 그래야만 '나'라는 단어를 쓰지 않고 말하는 데만 집중할 수 있다. 일과 관련한 대화는 외려 실습의 본질에서 벗어나 곁길로 샐 수 있다.

'나를 빼고 얘기하세요'는 아이디어나 피드백, 추천을 공유할 때 어떻게 자신이 정보를 걸러왔는지 깨닫게 해준다. 그리고 이 과정에서 앙상블 동료가 쉽게 접근하고 이해할 수 있도록 일의 틀을 잡는 방법도 배우게 된다. 그런 식으로 상대방에게 공감하는 모습을 보여주면 동료들의 참여도가 높아지거나, 적어도 서로 의견이 맞지 않을 때 갈등이 생기는 걸 최소화할 수 있다.

이 방법은 남의 기준을 따르는 것의 가치를 재미있게 가르친다. 이 실습을 마친 뒤에는 게임을 성공적으로 끝내기 위해 필요한 것들과 아이디어를 공유하거나 다른 이들의 제안을 평가할 때 본인의 관점을 자각할 수 있는 방법에 대해 이야기를 나눈다. F. 스코트 피츠제럴드(F. Scott Fitzgerald)가 쓴 것처럼, "최상의 지식인이라면 두 개의 상반되는 생각을 동시에 지지하면서도 여전히 자신의 역할을 할 수 있어야 한다."

앙상블 내에서 업무를 효율적으로 처리하는 개인은 계속 이런 역학관계에 따라 움직인다. 이들은 한편으로는 본인의 아이디어에 귀 기울여줄 것을 요구하고, 다른 한편에서는 자기 아이디어가 아무리 뛰어나도 다른 사람들이 받아들여줘야만 실행에 옮길 수 있다는 사실을 날카롭게 자각한다.

성공적인 앙상블 구성원의 또 다른 주요 속성에는 현재 주어진 순간에 최선을 다하는 능력이 있다. '기브 앤 테이크'의 역할을 완전히 숙지하고 항상 올바른 요구에 몸을 맡기는 것이다. 그러나 먼저 캐스팅 작업이 선행되어야 한다. 아니, 여러분의 경우에는 채용이라고 표현해야 하겠다.

가장 먼저 이해해야 할 건 이 일이 결코 쉽지 않다는 것이다. 오랫동안 세컨드 시티에서 감독으로 일한 제프 리치먼드(Jeff Richmond)조차 유독 형편없는 즉흥극 공연이 끝난 뒤에는 제작자 책상에 이런 쪽지를 올려두었다. "이건 예술을 창조하는 가장 비효율적인 방법입니다! 정말이에요!"

이는 집단에 속해 있으면 각자의 기분과 감정적 응어리 등에 민감할 수밖에 없기 때문이다. 서로 합의에 도달해 그걸 유지해야 하고, 집단 역학이 집단 내의 개인에게 어떤 영향을 미칠지 항상 의식해야 하며, 개인이 집단에 어떤 영향을 미치는지도 알고 있어야 한다. 인간은 복잡한 존재이고 앙상블도 마찬가지다.

앙상블은 계속해서 바뀌는 집단의 역학에 반응해 끊임없이 변화해야 한다. 즉흥극이 아닌 대본을 가지고 공연하는 경우, 감독은 각 배우에게 지시를 내리지만 대사가 변하지는 않는다(관객의 해석은 달라질 수 있겠지만!). 기업에서도 이와 동일한 역학으로 일을 하는 경우가 많다. 우리는 그대로 따라야 하는 대본(혹은 직무 기술서)을 넘겨받고, 시키는 대로만 하면 계속 봉급을 받을 수 있다. 그러나 어떤 기업에서건 높은 자리로 올라가면 더 이상 다른 사람이 써준 대본에만 의지할 수 없다. 대개 본인의 대본은 물론이고 타인을 위한 대본까지 자신이 직접 써야 하는 상황이 되는 것이다. 앙상블이 제대로 기능하려면 모든 사람이 상황에 유연하게 대처해야 한다.

이런 유연한 앙상블이 기능하는 사례는 스포츠계에서도 찾아볼 수 있다. 1990년대에 끊임없는 연습과 반복을 통해 거의 본능적으로 농구 코트를 훨훨 날아다니면서 활약을 펼친 시카고 불스를 생각해보자. 중요한 사실은 그 팀에 속해 있던 뛰어난 선수들이 개인의 영광을 얼마간 포기하고 앙상블을 이뤄 경기를 했기 때문에 그런 성공을 거둘 수 있었다는 것이다. 농구 역사상 가장 위대한 선수인 마이클 조던은 NBA 챔피언전에서 우승하기까지 일곱 시즌을 뛰었다. 그의 직업의식은 타의 추종을 불허한다. 그는 다른 선수들이 모두 집에 가고 난 뒤에도 한참 동안 혼자 간단한 자유투 기술을 연습하곤 했다. 그러나 필 잭슨(Phil Jackson) 코치가 이 슈퍼스타에게 자신의 즉흥적인 경기 계획에 동참하도록 설득한 뒤에야 비로소 시카고 불스는 월드 챔피언십을 여섯 차례나 휩쓸 수 있었다. 잭슨 코치는 이를 두고 이렇게 말했다.

"미리 정해진 경로가 있는 미식축구와 달리 농구는 재즈와 비슷한 즉흥적인 경기다. 누가 어떤 음을 연주하기 시작하면 다른 사람이 그 공백 안으로 발을 들이고 팀을 유지할 수 있는 비트를 이어나가야 한다."

비즈니스계에서도 기업 리더들이 회사의 상황을 변화시키는 존재가 바로 앙상블이라는 사실을 깨우치고 있다. 다든 레스토랑(Darden Restaurant)의 CEO인 클래런스 오티스 주니어(Clarence Otis Jr.)는 2009년에 〈뉴욕타임스〉와의 인터뷰에서 자신의 극단 경력을 언급하며 앙상블의 중요성에 대해 언급했다.

"갈수록 일을 그냥 해내는 것보다 제대로 된 팀을 구성하는 것이 중요해지고 있습니다. 일을 처리하는 데 필요한 재능과 역량을 갖춘 적합한 인재를 선발해서 그들에게 일을 맡기는 거죠."

훌륭한 앙상블의 토대는 인재 영입으로부터 시작된다. 앙상블이 마침내 완벽한 조화를 이뤄서 일하게 되면 마법과도 같은 결과가 나타난다.

| 훌륭한 앙상블은 개성 있는 인재들의 합이다

우리의 채용 방식이 겉으론 간단해 보일지 모르지만 미묘한 차이가 없지 않다. 야구 경기에 선수들을 내보낼 때 오른손잡이 강타자 9명만으로 팀을 구성하지 않는 것처럼, 무대 앙상블도 다양한 기술과 개성을 통해 전체를 더 훌륭하게 만들 수 있는 이들을 모아서 구성한다. 따라서 훌륭한 앙상블을 구성하려면 집단 내에서 한층 더 강화될 수 있는 장점과 집단의 힘을 통해 최소화될 수 있는 약점을 지닌 인재를 찾아야 한다. 기업의 경우에도 상황은 마찬가지다. 따라서 역량이 뛰어난 앙상블을 만드는 데 있어서 다른 무엇보다 중요한 건 자기 직원들 중에서 핵심 인재를 ─ 그게 고위 임원이건 중간 관리직이건 아니면 운영직이건 상관없이 ─ 파악할 수 있는 관리자의 역량이다.

하지만 인재를 채용하기만 한다고 해서 기업에 다양한 전문 지식을 제공할 수 있는 건 아니다. 이건 매우 간단한 문제다. 비슷한 배경과 비슷한 생각을 가진 사람들은 비슷한 결과를 낳는다. 하지만 오늘날 우리가 사는 세상은 현재의 상황에 도전하고, 발생한 문제들에 다양한 각도로 접근할 것을 요구한다. 그러므로 창조적인 혁신의 불꽃을 피우려면 다양한 목소리와 인생 경험을 가진 사람들을 모아야 한다. 다시 말해 채용을 잘한다는 건 곧 다양한 인재를 채용한다는 뜻이다.

"망가지지 않았으면 고치치 말아라." 이 격언이 맞는 경우가 많지만 그렇다고 만병통치약도 아니다. 세컨드 시티도 실수를 통해 이런 교훈을 얻었다. 1970년대와 1980년대를 거치는 동안 우리 회사의 앙상블은 예측 가능한 패턴을 띠기 시작했다. 적당한 조연 한 명과 웃기고 뚱뚱한 남자, 순진한 처녀, 여기에 성격파 배우와 여배우를 추가하면 전형적인 세컨드 시티 배역진이 완성되는 것이다.

2007년에 방영된 〈심슨네 가족(The Simpsons)〉 에피소드 중, 호머 심슨이 시카고를 방문했을 때 우리 회사를 저격한 일은 유명하다. 이 만화에 등장한 웰스 스트리트(Wells Stret)에 있는 우리 회사의 유명한 아치 앞에는 "위대한 코미디언들이 뚱뚱해지기 전에 만나보세요"라는 번쩍이는 간판이 걸려 있었다. 우리 회사가 설립된 후 첫 30년 동안 공연에 등장한 배역들은 대부분 이성애자인 백인 남성이었다.

앤드류 알렉산더는 시카고 세컨드 시티에 왜 그런 성 불균형이 발생하는지 이해하지 못했다. 그가 1970년대와 1980년대에 토론토 지부를 운영하던 캐나다에서는 거의 늘 배역의 성 비율이 동등했다. 결국 그는 세컨드 시티에서 배역을 선정할 때 항상 남녀 비율을 동등하게 맞춘다는 도전을 시도했다. 우선 모든 순회공연 회사의 남녀 비율을 동등하게 하고, 이후 몇 년에 걸쳐 세컨드 시티 메인스테이지와 세컨드 시티 e.t.c. 회사들도 성 비율을 똑같이 맞췄다.

요즘에는 세컨드 시티 트레이닝 센터에서 강좌를 듣는 사람 중에 남자보다 여자가 더 많은데, 이런 현상은 우리 무대에 서는 여배우 수가 남배우들과 같아진 지난 세월과 적잖은 관계가 있다고 생각한다. 하지만 배우의 피부색과 관련해서는 아직 이런 말을 할 수 없다.

1992년은 앤드류가 우리 학교와 무대의 다양성을 높이기 위해 마련한 세컨드 시티 아웃리치 프로그램이 개시된 해이다. 아웃리치 프로그램의 기원은 4월 말의 어느 따뜻한 밤으로 거슬러 올라간다. 앤드류는 우연찮게도 로드니 킹 사건(1991년 3월 미국 LA에서 과속운전하다 도주하던 흑인을 백인경찰이 무차별 구타한 장면이 비디오로 촬영돼 TV에 나간 후, 경찰관들이 기소됐으나 백인이 다수였던 배심원단이 무죄평결을 내려 이에 분노한 흑인들의 'LA폭동'으로 비화했고 경찰국장까지 사임하는 등 미전역을 충격으로 몰아넣은 사태) 평결의 여파로 로스앤젤레스 인종 폭동이 시작되던 날인 1992년 4월

29일에 로스앤젤레스에서 시카고로 돌아가는 비행기를 타게 되었다. 비행기가 이륙하자 그는 거리에서 피어오르는 연기를 볼 수 있었다. 그건 정말 시선을 사로잡는 광경이었다.

시카고에 도착한 앤드류는 곧장 세컨드 시티 메인스테이지로 향했는데, 마침 그날 밤 공연의 제3막인 즉흥극이 시작되려는 참이었다. 출연자들이 리허설을 할 때는 '즉흥극 세트'를 이용해서 새로운 소재를 시험하곤 한다. 리허설을 하지 않을 때는 출연진들이 그날의 뉴스를 바탕으로 즉흥 연기를 펼치는 경우가 자주 있다. 그날 밤 관객들이 가장 많이 제안한 소재는 당연히 인종 폭동에 관한 것이었다. 뛰어난 즉흥 연기자인 출연진들은 관객의 제안을 받아들여서, 그 시간 서부 해안 지대에서 벌어지고 있는 비극에 대해 얘기하기 위해 용감하게도 즉석에서 고안한 유머를 활용하기로 했다. 하지만 이들에게 심각한 문제가 하나 있었으니, 바로 출연진이 모두 백인이라는 것이었다.

무대는 준비되었다. 재능 있고 성실하고 재미있는 백인들이 다른 백인들과 함께 웃는 즉흥극을 연기하면서 그 안에서 진실과 인생의 깊이를 찾으려 하고 있다. 하지만 이런 배역 조합을 가지고는 출연진에게나 관객에게나 이 사건에 대한 심오한 통찰력을 제공하지 못할 것이었다.

다음 날, 앤드류는 켈리와 다른 경영진을 자기 사무실로 불렀다. "우리 출연진들을 좀 더 다양화하려면 어떻게 해야 할까요?" 앤드류가 물었다. "우리 강좌에 유색인종 배우를 많이 영입하자", "사내와 무대에서 다양한 목소리를 환영하자" 등의 대답이 나오다가 결국 "회사 전체에 다양한 인재 채용을 우선시하자"는 의견까지 나왔다. 우리는 그 의견에 따랐다.

그해 여름, 세컨드 시티 아웃리치 프로그램을 통해 여러 워크숍과 공연에 지역 코미디 극단 세 곳을 초빙했다. 라틴 아메리카 극단과 아시아계 미국인들로 구성된 극단, 세컨드 시티가 설립을 도운 LGBT(레즈비언, 게이, 양성애자, 트랜스젠더 등 성적 소수자) 연기자 모임이었다. 젊은 유색인 배우가 세컨드 시티에서 무료로 수업을 들을 수 있도록 장학금도 조성했다. 무엇보다 중요한 건 회사에 직원을 채용할 때 고려해야 할 가장 중요한 속성 중에 다양성이 포함되었다는 것이다.

모두가 앤드류의 계획을 편한 마음으로 받아들인 건 아니었다. 다들 이론적으로는 그의 생각을 옹호했지만, 그것이 자신의 일상 업무에 실제적인 영향을 미칠 것이라는 사실을 깨닫자 열의가 식어버리는 사람도 있었다. 이들이 가장 자주 언급한 우려는 세컨드 시티는 언제나 앙상블을 위해 '최고의' 즉흥 연기자를 채용해야 하는데, 성별이나 다양성에 초점을 맞추다 보면 그런 자질을 포기하게 될 수도 있다는 것이다.

그러나 이런 걱정은 최고의 앙상블을 정의하는 근본적인 원칙을 무시하는 것이다. 최고란 개인적인 기준이 아니라 하나의 집단으로 뭉쳤을 때 어떤 성과를 올리느냐에 따라 정의되어야 한다는 원칙 말이다. 이것이 바로 모였을 때 힘을 발휘하는 앙상블 내부의 차이다. 다양한 능력을 갖춘 앙상블을 구성하고, 탁월한 작가와 훌륭한 배우들을 연결시키며, 이들을 다시 가장 영리한 즉흥 연기자와 짝 짓는 문제에 대해 깊이 고민하는 사람은 아무도 없다. 그렇다면 사회경제적 배경이나 연령, 성적 취향, 성별, 인종을 고려해서 앙상블을 구성하면 백인 남성 이성애자로만 구성된 앙상블보다 문화 전반에 훨씬 강력하고 중요한 기여를 하는 집단 역학이 생겨날 것이라고 생각하는 건 지나친 비약일까?

우리가 20여 년 전에 이런 포용력 있는 조직이 되겠다고 적극적으로 선택하지 않았다면, 우리가 결코 하지 못했을 이야기가 얼마나 많았을까. 우리 앙상블에 유색인종 배우가 없었다면 미국에서 최초의 흑인 대통령이 선출되었을 때 그걸 효과적으로 비꼬지도 못했을 것이다. 이민 문제가 모든 뉴스 매체를 점령했을 때도 무대에 라틴계 배우가 있었기에 그 문제를 다각도로 분석할 수 있었다. 좀 더 최근에 동성 결혼 문제가 온갖 매체를 달굴 때는 우리 출연진 가운데 LGBT 그룹의 일원인 사람들이 그 뜨거운 쟁점을 가지고 주목할 만한 즉흥극을 여러 편 만들었다.

우리 조직은 새롭고 다양한 목소리를 공동체의 일원으로 끌어들이려고 노력한 덕분에 많은 이익을 얻었다. 하지만 다양성을 키우기 위해서는 "인종과 성별, 성적 기호에 상관없이 누구나 대환영"이라고 적힌 간판 하나 달랑 내거는 것보다 훨씬 많은 노력이 필요하다. 우선 이 간판 문구는 너무 길다. 둘째, 여러 가지 방법을 통해서 다양성 계획을 실행에 옮겨야 한다.

우리는 다양한 채용 방식을 통해 수많은 기회도 얻을 수 있었다. 현재

노인들을 위한 즉흥 연기 강좌를 개발하는 중이다. 또 학교와 지역사회에 봉사하면서 젊은이들에게 우리 일에 대해 알리고 있다. 그리고 워크숍이나 강연, 내부 공개 등을 통해 우리의 공간 안에 다양한 목소리를 끌어들이며, 세컨드 시티 공동체 내에 새로운 공동체를 구축하기도 했다. 바로 우리 학교와 무대를 거쳐 간 여러 라틴계 연기자들이 라틴계 사람의 관점에서 코미디를 탐구하는 이중 언어 극단 로코(Loco)를 설립했다. 이 새로운 집단은 혁명의 또 다른 단초가 될 것이다.

| 완벽하지 않은 동료와 일하는 방법

아무런 사전 준비도 없이 앙상블을 구성하거나, 자기가 직접 동료 팀원을 선택하는 호사는 아무나 누릴 수 있는 게 아니다. 우리는 대개 편의상 혹은 우연히 만나게 된 팀의 일원이거나 그런 팀을 이끌고 있다. 그렇다면 지금 같이 일하고 있는 사람들을 데리고 어떻게 더 나은 앙상블을 구성할 수 있을까? 그리고 당신이 한 개인으로서 팀에 더 많은 기여를 하려면 어떻게 해야 할까? 즉흥 연기자를 위한 안내서에서 직접 골라낸 몇 가지 고전적인 원칙을 따라보자.

지금 이 순간에 집중한다

세컨드 시티에서 직원을 채용할 때는 현재에 몰입하는 방법을 아는 사람을 선발하는 데 초점을 맞춘다. 이것은 스티븐 콜베어, 티나 페이, 그리고 세컨드 시티 무대를 빛냈던 다른 수많은 졸업생들에게 일관되게 나타나는 성격적 특성이다.

하루 24시간, 주 7일 내내 매 순간을 충실하게 보낼 수 있는 사람은 없겠지만(물론 불교 수도원에 안락하게 자리를 잡고 있는 상태라면 얘기가 달라지겠지만, 그곳에서 진행되는 즉흥극 장면은 그리 활기차지 않을 가능성이 높다) 자신의 모든 자아가 완벽하게 몰입해야 하는 업무 시간이 언제인지 알아두는 것은 매우 중요하다.

동료들과 대화를 나눌 때도 지금 진행 중인 토론에 집중해야지 앞서 저지른 실수나 성공을 곱씹고 있어서는 안 된다. 반성해야 할 때가 있고 계획을 세워야 할 때가 있는 법인데, 둘 다 창조나 혁신을 위한 시간과는 명확하게 구분된다. 요컨대 여러분이 독창적인 목소리를 내리라고 기대하는 장소에서는 반드시 그 순간에 몰입해야만 한다. 자신의 모든 에너지를 현 시점에 집중시켜서 그 순간을 최고의 순간으로 만들고, 여러분이 제공한 최고의 재료를 가지고 동료들이 일에 착수할 수 있게 하는 것이다.

동료들과 1대 1로 만나는 자리에서 이메일을 확인하거나 전화를 받아서는 안 된다. 자기 앞에 있는 사람에게 집중하자. 그들이 하는 말을 귀담아 듣는 것은 물론이고 입 밖에 내지 않은 말에도 신경을 쓰자. 대화를 나눌 장소를 만드는 것도 그 순간에 몰입할 수 있는 한 가지 방법이다. 그러면 동료들의 존경을 받을 수 있을 뿐 아니라 그들도 여러분이 하는 일에 참여하거나 자기 비밀을 털어놓을 가능성이 높아지므로 여러분은 곧 조직 내에서 유리한 위치를 차지할 수 있다.

단체 회의의 경우에는 집중력을 유지하기가 더 어렵다. 진행되는 대화가 항상 모든 참가자들과 관련이 있는 게 아니기 때문이다. 하지만 바로 그렇기 때문에 참가자들 모두가 계속 대화에 몰두하는 게 중요하며, 여러분이 그 그룹 안에서 높은 위치를 차지하고 있다면 더욱 그렇다. 여러분의 주의력이 흩어져 있다는 걸 동료가 알아차리면, 이는 다들 긴장을 풀고 각자 자기만의 생각에 빠져들어도 좋다고 허락해주는 것과 마찬가지다. 회의는 짧은 시간 안에 집중해서 끝내야 한다.

지금 이 순간에 집중하는 건 세컨드 시티의 초급 강좌 전체를 관통하는 철학이자 즉흥 연기를 구성하는 토대의 일부분이기도 하다. 지금 이 순간에 몰두하기 위한 훈련으로 '거울'이라는 실습이 있다. 이 연습은 연극이나 다른 분야에서 다양한 훈련 프로그램에 포함되어 있기 때문에 이미 아는 사람도 있을 것이다. 그룹 구성원들을 둘씩 짝지은 뒤 서로 마주보게 한다. 한 사람에게는 자기 얼굴과 몸을 조금씩 움직이게 하고, 다른 사람에게는 상대방의 모든 행동과 몸짓, 표정을 그대로 따라하게 한다. 두 사람이 서로 반대되는 역할을 맡는 것이다. 마지막으로 둘 중에 이끌어가는 쪽이 없어도 계속 서로를 따라할 수 있는지 살펴본다.

경주를 시작하기 전에 팔다리를 쭉쭉 뻗으면서 스트레칭을 하는 육상선수처럼, 자신의 감성 지능을 높이고자 하는 사람도 관련 근육을 천천히 풀면서 준비 운동을 해야 한다. '거울' 실습은 타인에게 관심을 집중하는 연습이다. 이는 앙상블의 일원이 되기 위한 기본적인 요소다. 초급반 학생들은 거울 실습을 좀 더 재미있게 하려는 경향이 있지만 — 예컨대 상대방을 웃길 수 있는 방법을 찾는 등 — 이 실습을 할 때 재미는 중요하지 않다. 이 실습의 목적은 한 가지 일에 집중하면서 그 집중력을 계속 유지하는 것이다.

기브 앤 테이크(Give and Take)

어떤 공연이 다른 공연보다 더 낫거나 못한 이유가 뭐냐는 질문을 자주 받는다. 세컨드 시티에서 하는 공연은 언제나 표가 매진되고, 고객 만족도에서 늘 압도적으로 높은 점수를 받는다. 하지만 아무리 관객이 떼 지어 몰려와서 저녁 내내 웃다가 가도, 공연이 기대만큼 괜찮지 않을 때에는 이미 무대 뒤에서 불만족스런 분위기가 형성된다. 앙상블 내에서 불만이 생기면 필연적으로 공연도 브랜드 기준에 부합하지 못하게 되는 것이다. 이는 앙상블이 서로 공평한 조건에서의 '기브 앤 테이크'에 실패했음을 의미한다. 세상에는 '기버(Giver. 주는 사람)'와 '테이커(Taker. 받는 사람)'가 있기 마련이지만, 앙상블에 소속된 이들이 집단의 힘을 이용하려면 두 가지 역할을 다 해야 한다.

세컨드 시티에서 50년 넘게 감독 겸 교사로 일한 셸던 파틴킨은 "가장 약한 부분이 전체의 힘을 결정짓는다"는 격언을 재미있게 해석했다. 그는

"세컨드 시티에서 앙상블의 힘은 가장 취약한 구성원을 보완하는 능력에 따라 결정된다"고 말한다. 둘 사이의 차이는, 우리의 경우 약점에 대한 책임을 개인이 아닌 앙상블에 지운다는 것이다. 이것이 '기브 앤 테이크'라는 개념의 핵심이다.

어떤 장면이 제 구실을 하려면 '기버'와 '테이커' 사이에 균형이 잡혀야 한다. 때로는 다른 사람과 함께 스포트라이트를 받는 게 싫어서 관심을 받고자 하는 '기버'의 시도를 방해하거나 다른 방법으로 차단하기도 한다. 그런가 하면 태어날 때부터 '테이커'의 기질을 타고난 사람들도 있다. 이런 연기자들은 자기가 원하건 원하지 않건 상관없이 무대에 오르자마자 사람들의 관심을 사로잡는다. 사무실에서도 평소 자기가 의도하지 않았는데도 자연스럽게 대화를 주도하게 되는 사람이 있는데 바로 타고난 '테이커'일 수 있다. 그러나 '기버'가 앞으로 나서지 않을 경우, 그렇게 해달라고 부탁했는데도 끼어들지 않을 경우에도 문제가 생길 수 있다.

당신은 직장에서 '기브 앤 테이크'를 실천해본 적이 있는가? 해봐야 한다. 성공한 기업가들을 보라. 그들은 어떤 식으로 '기브 앤 테이크'를 실행하는가? 경영학 교수 애덤 그랜트(Adam Grant)의 연구를 보면, '기브 앤 테이크'를 실천하는 사람들은 그렇지 않은 사람에 비해 훨씬 큰 직업적 성공을 누린다는 사실이 밝혀졌다. 다양한 직업 분야를 연구한 그랜트는 직원의 주요 유형을 기버, 매처(matcher. 받은 만큼 주고 주는 만큼 받는 사람), 테이커로 분류했다. 그는 "생산성이 가장 높고 실수를 가장 적게 한 엔지니어는 동료들을 위해 자기가 받은 것보다 훨씬 많은 호의를 베푼 사람이다. 최소한 자기가 준만큼 돌려받은 사람은 평균 정도의 성과를 올리는 경우가 많았고, 기버는 양 극단에 모두 존재했다. 의료와 영업 분야에서도 동일한 패턴이 나타났다. 가장 높은 성과를 거둔 사람은 다른 이들을 도우려는 충동이 가장 강한 사람이었다"고 말한다.

'기브 앤 테이크'는 혼자만의 노력으로 되는 일이 아니다. 조직 전체에 '기브 앤 테이크' 윤리를 서서히 주입해야 하는데, 그러려면 모든 직원이 회사에 대한 책임을 느껴야 한다. '기브 앤 테이크'를 통해 다른 사람과 자기 자신, 그리고 전체가 부분의 합보다 크다는 사실을 알면, 일할 때 얻을 수 있는 긍정적인 결과를 계속 의식하게 된다.

다음과 같은 것들이 '기브 앤 테이크' 행동에 포함된다.

- 도움이 필요한 직원에게 조언과 상담을 해준다.
- 자기가 사용한 게 아니더라도 휴게실에 다 쓴 그릇이 있으면 씻어둔다.
- 회사 내의 어떤 부서에서 성공을 거뒀든 관계없이 성공을 축하하는 특별 행사가 있으면 꼭 참석한다.
- 시간을 내서 모든 직원의 이름을 외우려고 노력한다.

'기브 앤 테이크'는 상대방을 존중하는 태도를 보이는 것처럼 간단한 방법으로도 가능하다. '기브 앤 테이크'에 숙달되면 조직 분위기가 유쾌해질 뿐만 아니라 앙상블 내에서 여러분이 하는 역할이 크게 늘어난다. 어떤 사람은 그런 모습을 보고 놀랄 수도 있겠지만, 좋은 앙상블 구성원이나 좋은 팀원 혹은 좋은 동료가 되는 건 개인의 성장에 박차를 가하는 아주 좋은 방법이다.

모든 일이 다 그렇지만 '기브 앤 테이크'에 능숙해지려면 어느 정도 연습이 필요하다. 앞서도 얘기한 것처럼, 어떤 사람은 자기가 지나치게 남을 지배하려 드는 성격이든 아니면 너무 내성적인 성격이든, 어느 한쪽으로 과도하게 치우쳐 있다는 사실조차 깨닫지 못한다. 현실이 이렇다 보니 관심을 주거나 받는 능력에 대해 직원들과 단순히 얘기만 나누는 것으로는 충분하지 않은 경우가 많다. 그 차이를 느낄 수 있는 실습을 직접 해봐야 그들의 행동이 바뀔 수 있다.

다른 사람에게 관심을 기울이는 '거울' 훈련을 기억하는가? '기브 앤 테이크' 훈련은 그 한 사람에 대한 관심을 주변 사람 모두에게 돌리는 방법을 가르쳐준다.

팀원들이 방 전체에 넓게 흩어져서 서게 한다. 한 명씩 호명한 뒤, 각자 상대방의 눈을 바라보거나 손가락으로 가리키거나 어깨에 손을 올리거나 그밖에 상대방에게 관심을 집중시킬 수 있는 움직임 같은 간단한 신체적 신호를 이용해, 다른 팀원에게 관심을 주는 연습을 한다. 그런 다음 똑같은 방법을 이용해서 상대방의 관심이 자신에게 쏠리게 하라고 시킨다. 풀쩍 뛰어서 그 사람 옆으로 가거나 그 방에 있는 다른 사람들과 접촉하지 못하도록 차단하는 방법도 있다.

그리고 마지막으로 이 두 가지를 동시에 하게 한다. 다른 사람에게 관심을 줬다가 자기에게 관심이 쏠리게 했다가 다시 관심을 주는 것이다. 제대로만 되면 여러 팀원들이 동일한 수준의 관심을 주고받는 일에 능숙해질 것이다. 아니면 실습실이 완전히 혼란에 빠질 수도 있다. 어떤 결과가 나오든 거기에서 교훈을 얻을 수 있다. 일이 매끄럽게 풀려서 앙상블 구성원들이 서로 관심을 주고받으면서 그 관심을 공유하게 되면, 교환 속에서 질서를 찾는 방법을 알게 될 것이다. 반면 일이 제대로 안 풀리면 모두가 혼란스러워하기만 하고 아무것도 이루지 못한다는 사실을 깨달을 것이다.

여러분이 업무 회의에 참석했는데 어떤 사람이 계속 관심을 독차지하고 있으면서 다른 누군가에게 관심의 초점을 내줘야 하는 경우에도 아주 잠깐만 양보할 뿐 금세 다시 관심을 되찾아오는 모습을 봤다고 상상해보자. 회의에 참석한 다른 사람들은 분노나 따분함 때문에 회의에 집중하지 못하게 될 것이다. 이런 상태에서는 제대로 된 협업이 불가능하다. 또 남에게 관심을 주기만 하는 사람이 있는 경우에도 이와 비슷한 부정적인 결과가 발생한다. 이들은 대화에 참여하지도 않고 다른 사람들만 일을 하게 만든다. 어떤 경우건 간에, '기브 앤 테이크' 기술을 익히면 훨씬 성공적으로 회의를 이끌어갈 수 있다.

'지금 이 순간에 집중'하는 능력에 더해 '기브 앤 테이크'까지 연습해서 동료들에게 이런 능력을 불어넣을 수 있다면, 보다 강력하고 생산적인 커뮤니케이션을 위한 토대를 마련할 수 있다.

항상 자기가 옳아야 한다는 욕심을 버려라

개인이나 기관, 조직들 사이에서 자기가 항상 옳아야만 한다는 욕구는 협업을 가로막는 가장 큰 장애물 가운데 하나다. 사소한 행동 때문에 크나큰 골이 생길 수도 있다.

자기가 항상 옳아야 한다는 욕구는 우리 삶에 만연해 있다. "실수를 범하는 게 인간이다"라는 말을 만든 사람도 연극 관계자였다. 그리고 셰익스피어가 이 표현을 쓴 지 400여 년이 지난 지금까지도 일상적인 어휘의 일부로 남아 있는 이유가 있다. 우리 인간은 불완전하다. 우리는 실수를 저지른다. 가끔 우리가 맞을 때도 있지만 틀릴 때도 있다. 이것은 세상 사람 99퍼센트가 동의할 기본적인 전제다. 그럼에도 항상 자기 말이 100퍼센트 옳아야 한다고 생각하는 사람들이 그토록 많다는 건 정말 놀라운 일이 아닐 수 없다.

자기 사무실이나 가족, 조직 내의 다른 부서, 혹은 행사 등에서 여러분이 대하기 가장 까다로운 사람이 누구인지 잠시 생각해보자. 이 사람들을 대하기가 그렇게 힘든 이유가 뭘까? 어떤 의도를 품고 있어서? "내가 하자는 대로 하든지 아니면 떠나라"는 태도 때문에? 남의 말은 들으려고 하지 않고 자기 목소리만 내서? 아마 이들에게는 자기가 항상 옳아야 한다는 채워지지 않는 욕구가 있을 것이고, 조금이라도 자기 의견을 굽히느니 차라리 다른 모두를 화나게 하는 편이 낫다고 생각한다. 이런 사람들은 주변에 파괴적인 영향을 미치고 혁신을 궁지에 빠뜨린다.

확실한 건 자기가 항상 옳아야 한다는 욕심은 쉽게 꺾이지 않는다는 것이다. 더욱 안타까운 일은 주변 사람 모두의 삶을 불행하게 만들 만한 힘을 가진 사람들 사이에 이런 욕구가 만연해 있다는 것이다. 회사에서 항상 자기 말이 옳아야 한다고 생각하는 사람과 함께 일을 해야만 하는 위치에 있다면, 그들이 일을 할 때 '예스, 앤드' 방식을 취하겠다고 승낙할 방법을 찾아야 한다. 2장에 나온 '예스, 앤드' 실습 방법이 기억날 것이다. 참가자들은 '아니'라는 말을 자신의 어휘 목록에서 삭제해야 한다. 하루 동안 자기가 듣는 모든 말 혹은 자기가 처한 모든 상황에 대해서 "네"와 "그리고"라는 말만으로 대응해야 한다.

그런 다음 편안하게 앉아서 상대방이 좌절감과 분노로 폭발하는 모습을 지켜보자. 여러분은 방금 상대방이 모든 견해에 대해 취하는 자동 대응 방식을 제거함으로써 그의 기본적인 관점을 뒤흔들어 놓았다. 그리고 포용과 협력, 존중을 나타내는 언어를 사용해 말할 수밖에 없게 만들었다. 상대방은 그걸 견딜 수 없어 할 것이다.

시카고의 어느 유명한 문화기관에서 팀워크에 관한 워크숍을 해달라는 부탁을 받았을 때 바로 이런 일이 벌어지는 모습을 보았다. 우리가 주로 진행하는 워크숍 유형에 대해 간략하게 소개한 뒤, 현재 팀이 어떻게 운영되고 있고 워크숍을 통해 무엇을 얻고자 하는지 알고 싶으니 먼저 직접 만나서 자세한 이야기를 나눌 수 있게 해달라고 부탁했다. 15분 정도 그들의 이야기를 듣고 나자, 의뢰인이 숨기고 있던 사실을 털어놓았다. 애초에 워크숍을 고려하게 된 이유가 다른 모든 사람의 일상을 생지옥으로 만드는 한 명의 직원 — 중요한 기술을 가진 고위 관리직 — 때문이라는 것이다. 그를 짐이라고 부르자. 짐은 다른 사람의 아이디어에 귀를 기울이지 않았고, 자기보다 지위가 높건 낮건 상관없이 모든 동료들을 과소평가했다. 모든 문제에 대해 오만한 태도로 일관하기 때문에 그와 함께 일해야 하는 모든 직원들의 사기가 바닥까지 떨어졌다. 그러나 짐은 자기 분야의 전문가이기도 하기 때문에 이 그룹은 짐이 자신의 능력을 잘 발휘할 수 있기를 바랐다.

워크숍 강사는 우리가 '지위 훈련'이라고 부르는 것부터 시작했다. 사람들은 항상 삶의 모든 부분에서 더 높은 지위를 차지하려고 다툰다. 예술은 현실을 모방하는 법이기 때문에 코미디계에 종사하는 사람도 지위에 대해 잘 알고 있어야만 한다. 지위를 얻거나 잃는다는 것, 혹은 그걸 한 번도 손에 넣어보지 못한다는 게 어떤 것인지를 알아야 한다. 강사는 짐을 그보다 지위가 낮은 직원들로 구성된 그룹에 넣었다. 그리고 짐에게 이 훈련의 목적상 대화 중에는 그가 남들보다 낮은 지위를 유지해야 한다고 설명했다. 짐은 남들이 말을 걸 때만 입을 열 수 있고, 다른 사람들보다 몸을 낮추고 있어야 하며, 본인의 아이디어를 제외한 모든 사람의 아이디어를 지지해야 했다.

짐은 이 훈련을 마음에 들어 하지 않았다. 강사는 이 그룹에게 갈등이 자주 발생하는 사무실 분위기에 대한 대화를 나눌 것을 주문했다. 다들 자신들이 근무하는 낡은 기관을 좀 더 현대적으로 바꾸는 문제에 대해 얘기할 때마다 분위기가 과열되는 경향이 있다는 데 동의했다. 가끔 구닥다리라는 애칭으로 불리기도 하는 짐은 이 대화가 진행되는 동안 입을 다물고 있으라는 지시를 받았다. 다른 사람들이 온갖 아이디어를 제시하는 동안 (개중에는 상당히 대담한 것도 있었다), 짐은 자기 자리에 앉아 몸만 이리저리 비틀어대고 있었다. 그의 얼굴이 붉으락푸르락해지더니 갑자기 자리를 박차고 일어나는 바람에 실습이 중단되었다.

수많은 사람들 앞에서 짐은 자기가 늘 남들보다 더 큰 목소리로 발언하고 싶은 욕구가 있다는 사실을 인정해야만 했다. 그로서는 자기가 팀의 동등한 구성원인 척하는 것조차 불가능했다. 우리는 짐이 자기가 들은 이야기를 재단하거나 감정적으로 받아들이지 말고 있는 그대로 이해할 수 있도록 자신을 이 그룹이 공연하는 장면에 등장하는 배우라고 생각하라고 했다. 그 이후로 짐은 입을 열지 않았지만, 강사가 집단 역학 내에서 지금과 다르게 행동하는 법을 생각해보라고 간청하는 말에 제대로 귀를 기울이지 않은 건 분명했다.

다음날 짐은 '예스, 앤드' 실습 과제를 받았다. 하지만 어떤 보고서를 봐도 그 실습이 비참한 실패로 끝났다는 걸 알 수 있었다.

그러나 확실한 건 우리는 짐을 업무 환경에서 배제시킬 수 없다는 사실을 알고 있었고, 또 그러려고 하지도 않았다. 사실 짐을 다른 사람들과 함께 있도록 하는 게 절대적으로 중요했다. 때로는 자기 의견을 거리낌 없이 말하고 남들이 탐탁지 않아 하는 결정을 내리는 리더가 필요한 경우도 있고, 전문적인 경험과 지식이 그 사람의 의견에 더 많은 무게를 실어주기도 한다. 세컨드 시티에서는 공연이 시작되기 전 몇 주 동안 감독들이 어떤 소재를 쳐내고 어떤 걸 남겨둘 것인지를 결정한다. 그건 감독의 특권이다. 감독은 직위와 자신을 그 자리까지 올려놓은 전문지식을 통해 그런 권리를 획득했다. 그러나 진정한 리더들은 남을 괴롭히지 않고도, 즉 짐처럼 행동하지 않고도 중요한 결정을 내릴 수 있다.

권위 있는 자리에 오른 사람은 중요한 결정을 내려야만 한다. 또 포용력 있고 너그럽고 남을 존중하는 태도로 일을 해야 한다. 이런 태도가 그들의 지위를 손상시키거나 명예를 떨어뜨리는 일은 없다. 하지만 자기가 항상 옳아야 한다는 욕구를 절대 포기하지 않는 사람이 지배하는 곳에서는 실망감이 증폭되고, 결정을 내렸을 때 비난이나 노골적인 적대감에 부닥치기도 한다. 남의 의견을 배제하고 비난하고, 불쾌한 태도로 일관하는 리더들은 사기를 떨어뜨릴 뿐 아니라 직원들의 생산성까지 저하시킬 가능성이 높다.

기업의 역학 구조 내에도 짐 같은 사람을 위한 자리가 있긴 하지만, 이는 고립된 자리일 뿐만 아니라 한정된 시간 동안만 유지될 수 있다. 짐 같은 사람이 장기간 주변에 피해를 입히게 놔뒀다가는 회사가 입는 손해가 너무 크다. 짐은 우리의 즉흥 연기 방식을 체득하지 못했다. 그는 결국 해고됐다.

남을 괴롭히는 사람들은 대개 자기가 남을 괴롭히고 있다는 사실을 모른다. 좋은 소식은 이렇게 타인을 괴롭히는 행동을 변화시킬 수 있다는 것이다. 우리는 최근에 매우 놀라운 방식으로 이런 현장을 목격했다.

대부분의 기업들이 그러하듯이 세컨드 시티도 신규 시스템 구축에 도움을 받아야 하거나 중요한 프로젝트에 대한 상담이 필요할 때 외부 기업을 고용하기 위한 RFP(제안 요청서)를 배포한다. 그 과정에서 우리 회사를 자기네 고객으로 만들고자 하는 수많은 사람들을 만난다. 최근에는 디지털 전환 계획에 도움을 받으려고 RFP를 배포한 결과 이 분야의 최첨단 기술 기업 몇 곳을 만나는 행운을 얻었다.

뉴욕에 본사를 둔 한 회사는 우리를 만나려고 여러 차례 시카고까지 찾아오기도 했다. 그 회사 소유주인 데빈은 우리를 고객으로 영입하는 일에 개인적인 관심을 갖고 있었다. 그는 모든 논의를 직접 이끌었을 뿐만 아니라 공연을 전부 관람하고, 강좌를 듣고, 우리와 우리가 일하는 분야에 관한 문헌을 모두 읽는 등 세컨드 시티 문화를 습득하는 일에도 골몰했다. 우리는 그의 관심에 깊은 감명을 받았다. 그는 매우 인상적인 인물이었다. 아이비리그 출신에 자기 손으로 회사 두 개를 창업해서 성공을 거둔 뒤 엄청난 가격에 매각했고 여러 업계 저널에서 그를 호의적으로 소개한 기사도 많았다. 완벽한 후보자였고 완벽한 접근 방식이었다.

하지만 뭐가 잘못됐을까? 데빈과의 세 번째 만남 뒤, 이사회실에 남은 고위 경영진들이 그와 방금 나눈 대화를 되짚어보았다. 우리 팀에 가장 최근에 합류한 한 임원이 의문을 제기했다. "대화를 나누면서 그가 너무 가차없이 밀어붙인다고 느낀 분 안 계세요?" 그 질문에 막혔던 수문이 터지듯 여기저기서 말들이 튀어나왔다. 데빈과 1대 1로, 그리고 1대 다수로 대화를 나눠본 경영진들은 하나같이 고개를 끄덕이면서 재빨리 예를 들기 시작했다. 다른 사람들이 얘기하고 있는데 도중에 말을 끊는다, 자기가 대화의 중심이 아닐 때는 스마트폰으로 이메일을 확인한다, 자기 팀원이 발언할 기회를 거의 주지 않고 만약 발언을 할 경우 그 의견에 반박한다 등 다양한 사례가 나왔다. 그가 유쾌하고 똑똑한 사람이 아니라는 뜻이 아니라 — 성격도 꽤 상냥했다 — 그저 자기 내면의 목소리에 저항하지 못하는 것 같았다. 결국 그의 이런 태도 때문에 협상이 결렬되었다. 우리는 팀과 함께 일해야 하는데 그 회사에는 팀이란 게 존재하지 않았다. 단 한 사람만이 존재했고 그 사람은 우리를 미치게 만들었다.

비즈니스계에서는 당신이 일거리를 얻지 못한 진짜 이유를 아무도 말해주지 않는다. 위의 사례에서는 우리 팀에 새로 합류한 임원이 아주 괜찮은 일을 했다. 데빈에게 왜 그가 우리와 계약을 체결하지 못했는지 그 이유를 정확하게 알려준 것이다. 그로부터 6개월 뒤, 우리는 데빈의 전화를 받았다. 시카고에 와 있는데 우리를 점심 식사에 초대하고 싶다는 것이었다. 서로 농담을 좀 주고받은 뒤, 데빈이 이렇게 말했다.

"제가 여러분 회사와 일하지 못하게 된 이유를 솔직하게 말해주신 것을 얼마나 고맙게 생각하는지 말씀드리고 싶었습니다. 솔직히 귀사를 새로운 고객으로 영입하지 못해서 진짜 심란한 기분이었습니다. 댁들이 하는 일이 마음에 들었고 귀사의 문화를 이해하려고 많은 노력을 쏟기도 했으니까요. 뉴욕에서도 계속 즉흥 연기 강좌를 들었고, 그런 모든 경험을 통해 제가 우리 회사에 적합한 리더가 아니었다는 사실을 깨달았습니다. 그래서 대표 자리를 내놨습니다."

데빈은 성공한 리더들 중에서도 극소수만이 가능한 일을 했다. 자기 모습을 거울에 비춰보면서 변화가 필요하다는 사실을 깨닫고 실제로 변화를 이룬 것이다. 데빈은 자신의 리더십에 대한 우리의 평가와 그 자신의 개인적인 평가에 두루 어울리는 리더십 컨설턴트를 고용했다. 그들은 함께 계획을 세웠다. 데빈은 보다 협력적이고 의사소통을 잘하는 사람이 되기 위한 훈련을 받을 것이고, 전무이사를 사장으로 승진시켰으며, 다른 사람의 말을 무시하고 자기 의견만 내세우려고 하는 사람으로부터 회사를 보호할 수 있도록 기업 문화를 혁신하는 작업을 진행 중이다.

세컨드 시티라고 해서 자기 말이 늘 옳아야 한다는 욕구를 없애주는 특별한 물을 마시는 건 아니지만, 사실 우리 회사에서는 그런 식의 행동을 별로 보지 못했다. 앙상블과 함께 즉흥 연기를 하는 과정에서 자기가 옳고 바르고 재미있다고 생각하는 것만 고수하다가는 아무 일도 안 된다는 걸 금방 깨우치기 때문이다. 즉흥 연기를 하려면 집단의 요구를 수긍하고 받아들여야 한다.

솔직히 말해서 "자기가 옳아야 한다는 욕심을 버려라"는 격언은 불교 교리에서 나온 말 같지만, 사실 즉흥 연기의 원칙에도 내재되어 있다. 자기가 더 큰 전체의 일부분이라는 사실을 인정하고 통제권을 포기하거나 양도하면 지금껏 상상하지 못한 가능성에 마음을 열게 된다. '횡설수설 게임'이나 '한 단어 이야기' 등 우리가 이 책에 소개하는 대부분의 실습 방법은 이런 핵심 원칙을 강화하기 위한 것들이다. '기브 앤 테이크' 실습을 통해 효과를 얻고자 한다면 '전체의 일부'라고 하는 다른 방법도 추천한다.

이 실습은 다음과 같은 식으로 진행된다. 강사가 사람들을 자리에서 일으켜 세운 뒤 동물 이름 등의 제시어를 준다. 팀원들은 조용히 힘을 모아 각자 동물 몸의 일부를 흉내 내서 그 동물의 전체적인 형태를 만들거나 다른 방식으로 자신을 그림 속에 끼워 넣는다(예: 연못이나 나무 등의 흉내를 내면서). 그 다음에는 식당에 있는 사람들 같은 제시어가 나올 수 있다. 참가자들은 한 명씩 차례대로 그 광경을 구성하는 데 필요한 자세를 취한다. 두 사람이 서로 마주보고 앉아 있으면 다른 팀원은 웨이터처럼 옆에 서서 그들을 지켜보고 또 다른 사람은 종업원 흉내를 내면서 컵에 물을 따라주는 듯한 자세를 취하는 것이다.

이 실습은 통제권을 양도하고 자기보다 더 큰 전체에 기여하는 일원으로 행동하는 법을 배우는 게 왜 그토록 중요한지를 강조한다. 세컨드 시티 졸업생이자 유명한 즉흥극 교사인 애버리 슈레이버(Avery Schreiber)는 이 원리의 중요성을 이렇게 설명한다. "두 사람이 자신의 통제 욕구를 포기하면 마법 같은 일이 벌어져서 혼자 힘으로는 절대 불가능한 뭔가가 만들어진다."

즉흥 연기 연습은 당면한 순간에 대한 집중력과 기브 앤 테이크, 그리고 자기가 늘 옳아야 한다고 생각하는 자신의 일부를 희생할 수 있게 해주는 근육을 강화시킨다. 그리고 그 근육을 이용해 우리는 더 뛰어난 즉흥 연기자, 그리고 혁신자가 될 수 있다.

최근 〈응용 심리학 저널(Journal of Applied Psychology)〉에 소개된 연구에서는

소리를 자주 질러대는 공격적인 업무 환경에서 발생하는 문제들을 조명했다.

연구진은 상사의 언어 공격이 직원들의 기억력을 손상시키고,

지시를 제대로 이해하지 못하게 한다는 걸 알아냈다.

0 4

공 동 작 업 에 관 한 이 야 기

1998년에 상연된 시사 풍자극 〈사이코패스 낫 테이큰(The Psychopath Not Taken)〉은 강도가 '대도시의 모든 금'이 보관되어 있는 금고를 터는 장면으로 시작한다. 하지만 은행 강도들이 달아나기 전에 슈퍼맨이 등장한다. 다만 여기에 등장한 슈퍼히어로는 붉은 망토를 펄럭이면서 휠체어를 타고 무대 위를 돌아다닌다.

그 순간 관객석에서는 실망스러운 신음소리부터 노골적으로 적의에 찬 분노까지 다양한 반응이 터져 나왔다. 공연을 올리기 2년 전, 늠름한 슈퍼맨 연기로 유명해진 인기 영화배우 크리스토퍼 리브(Christopher Reeve)가 승마 사고 때문에 사지가 마비되어 영원히 휠체어에 묶여 사는 신세가 되었기 때문이다.

우리는 언론과 대중 앞에서 공식적으로 새 공연을 시작하기 전인 프리뷰 기간에 이 장면을 소개했고 그때 앙상블과 감독은 이 소재가 최대한의 효과를 발휘할 수 있도록 어설프게 손을 봤다. 그리고 관객들은 이 소재가 도를 넘었다는 사실을 분명하게 알려주었다. 프리뷰 공연이 있던 날 밤, 졸업생인 마틴 쇼트가 객석에 있었다. 슈퍼맨으로 분장한 배우가 휠체어를 타고 무대에 등장한 순간, 마틴은 자기도 모르게 "안돼에에에!"라고 울부짖었다.

세컨드 시티에서는 관객과 끊임없이 대화를 주고받으면서 극을 만든다. 그렇다고 해서 극장을 찾는 모든 관객의 특정한 코미디 취향을 일일이 맞추거나 그들을 표적 집단(focus group)처럼 이용하는 것은 아니다. 그저 우리가 이용하는 코미디 소재가 최대한의 박수를 이끌어내도록 하기 위한 것이다. 이는 우리가 관객의 모든 반응, 즉 웃음뿐만 아니라 불평이나 침묵에도 귀를 기울이고 있다는 뜻이다. 그리고 이에 맞춰 콘텐츠를 편집하고 변경하고 다듬어서 최대한 확실한 코미디 소재를 만든다. 코미디 제작 기술과 관련한 우리의 전문 지식을 포기하는 게 아니라 관객을 그 과정에 초대하는 것이다. 그들은 매일 밤 우리에게 중요한 정보를 제공하면서 창작 과정의 필수 요소로 자리 잡았다.

슈퍼맨 장면의 경우, 그 장면이 새로운 형태로 되살릴 만한 가치가 있느냐 없느냐 하는 결정은 앙상블과 감독 믹에게 맡겨졌다. 믹은 장면을 그대로 유지하고 싶었지만 그렇다고 관객들의 기분을 상하게 하고 싶지도 않았다. 그래서 그는 어느 날 밤 집에 돌아가 슈퍼맨이 부를 노래, 객석을 향한 제4의 벽을 무너뜨리고 자신의 본모습을 노출시킬 수 있는 찬가를 만들었다. 이 노래를 통해 굳이 그런 충격적인 이미지를 사용한 건 유명인사나 영웅 숭배, 허구와 현실을 가르는 기이한 선을 풍자하기 위해서라는 걸 전하려고 한 것이다. 그리고 다음 프리뷰 공연 중에 은행 강도들이 좌절하는 장면에서 슈퍼맨이 휠체어에서 일어나 이렇게 노래했다.

난 모든 순간을 소중히 여기리.

다시 흘러가는 1초 1초를.

내게 가만히 앉아 있거나, 억지 미소가 아닌 진짜 미소를 짓거나

내가 땅으로 떨어진 그 이상한 날의 이야기를 다시 고쳐 쓸 수 있는 기회가

주어진다면.

관객들은 슈퍼맨이 휠체어를 타고 무대에 등장할 때 여전히 경악했지만, 그가 노래를 마칠 즈음이 되자 다시 우리 편이 되었다. 이 장면은 그대로 유지되었고 당시 사람들의 입에 가장 자주 오르내린 장면 중 하나가 되었다. 공동 창작이라는 과정을 통해, 슈퍼맨 장면은 누군가의 불운을 이용하는 무정하고 눈치 없는 행동에서 인생의 무작위적인 부당함과 역설에 대한 날카롭고 웃기면서도 가슴 저미는 비판으로 탈바꿈했다.

당신이 만들려고 하는 게 코미디든, 마케팅 구호든, 향상된 생산 방식이든, 아니면 작업 현장의 능률이든 간에 공동 창작은 놀라운 통찰력을 안겨주고 항상 고객이 원하는 걸 제공할 수 있게 해준다. 고객이 그게 바로 자

기가 원하는 것임을 알리지 못하는 상황에서도 말이다.

본 장에서는 세컨드 시티가 관객과 함께 공동 창작을 진행하는 방법과 기업이 이를 적용해서 고객과의 커뮤니케이션 고리를 향상시키는 방법을 알아볼 예정이다. 고객에게 응용하는 걸 넘어서, 사내에서 공동 창작이 번성할 수 있는 방법을 살펴보고, 즉흥극을 이용해 브랜드 본질과 고객 충성도를 측정하는 데 성공한 기업들의 사례도 몇 가지 보여준다. 또 사내외에서 공동 창작을 할 때 활용할 수 있는 실습 방법도 소개한다.

| 회사에서 공동 작업이 가능할까?

여러분의 회사와 앙상블 내에서 성공적으로 공동 창작을 수행할 수 있는 비결이 3가지 있다.

1. 자신의 아이디어가 아니라 모두의 아이디어를 찾는다

물론 개개인도 훌륭한 아이디어를 제시할 수 있지만 공동 창작을 추구하는 앙상블은 좋은 아이디어를 찾아내는 능력이 개인보다 훨씬 더 뛰어나고 일관성이 있다. 그런데 이 개념을 모두에게 설득하기는 좀 어려울 수도 있다. 앙상블이 공동 창작에 참여할 경우 거기에서 나오는 아이디어는 더 이상 그걸 제시한 개인에게 귀속되지 않기 때문이다. 그 아이디어는 그룹의 소유가 된다.

우리는 일반적으로 본인이 생각해낸 아이디어를 이용하면서 그 결과물을 직접 통제하고 그에 대한 인정도 본인이 받아야 한다고 생각하기 때문에, 다른 사람이 자신의 아이디어에 뭔가를 추가하거나 바꾸는 것을 내켜하지 않으며 특히 아이디어가 괜찮은 경우에는 그런 경향이 더욱 심하다. 따라서 그 아이디어를 이용해 공동 창작을 하고 싶다면 먼저 사람들이 집단의 보다 큰 이익을 위해 자신의 아이디어에 대한 권한을 양도하도록 유도해야 한다.

2. 권한을 양도한다

먹이사슬의 위쪽으로 올라갈수록 직원들이 지배권을 양도하도록 설득하는 일이 기하급수적으로 어려워진다. 아마 여러분 조직에서 가장 직위가 높은 창의적 인재는 자신의 아이디어를 남과 공유할 생각이 없을 것이다. 하지만 우리 경험에 따르면, 아이디어에 대한 권한을 기꺼이 양도하는 창의적 인재는 그걸 혼자 독차지하려는 사람들보다 더욱 강력한 통찰의 원천을 얻게 되기 때문에 이런 태도를 보이는 건 유감스러운 일이다. 세컨드 시티에서 가장 뛰어난 창의적 인재들은 시간이 지나도 줄어들지 않는 아이디어 창출 능력과 본인은 입을 다물고 모든 앙상블 구성원들의 말에 귀 기울이는 능숙한 소질을 자랑한다. 그래서 작은 조각에서 잉태된 아이디어는 점점 풍성하고 다채롭고 맛있는 요리로 바뀐다.

3. 두려움을 뿌리 뽑는다

원활한 공동 창작을 가로막는 중요한 장애물이 몇 가지 있다. 지금까지 봐온 바로는 전부 두려움에서 유래된 것들이다.

- 실패에 대한 두려움
- 바보 같아 보일지도 모른다는 두려움
- 미지의 것에 대한 두려움

두려움은 우리를 안전하게 지켜주고 꼬박꼬박 치실질을 하고 세금을 반납하는 데 유용한 감정이 될 수 있지만 공동 창작 활동에는 해롭다. 두려움은 고상한 창조적 사고를 고취시키지 않고 가장 손쉬운 발상만 떠오르게 한다. 두려움을 동기 부여를 위한 도구로 사용하면 더 열심히 달리도록 등을 밀어줄 수 있을지는 몰라도 더 현명하게 움직이도록 하지는 못할 것이다. 마찬가지로 두려움에 빠진 조직이나 기업은 창의적인 강점을 발휘하지 못한다.

엔론(Enron, 2001년 파산한 미국의 에너지회사)의 직원과 임원들은 회사 경영진이 조직 전체를 파멸로 몰아넣는 불법적인 사업 관행에 젖어 있다는 걸 알면서도 두려움 때문에 침묵을 지켰다. 자신들의 필름 산업이 망할지도 모른다는 두려움이 실제로 코닥(Kodak)을 망하게 했다. (아이러니한 사실은 1975년에 최초의 디지털 카메라를 발명한 사람이 코닥 직원이었다는 점이다.) 시카고 블랙호크스(Chicago Blackhawks, 프로 아이스하키 팀)는 정기 입장권 구매자가 줄어들지도 모른다는 우려 때문에 수십 년 동안 TV 중계를 하지 않아 해가 갈수록 관람객이 줄고 브랜드 가치도 떨어졌다. 그러다가 로키 워츠(Rocky Wirtz)가 경영권을 물려받자 그는 아버지의 결정을 뒤집고 2008년부터 블랙호크스 경기를 다시 TV로 중계하기 시작했다. 그리고 2년이 지나 경기장은 다시 관중들로 가득 찼고, 팀은 스탠리컵(Stanley Cup, 미국과 캐나다의 내셔널 하키 리그 챔피언에게 수여되는 트로피)까지 따냈다.

공동 창작에 있어서 겁쟁이 문화만큼 나쁜 것도 없다. 두려움에 질린 상태에서는 한순간도 제대로 숨을 쉬기조차 힘들기 때문에 뭔가를 창작한다는 건 거의 불가능하다. 우리는 오랫동안 배역을 선정하고 극장을 운영하는 과정에서, 특히 오디션 중에 두려움 때문에 실수와 잘못을 저지르는 모습을 많이 봐왔기 때문에 이런 사실을 잘 알고 있다.

매년 수백 명의 젊은 즉흥 연기자들이 세컨드 시티 시스템의 몇 개 안되는 자리 중 하나를 차지하려고 제작자와 감독, 교사들이 보는 앞에서 무대에 올라 15분 동안 연기를 펼친다. 이는 분명 이 극장에서 진행되는 행사 중에서 가장 심한 불안감이 감도는 행사다. 해마다 오디션을 보는 수많은 젊은이들에게는 이 직업을 갖는 게 평생의 꿈이기 때문이다. 희망에 부푼 이 젊은이들은 무대에 오르기 전 극장 로비에서 몸을 푸는 동안에도 심한 압박감을 느낀다. 무대 출입구가 열리면 긴장감은 더욱 고조된다.

그러나 최고의 즉흥 연기자는 자신의 두려움을 짐짓 모른 체 할 방법을 찾아낸다. 이들은 막힘없이 부드럽게 즉흥 연기를 하고, 현명하고 확실한 선택을 하며, 무대에 함께 오른 동료들을 배려하고, 무대에서 한 모든 선택을 통해 자신의 독특한 유머감각을 발휘한다. 일주일 내내 진행되는 오디션에서 만나는 사람들 가운데 약 10퍼센트 정도가 이런 모습을 보이며, 대개의 경우 이들이 우리와 함께 일을 하게 된다.

나머지 90퍼센트는 인간이 자신의 공포를 드러내는 방법을 다양하게 보여준다. 시간이 지나면서 우리는 연기자에게 특히 해로운 영향을 미치고 뭔가 실질적이거나 재미있는 장면을 만들어내는 집단의 능력을 와해시키는 몇 가지 징후를 알아차리게 되었다. 여러분도 그걸 알아차릴 수 있을지 모른다. 어떤 조직에서든 사람들은 두려움을 숨기고자 할 때 항상 다음과 똑같은 전술을 사용한다.

| 두려울 때 나타나는 행동들

1. 질문하기

호기심을 드러내서는 안 된다거나 모든 걸 다 알고 있는 것처럼 행동하는 것이 최선은 아니다. 그러나 즉흥극 공부를 시작하고 가장 먼저 배우는 규칙 가운데 하나가 바로 무대에 같이 오른 파트너에게 질문을 하지 말라는 것이다. 어떤 장면을 즉흥적으로 연기할 때는 상대방과 함께 대화를 구상해서 주고받아야 한다. 그런데 이때 질문을 던지면 둘이 함께 만들어가

기로 되어 있는 장면과 웃음을 혼자 제공해야 하는 책임을 상대방에게 지우게 된다. 주로 두려움에 떨며 즉흥 연기를 하는 사람들이 질문을 던지곤 한다. 그런 두려움이 무대 위에서 어떻게 드러나는지 살펴보자.

뛰어난 즉흥 연기자: 난 이 시기의 시카고가 정말 마음에 들어요. 나머지 아홉 달의 추위가 얼마나 끔찍한지 잊을 수 있게 해주거든요.

멋진 시작이다. 뛰어난 즉흥 연기자는 적절한 시간과 장소에 장면을 배치하는데, 여기에서는 시카고의 여름이다.

두려움에 사로잡힌 즉흥 연기자: 우리가 왜 여기에 와 있는 거죠?

이 질문은 함께 공연하는 파트너가 이야기를 진행하는 데 필요한 정보를 전혀 제공하지 않는다. 그래서 기본적으로 창작 활동을 이어가는 책임이 다시 뛰어난 즉흥 연기자에게 돌아가게 된다.

뛰어난 즉흥 연기자: 우리가 왜 여기 왔는지 알잖아요. 피부도 멋지게 태우고, 사람들도 만나고, 물에 빠진 사람들도 좀 구해주고요.

좋다, 뛰어난 즉흥 연기자 덕분에 다시 정상 궤도에 들어섰다. 상대방의 지위를 깎아내리지 않고, 이 정보를 통해 무대에 있는 모두가 상황을 잘 알고 있고 다 같이 협력한다고 단언한다. 그리고 두 사람이 인명 구조원이라는 사실도 밝혀졌다.

두려움에 사로잡힌 즉흥 연기자: 하지만 제가 수영을 못 하면 어떻게 하죠?

이제 이 장면은 어떤 방향으로도 진전될 수가 없다. 두려움에 사로잡힌 즉흥 연기자는 새로운 정보를 전부 차단하고 그걸 뛰어난 즉흥 연기자에게 되돌리고만 있다. 두려움에 사로잡힌 즉흥 연기자가 수영을 못 하는 인명 구조원을(사실 매우 재미있는 소재가 될 수도 있었다) 등장시킨 게 문제가 아니다. 진짜 문제는 그가 그러한 인물을 소개한 방식이다. 그는 장면을 계속 만들어가는 게 아니라 진행을 방해하고 있다. 커브 볼을 던지면서 뛰어난 즉흥 연기자가 그걸 처리할 방법을 궁리해야 하는 상황에 몰아넣은 것이다. 이것은 뛰어난 즉흥 연기자에게 공평하지 못하고, 재미도 없으며, 관객들은 입장료를 환불받고 싶어질 것이다.

만약 업무 상황에서, 그러니까 예를 들어 신제품 마케팅을 위한 브레인스토밍을 할 때 이와 같은 시나리오가 전개된다면 어떻게 될까? 다음을 살펴보자.

뛰어난 마케팅 담당자: 좋습니다. 여러분, 우리 의뢰처가 새로운 수제 맥주를 출시했습니다. 도시에 거주하는 소득 수준이 괜찮은 25~35세 남성이 주요 타깃입니다.

제품과 그 소비자 층을 알리는 건 브레인스토밍을 시작할 수 있는 확실한 방법이다.

두려움에 사로잡힌 마케팅 담당자: 그런데 실제로 누가 그 맥주를 살까요?

뛰어난 마케팅 담당자는 이미 맥주 구매 고객이 누구인지를 명확히 밝힌 상태다. 그런데 두려움에 사로잡힌 마케팅 담당자가 현재 공개된 정보의 타당성을 손상시키고 있다.

뛰어난 마케팅 담당자: 인구통계학적 대상은 상당히 구체적입니다. 도시에 사는 젊은 남성이죠. 하지만 맞아요, 브레인스토밍 초기 단계부터 제품 판매를 위한 창의적인 아이디어를 묵살할 필요는 없죠. 이 시점에서는 어떤 아이디어든 다 좋은 아이디어가 될 수 있습니다.

뛰어난 마케팅 담당자는 두려움에 사로잡힌 마케팅 담당자의 부정적인 태도를 지적하지 않은 채 회의의 질서를 회복했고, 모든 아이디어를 받아들이는 쪽으로 회의가 재개되었다.

두려움에 사로잡힌 마케팅 담당자: 정말요? 전 아주 괜찮은 아이디어만 듣고 싶은데요.

이제 개방적이고 솔직한 창의력을 발휘할 수 있는 길이 모두 막혀버렸다. 두려움에 사로잡힌 마케팅 담당자는 대개 질문을 이용해서 별로 독창적이지 않거나 좋은 아이디어를 제시할 능력이 없다는 데 따르는 두려움을 감추려고 한다.

질문을 해야 하는 시간과 장소는 따로 있다. 좋은 대화가 이어지는 데 도움이 되려면 자세한 세부 내용을 알아야 한다. 하지만 일단 세부 정보를 공유하고 나면 그때부터는 팀원 모두가 창의력을 발휘해 브레인스토밍을 해야 하는 시간이다. 이 시점에서 질문을 하는 건 창의성을 망치는 행동이다.

2 공격성

우리는 초보 즉흥 연기자가 공격적인 태도 뒤에 몸을 감추려고 하는 모습을 자주 본다. 생각해보면 그리 놀라운 일도 아니다. 지그문트 프로이트는 이렇게 썼다.

"공격성은 인간의 선천적이고 독립적이며 본능적인 기질이다. 이것은 인류 문화의 가장 큰 장애물이기도 하다."

다시 말해 우리는 두려움을 느끼면 상대방을 몰아세운다. 실생활 속에서는 물론이고 무대 위에서도 이런 일이 벌어진다.

1990년대 중반 이력서에 거짓말을 늘어놓은 한 배우가 동료 배우들과 함께 오디션을 보러 찾아왔다. 이 사례는 그가 그날 즉흥극을 연기하면서 얼마나 뻔뻔하고 공격적인 선택을 했는지 보여준다. 덕분에 거의 20년 전에 단 15분 동안 봤는데도 우리 중에는 지금도 그의 이름을 기억하고 수많은 군중 속에서도 그를 알아볼 수 있는 사람이 많다.

이야기의 목적상 그를 레이라고 부르겠다. 레이가 무대 위에서 가장 먼저 한 일은 함께 무대에 오른 파트너가 입을 열기도 전에 그를 죽인 것이다. 장면은 그렇게 끝나버렸다. 그리고 두 번째로 한 일은 파트너가 말할 기회를 전혀 주지 않고 혼자 괴성을 지르면서 대사를 읊어댄 것이다. 이때 오디션을 진행하던 엄청나게 인내심이 강한 감독이 그룹 전체에게 서로 말할 수 있는 여지를 주고 목소리를 좀 낮추고 아무도 싸우거나 말다툼을 하지 않는 즉흥극 장면을 만들어보라고 제안했다. 그룹 전체를 향해서 말하기는 했지만 사실 레이에게 한 말이었다.

다시 레이가 장면을 시작할 차례가 되자 — 이 모습은 우리 모두의 기억 속에 영원히 새겨져 있다 — 그는 "난 빌 클린턴의 엉덩이 여드름이다!"라고 소리를 빽 질렀다.

몇 주 뒤, 레이에게서 왜 자기가 채용되지 못했는지를 묻는 세 장짜리 편지가 왔다. "전 빌 클린턴의 엉덩이 여드름이라고 말한 그 사람입니다!" 그는 이렇게 썼다. "제가 그 말을 하니까 모든 게 딱 멈춰버렸죠. 정말 놀라웠어요!"

그의 말이 맞다. 모든 게 딱 멈춰버리다니 정말 놀라운 일이었다. 문제는 무대 위에서건 밑에서건 창작 과정 중에 절대 보고 싶지 않은 모습이 바로 모든 게 멈춰버리는 상황이라는 것이다. 공격적인 성격을 다루기가 매우 어렵다는 데는 의문의 여지가 없다. 여러분이 상사라면 답은 간단하다. 모든 팀원에게 기대하는 행동 규칙 — 무대를 남들과 공유하고 다른 사람을 존중하는 태도로 공동 창작에 임하라고 지시하는 규칙 — 을 정해서 그대로 따르도록 요구하면 된다. 그런 다음 공격적인 성격을 고칠 수 있는 방법을 제시한다. 그들은 자신의 제2의 천성이 되어버린 성격을 버려야 한다.

여러분이 상사의 입장이 아니라면 일은 더 어려워진다. HR 팀에서 도움을 줄 수 있을까? 조직 내의 다른 리더들에게 협조를 구할 수 있을까? 만약 그게 힘들다면, 시카고 아이디어 위크(Chicago Ideas Week) 중에 진행된 패널 토론에서 우리가 한 관객에게 해준 조언을 따르는 것도 괜찮은 방법이다. 그 관객은 이렇게 말했다.

"당신들의 아이디어는 이론적으로는 매우 훌륭해 보이지만, 제 상사, 제가 보고할 수 있는 유일한 사람은 댁들이 말하는 끔찍한 일들을 전부 하는 사람이거든요. 그러니 제가 뭘 어떻게 할 수 있겠어요?"

우리는 몇 초간 생각에 잠겼다가 동시에 말했다. "회사를 그만두세요."

3. 소리 지르기

사람들이 자신의 두려움을 드러내는 또 다른 방법은 그저 함께 있는 사람들보다 목소리를 높이거나 다른 사람들이 자기가 원하는 대로 할 때까지 계속 본인의 방식을 밀어붙이는 것이다. 우리는 이렇게 완력으로 뜻을 이루려고 하는 리더들을 많이 봤다. 사실 업무 현장에서는 이런 태도가 보상을 받는 경우도 많다. 하지만 그렇다고 해서 이런 행동이 정당화되는 건 아니다.

최근 〈응용 심리학 저널(Journal of Applied Psychology)〉에 소개된 연구에서는 소리를 자주 질러대는 공격적인 업무 환경에서 발생하는 문제들을 조명했다. 연구진은 상사의 언어 공격이 직원들의 기억력을 손상시키고, 지시를 제대로 이해하지 못하게 한다는 걸 알아냈다. 또 적대적이고 공격적인 고객의 불만을 처리하는 사람은 차분한 태도의 고객과 대화를 나눈 직원들에 비해 자신에게 쏟아진 불만을 기억하는 데 어려움을 겪는다고 한다.

큰소리로 사람들을 관리할 때 생기는 부수적 피해는 정도도 심각하고 오래 간다. 모든 종류의 협업이 혼란에 빠지고, '우리' 위주의 문화보다 '나' 위주의 문화가 사내에 퍼지며, 직원들의 의욕이 심하게 저하된다. 이런 환경에서는 공동 창작이나 미래를 위한 성장이 거의 불가능하다.

이런 사람을 상대해야 하는 경우, 공격적인 행동을 유발하는 원인이 뭔지 제대로 알아야 근본적인 문제 해결에 성공할 수 있다. 고함을 치거나 주변인들을 괴롭히는 사람은 두려움과 불안감 때문에 그런 행동을 한다. 이들의 행동을 변화시키는 유일한 방법은 그들이 안전하다고 느낄 수 있도록 돕는 것뿐이다. 다행스럽게도 즉흥 연기자에게는 이런 목표를 달성할 수 있는 도구가 가까이에 있다. '예스, 앤드'나 '기브 앤 테이크', '경청' 같은 즉흥극 요소들이 도움이 된다.

4. 애매한 말

두려움의 또 다른 증상은 완전히 얼어붙은 채로 어떤 입장을 취하거나, 자기 의견을 명확하게 밝히거나, 의견을 내놓으려는 시늉조차 하지 않는 것이다. 대신 두려움에 찬 사람들은 웅얼웅얼 애매한 말들을 늘어놓는다.

"모르겠습니다."

"물론 그럴 수도 있겠지만 확신이 서지 않네요."

"그렇게 말씀하신다면야 할 수 없네요."

"어쩌면요."

두려움에 사로잡힌 즉흥 연기자가 주로 하는 행동이 바로 이렇게 애매한 말을 웅얼대는 것이다. 그래서 즉흥 게임을 할 때 이런 행동을 하면 벌칙을 받게 된다. 애매한 말을 늘어놓는 건 그저 미지의 분야에 뛰어드는 게 겁날 때 쓰는 지연 전술일 뿐이다. 안타깝게도 애매한 말은 결정을 내려야 하는 위치에 있지만 확신이 부족한 사람들이 자주 쓰는 도피처다. 비즈니스계에서 결정을 내리지 않는다는 건 잘못된 결정을 내리는 것보다 나쁜 경우가 많다. 자신감을 높이는 비결은 연습이다.

즉흥 연기자는 무대에 올라가기 전에 연습을 위해 천천히 몸을 푼다.

발성 연습도 하고 스트레칭도 하고 또 동료 앙상블 구성원들과 함께 서로의 눈을 들여다보며 시각적 및 언어적 신호를 주고받으면서 마음을 가다듬는다. 다들 둥글게 모여 서로 공을 주고받는 시늉을 한다. 즉흥 연기자들이 이런 연습을 하는 건, 무대에 오르기 전에 충분히 리허설을 해서 즉흥극 소재를 완전히 숙지했다는 뜻이다. 뛰어난 연기자는 모든 준비와 연습을 마친 뒤에 실제 무대에 오르는데, 이때 두려움은 잠시 잊고 그 순간에 몰입해서 연기를 펼친다. 이들은 성공적인 공동 창작을 위해서는 먼저 공동 창작을 위한 준비가 되어야 한다는 사실을 안다.

이는 업무 현장에서도 마찬가지다. 당면한 업무 사안을 완벽하게 이해하는 데 필요한 사실과 데이터를 충분히 확보해두면 중요한 회의나 면접에 대비한 준비가 잘 되었다고 생각한다. 하지만 일단 그런 데이터를 확보했으면 아이디어를 시험하고 결단력 있는 리더십 감각을 익히기 위해 동료 팀원들과 함께 시나리오를 짜서 연습을 해보는 것도 필요하다.

여러분은 실시간으로 결정을 내리는 방법이나 의구심 어린 목소리와 불안감을 무시하는 방법을 배울 기회를 최대한 많이 얻고 싶을 것이다. 즉흥 연기자의 속성을 응용하거나 체현하면 자신의 두려움을 통제할 수 있게 된다. 그리고 그 순간에 몰입해서 상대의 말을 경청하고 반응을 보이고 공동 창작을 수행하다 보면 두려움을 아예 잊을 수 있을지도 모른다.

| 관객(고객)과 소통하기

공동 창작은 사내에서만 진행해야 하는 일이 아니다. 세컨드 시티에서는 여기서 한 걸음 더 나아가 공연을 할 때마다 고객들과 실시간으로 대화를 시작하고 공연 내내 그 대화를 이어나가는 방식을 쓴다. 정해진 소재를 가지고 연기를 하는 동안에도 관객의 의견을 구하기 때문에 관객, 즉 고객들은 시작 단계부터 창작 과정에 관여하게 된다.

특히 새로 시작하는 공연의 리허설 기간에 새로운 콘텐츠를 만들고자할 때는 관객들의 도움을 더 많이 받는다. 우리는 관객들에게 주제를 제안해 달라고 부탁하고 즉흥적으로 연기하는 소재에 대한 관객들의 반응을 실시간으로 측정하며 이를 통해 소재를 개선하는 데 필요한 정보를 얻는다. 그리고 마지막으로 개막일까지 각 관객과 직접 대화를 나누면서 완성한 작품을 더욱 깔끔하게 다듬어 간다.

고객들과 꾸준히 대화를 나누는 기업은 우리만이 아니다. 우린 그저 그런 일을 가장 먼저 시도한 회사들 중 하나일 뿐이다. 우리는 새로 창업한 회사들이나 디지털 기업들이 인터랙티브라는 용어를 널리 퍼뜨리기 전부터 이미 인터랙티브한 기업이었다. 하지만 지난 10년 사이에 고객 참여를 환영하는 조직이 누리는 이점을 알게 된 다른 조직들도 이를 따라하게 되었다. 그래서 기업들이 페이스북 페이지를 만들고 트위터 피드를 모니터링하는 것이다. 또 포커스 그룹과 서비스 품질 평가단, 서베이몽키(SurveyMonkey.

온라인 설문조사 서비스) 등이 존재하는 것도 이런 이유 때문이다.

공동 창작을 위해서는 독백이 아닌 대화를 촉진해야 하기 때문에, 세컨드 시티에서는 이 과정을 가리켜 '대화 참여'라고 부르곤 한다. 기업의 혁신과 신제품 개발 주기와 관련해서는 이를 실시간 고객 피드백이나 신속한 시제품화, 크라우드 소싱(crowdsourcing) 등으로 부른다.

컴퓨터 + 크라우드 소싱 = 코미디

1990년대 초, 진보적인 풍자가인 스티븐 콜베어가 인터넷의 놀라운 힘을 우리 '즉흥극 세트'에 활용해보기로 했다. 어느 날 밤, 콜베어가 연장 코드를 잔뜩 모으더니 당시 우리 건물에 있던 몇 안 되는 컴퓨터 가운데 한 대를 무대 뒤로 가져왔다. 연장 코드를 전부 연결한 그는 컴퓨터를 카트에 싣고 무대 위로 밀고 나가더니 관객들에게 오늘밤에는 인터넷을 통해 전 세계 관객들의 참여를 부탁할 예정이라고 알렸다. 이런 발표에 대해 관객들은 별다른 반응을 보이지 않았다.

다이얼 접속 중임을 알리는 윙 하는 기계 소리가 거의 1분 가까이 이어진 뒤에야 겨우 온라인에 접속한 스티븐은 미리 정해둔 채팅 룸을 찾아갔다. 스티븐은 채팅 창에 "우리는 세컨드 시티 연기자들입니다. 주제를 하나 제안해주시면 저희가 그걸 바탕으로 즉흥 연기를 해보겠습니다"라고 입력했다. 그리고 스티븐과 출연진, 관객들은 모두 어색한 침묵 속에서 답이 오기를 기다렸다. 하지만 반응을 보이는 사람이 아무도 없었다. 거의 10

분 가까운 시간이 흐른 뒤, 마침내 인디애나 주에 사는 한 꼬마가 단어 하나를 입력했다. "딜도."

결국 공연은 하지 못했다. 문제가 된 건 단어 자체가 아니었다. 콜베어 같은 즉흥 연기의 달인이라면 주제가 뭐든 간에 그걸 가지고 뭔가 재미있는 걸 만들어낼 수 있었을 것이다. 문제는 타이밍이었다. 콜베어가 요청한 뒤 응답이 오기까지의 지루한 기다림 때문에 결국 그 장면에 필요한 에너지와 추진력이 사라져버린 것이다.

즉흥극 연기에서건 기업에서건 공동 창작을 할 때는 타이밍이 중요하다. 우리 세계에서는 관객의 제안과 즉흥 연기자의 반응 사이에 단 몇 초만 간격이 생겨도 그 뒤에 이어지는 장면에 치명적인 영향을 미칠 수 있다. 그리고 요즘 기업들의 경우, 소비자는 소셜 미디어에 기업이나 브랜드에 대한 의견을 올린 뒤 그에 대한 빠른 반응을 기대한다. 이런 요구에 적응하기 힘들어하는 기업들이 많으며, 이는 큰 실수로 이어지기도 한다. 물론 모든 기업은 고객들의 문의나 불만, 제안에 대응하는 시간이 너무 늦어지지 않도록 관리해야 한다. 하지만 몇 시간 혹은 며칠이 걸릴 수도 있는 신중한 대응에 절대적인 가치가 있는 것처럼, 즉각적인 응답에도 또 다른 종류의 가치가 있다. 신속한 대응에 필요한 에너지와 빠르고 독창적인 사고는 따로 있다.

현장 관객이 의견을 제시하는 것과 같은 실시간 고객 피드백을 받으면, 그 내용을 분석하고 새로운 콘텐츠를 만들어내는 작업을 따로따로 진행할 시간이 없다. 무대 위에서 즉흥적으로 장면을 만들 때는 자기가 한 작업이 관객에게 미치는 영향을 바로 느낄 수 있다. 그리고 그들의 반응은 여러분의 선택에 실시간으로 영향을 미친다.

즉흥 연기를 하려면 바로 그 순간에 집중해야 하기 때문에 자기가 하는 일의 가치나 타당성을 걱정할 새도 없이 일을 진행하게 되고, 덕분에 더욱 즉흥적이고 독창적인 자기만의 연기를 펼칠 수 있다. 분석은 녹화한 테이프를 검토하거나 감독의 지시를 받는 나중으로 미루자. 예술적 영감이 피어오르는 그 순간, 즉흥 연기자는 실시간으로 전해지는 고객 피드백을 공동 창작의 도구로 사용한다. 기업들 중에도 이렇게 하는 데가 매우 많은데, 특히 고객에게 가까이 다가가기 위해 소셜 미디어를 이용하는 기업들의 경우 더욱 그렇다.

트위터를 이용한 즉흥 시상식

우리는 이 책을 쓰는 동안 크로락스가 맡긴 매우 흥미로운 임무를 성공적으로 마무리했다. 트위터를 통해 크로락스 고객들을 즉흥적인 실시간 시상식에 참여시킨 것이다. 왜 그런 일을 했느냐고? 이유는 간단하다. 크로락스에게 눈앞의 혼란에서 시선을 들어 그 너머를 보면 살면서 저지른 실수들이 얼마나 우스꽝스러운지 보여주기 위해서였다. 또한 부모들이 날마다 맞닥뜨리는 경악스러운 순간들에 대한 투쟁담을 나눌 수 있게 하기 위해서였다.

크로락스의 제품은 우리가 살면서 엉망으로 만들어놓은 것들을 깨끗하게 하는 데 정말 뛰어난 기능을 발휘한다. 꼴사나울 정도로 더러운 욕실, 당황스러울 만큼 어질러진 부엌, 아이가 너저분하게 늘어놓은 것들, 사람들이 아플 때 흘린 것 등. 무슨 얘긴지 알 것이다. 그리고 역사적으로 사람들은 그런 일에 대해 공공연하게 떠들지 않았고, 이는 크로락스 같은 기업의 경우에도 마찬가지였다. 하지만 크로락스는 자사 제품의 주요 광고 대상인 젊은 부모들 사이에 생겨난 새로운 동향을 알아차렸다. 그들은 소셜 미디어를 통해 부모가 되면서 겪은 경험과 이런저런 작은 사고들에 대해 털어놓고 서로 의견을 교환하는데, 여기에 온갖 주제가 다 등장했다. 이들의 경험담은 그야말로 코미디 소재의 금광이 될 만한 잠재력을 갖추고 있었다.

이런 이야기들을 모두 공유할 수 있도록, 크로락스와 그들의 홍보 대행사는 영향력 있는 아빠 블로거들과 우리와 힘을 모아 크로락스 황당상 시상식을 개최했다. 일상생활 속에서 벌어지는 황당한 순간들을 기념하기로 한 것이다. 세컨드 시티의 유명한 졸업생인 레이철 드래치가 시상식의 진행을 맡았고, 또 세컨드 시티 배우들로 구성된 앙상블과 함께 트위터에 올라온 실생활 속의 사건들을 바탕으로 재미있는 장면과 독백을 연기했다. 크로락스는 이 촌극을 실시간으로 공유해서 트위터 사용자들이 투표를 할 수 있게 한 뒤, 카테고리 별로 수상자를 발표했다.

이것은 확실히 육아의 시대정신에 다가간 것이었다. 시상식이 실시간으로 진행되는 4시간 동안 '황당상'은 트위터의 트렌딩 토픽(trending topic)이 되었고, 크로락스는 16,800개가 넘는 트윗을 통해 1억 6,000만 명 이상의 소셜 미디어 사용자에게 노출되었다.

여기에는 중요한 교훈이 두어 가지 담겨 있다. 첫째, 실제로 아이를 키우는 부모들이 우리에게 트위터로 보내준 말도 안 되는 이야기들처럼 가장 재미있는 소재는 언제나 현실을 기반으로 한다. 둘째, 관객들이 현장에 참여할 수 있게 해주면 생생한 반응을 보여줄 것이다. 크로락스 황당상 시상식의 경우, 진짜 부모가 없었더라면 그런 시상식이나 이벤트를 개최할 수 없었을 것이고, 또 우리가 거둔 놀라운 성공은 전적으로 재미있고 새롭고 확실하고 때로는 엉망진창인 행사를 관객들과 실시간으로 함께 만들어가고자 하는 의지 덕분이었다. 소셜 미디어가 기업이 자기네 제품을 구입하는 고객과 함께 공동 창작을 할 수 있는 새로운 기회를 제공함에 따라, 점점 더 많은 기업들이 소비자들의 동참을 이끌어낼 창의적인 방식을 고안해내고 있다.

신속한 시제품화

즉흥극을 신속한 시제품화 과정의 일부로 사용해서 성공을 거두기도 했다. 최근에 유명 신용카드 회사를 고객으로 둔 한 영향력 있는 조사 기관의 연락을 받았다. 그 신용카드사가 중소기업 소유주들을 대상으로 점유율을 높일 수 있는 새로운 제품을 개발하려 한다는 것이었다.

우리는 이들 회사 및 광고 대행사들과 함께 시장 상황에 대한 브리핑을 받은 뒤, 우리 회사의 즉흥극 아이디어 구상 세션 중 하나를 추천했다. 그리고 중소기업 소유주들과 특히 밀접한 관련이 있는 핵심 주제와 아이디어를 중심으로 즉흥극을 구성했다. 바로 잘못된 현금 관리와 악성 미수

금 때문에 압박을 받는 장면을 연기했다. 또 중소기업 소유주들이 일에 모든 걸 다 쏟아 붓고 기진맥진한 상태나 일과 사생활을 제대로 분리하지 못해 어려움을 겪는 모습도 연기했다. 우리의 고객은 이 세션이 철저하게 현실에 근거할 수 있도록 중소기업 소유주들을 관객으로 초대했다. 그리고 연기 장면에 필요한 제안을 하고 사실과 일치하는 부분에서는 반응을 보여 달라고 요청했다.

함께 웃음을 나누는 것만큼 사람과 조직을 하나로 묶어주는 일도 없다. 즉흥극 세션을 진행하는 동안, 신용카드사와 중소기업 소유주들이 서로 얘기를 나눌 수 있는 기회가 있었다. 그 대화를 통해 여러 가지 문제가 있는 부분들이 드러났는데, 양측이 함께 한 경험 덕분에 그 사실을 솔직하고 생산적으로 논의하기가 쉬워졌다. 냉엄한 진실이 이미 발 앞에 던져져 우리 연기자들의 조롱을 받은 상태이기 때문에, 누구도 공격을 받는다고 느끼거나 곤혹스러워하지 않았다.

이와 같은 상황에서 즉흥적으로 코미디 연기를 펼치다 보면 고객과 그들이 겪는 문제에 대한 새로운 통찰을 얻을 수 있다. 또 클라이언트가 자신들의 고객 앞에서 메시지와 마케팅 아이디어를 실시간으로 수정할 수도 있다. 이를 통해 전형적인 시장 조사와 포커스 그룹을 이용했을 때보다 훨씬 솔직한 의견 교환이 이루어지고, 클라이언트와 고객이 전통적인 제품 개발 과정을 역전시켜서 실제로 함께 신제품을 만들어내는 토론의 장도 형성된다.

이제 광고, PR, 디자인계에서 일하는 대행사들도 완벽하게 구성된 크리에이티브 캠페인을 대대적으로 공개하기보다는 의뢰인들과 지속적으로 공동 창작을 해나가는 걸 선호하고 있다. 과거에 대행사들은 광고 크리에이티브 전략을 구상한 뒤 고객의 의견을 거의 참조하지 않고 만들어진 그 전략을 의뢰인에게 납득시키는 것이 자신들의 전문 지식을 증명하는 가장 좋은 방법이라고 여겼다. 클라이언트를 제작 과정에 참여시킬 경우 대행사가 만든 결과물의 가치를 높이 쳐주지 않는다는 게 일반적인 통념이었다. 그래서 대행사의 크리에이티브 팀은 클라이언트에게 '작업 내용을 올바로 이해시키기 위한' 중대한 프레젠테이션을 하기 전 몇 주 혹은 몇 달에 걸쳐 자기들끼리 은밀하게 작업을 진행시켰다.

하지만 이런 작업 방식으로 인해 의도치 않게 협조적인 분위기의 '예스, 앤드'가 아니라 '아뇨, 하지만'이라는 역학 관계가 생기기도 한다. 남의 아이디어에 열광하고 싶어 하는 사람은 없다. 자기도 그 아이디어 생성 과정을 돕거나, 최소한 최종 결정을 내리기 전에 거기에 영향을 미칠 수 있는 기회를 갖기를 원한다.

공동 창작을 지향하는 쪽으로 바뀌는 이유 중 하나는 오늘날 비즈니스 계에서 속도에 대한 요구가 높아지고 있기 때문이기도 하다. 오늘날의 기업 환경에서는 근무 중에 딴 짓을 하거나 외부와 격리된 상태에서 창작물을 생산할 만한 여유가 별로 없다. 공동 창작을 추진하는 힘이 뭐든 간에 서로 협력하는 편이 좋은 아이디어를 얻는 데 유리하다는 걸 알게 된 고객과 대행사 모두 이런 상황을 환영하고 있다.

| 공동 창작의 근원

대개의 경우, 우리 회사에서 뭔가가 효과를 발휘하면 굳이 그 원리를 알아내려고 과정을 분석하거나 하는 귀찮은 일을 하지 않는다. 일례로 고객과 함께 진행하는 우리의 공동 창작 과정은 예전부터 유명했지만 그 원리는 최근에야 깨닫게 되었다. 그건 폐쇄 원칙, 혹은 그 변형이 작용한 것이다. 그게 대체 뭐냐고? 폐쇄 원칙은 신경과학계에서 유래된 것이다. 이미지의 조각들이 합쳐져서 거의 완벽한 그림을 구성할 경우, 우리는 거기에 빠져 있는 정보까지 '볼' 수 있다는 것이 이 원칙의 기본적인 내용이다. 우리 뇌가 무의식적으로 그림을 완성하는 데 필요한 빈 곳과 빠진 조각을 채우도록 되어 있기 때문이다.

지금쯤이면 여러분도 우리가 뇌 과학자가 아니라는 걸 확실히 알고 있겠지만 그래도 우리는 이 흥미로운 개념이 우리가 하는 일과 관련이 있다는 걸 알아냈다. 왜냐하면 이 개념은 인간은 불완전한 아이디어를 완전하게 만드는 데 기여하도록 되어 있고, 아직 완벽하지 않은 아이디어를 완성하는 일에 동참해달라는 부탁을 받으면 긍정적으로 반응하는 경향이 있다는 걸 설명하기 때문이다. 역설적이게도 우리 일과 관련해서는 폐쇄 원칙이 문을 열어주는 역할을 한다. 이는 공동 창작을 추진하는 즉흥극의 핵심적인 부분이자, 과학적 증거가 암시하는 것처럼 인간 본성의 일부일지도 모른다.

| 무대를 살짝 공개하라

세컨드 시티는 공연 소재 대부분을 즉흥적으로 만들어내지만 결정적인 재료 가운데 하나는 바로 앞서 여러 번 이야기한 우리 공연의 제3막인 '즉흥극 세트'다. '즉흥극 세트'는 우리 회사의 연구개발 부서라고 할 수 있다. 매우 값진 자산인데 다음과 같은 방식으로 기능한다.

배우 6명, 음악 감독, 무대 감독, 그리고 감독이 10~12주에 걸쳐 세컨드 시티의 새로운 시사 풍자극을 만든다. 배우들은 하루 종일 새로운 아이디어를 연습하는데 그 가운데 상당수는 즉흥적으로 만든 것이고 일부는 대본 초안을 통해 나온 것이다. 그런 다음 저녁 공연의 제3막인 '즉흥극 세트' 시간에 관객들 앞에서 이 소재를 시험해본다.

'즉흥극 세트'는 매우 자유로워서 여기에 참여하는 모든 이들이 위험 부담을 덜 느끼는데, 이 점이 바로 성공 비결이다. 극장 앞을 지나는 사람이면 누구나 무료로 들어와서(빈 좌석이 있는 한) 저녁 공연의 마지막 장을 볼 수 있다. 이 즉흥 세트는 저녁 늦게 시작하기 때문에 유료 관객의 절반이 세트가 시작되기 전에 자리를 뜨고 무료 코미디를 관람하려고 극장 밖에 줄을 섰던 20대 젊은이들 무리가 그 자리를 메운다. 이 무대를 무료로 제공함으로써 우리는 관객에게 그들이 지불한 돈만큼의 가치를 얻을 수 있음을 알린다. 즉 전혀 가치 없는 무대를 보게 될 수도 있다는 얘기다. 물론 운이 좋으면 정말 훌륭한 공연을 볼 수도 있다. 하지만 미리 알 방법은 없다. 그러나 관객은 제 발로 극장에 들어온 이상 자기들이 본 게 마음에 들지 않더라도 불평할 수 없다. 이런 방식 덕분에 우리 배우들은 사람들을 즐겁게 해줘야 한다는 압박감이 줄어들어 상당히 편안한 마음으로 무대에 임할 수 있다.

3막짜리 공연은 앞선 공연들과 다른 맥락에서 시작해야 한다. 그래서 2막의 시사 풍자극이 끝나면 배우들이 깊이 고개 숙여 인사를 하면서 그날 저녁의 여흥이 끝났음을 몸으로 알린다. 인사를 하고 모두가 퇴장한 뒤 배우 한 사람이 무대에 다시 등장해 건물 내에서 진행 중인 다른 공연을 홍보하면서 관객에게 종업원들에게 팁을 많이 주라고 부추긴다. 마지막으로 배우는 이렇게 묻는다. "좀 더 보고 싶으십니까?" 그리고 10분 뒤에 출연자들이 다시 돌아와 완전히 즉흥적으로 진행되는 제3막을 무료로 공연할 것이라고 설명한다. 이런 모든 물리적, 언어적 신호를 통해 관객은 곧 시작될 즉흥 세트는 지금까지와 다른 새로운 시각으로 지켜봐야 한다는 걸 알게 된다.

기업의 경우에도 고객을 참여시켜서 아이디어를 제공받을 수 있다면 도움이 될 것이다. 그러나 페이스북이나 트위터 같은 소셜 미디어 플랫폼에서 완전한 공동 창작을 수행하는 건 위험한 일일 수도 있다. 이들을 통해 고객들과 어느 정도 자유롭게 의견을 주고받을 수는 있지만, 시간이 지날수록 위험하고 여과되지 않은 의견 교환이 이루어지는 경향이 있다. 그래서 몇몇 기업들은 자기들만의 '즉흥극 세트'를 진행하기 시작했다. 계속 대중들과 함께 공동 창작을 하기는 하지만 기대하는 맥락과 배경을 미리 정해놓고 창작 과정을 자기들 뜻대로 이끌어가는 것이다. 그러면 안전하고 비용이 적게 들면서 위험성은 낮고 이익은 큰 기회를 만들어낼 수 있다.

일례로 2009년에 〈시카고 트리뷴(Chicago Tribune)〉 편집자 게리 컨(Gerry Kern)은 구독자 수가 계속 감소하고 디지털 매체의 경쟁이 심해지자 이탈한 고객을 다시 끌어 모을 방법을 찾기 위해 자기 팀원들과 힘을 합쳤다. 게리와 그의 팀은 '트리브 네이션(Trib Nation)'이라는 새로운 이니셔티브를 구상했는데, 이는 다양한 플랫폼을 이용해 충성스러운 구독자들과 대화를 나누고, 가능하면 〈트리뷴〉의 새로운 구독자도 유인하기 위한 것이었다.

〈트리뷴〉의 리더들은 독자들과 공동 창작을 실행할 수 있는 새롭고 근사한 두 가지 방법을 찾아냈다. 첫 번째는 어떤 트윗을 통해 시작되었다. 트리브 네이션 관리자가 〈트리뷴〉 기자들과 편집자들에게 어느 날 퇴근 뒤에 빌리 고트 태번(Billy Goat Tavern)이라는 유명한 술집에서 모이지 않겠느냐고 제안했다. 그런 다음 독자들에게 신문 기자나 편집자들과 직접 얼굴을 맞대고 얘기를 나누고 싶으면 빌리 고트로 오라고 초대하는 트윗을 보냈다. 이에 100명 넘는 이들이 참가하자 트리브 네이션은 자기들의 방법이 적중했다는 걸 알 수 있었다.

트리브 네이션이 개발한 두 번째 공동 창작 기회는 세컨드 시티와의 새로운 공동 작업인 〈시카고 라이브(Chicago Live)〉였다. 〈트리뷴〉의 유명 기자인 릭 코건(Rick Kogan)이 진행하는 〈시카고 라이브〉는 문화계와 정치계의 여러 인물들과 신문에 그들에 대한 기사를 쓴 필자들이 생방송으로 대화를 나누는 라디오 프로그램이다. 우리는 감독, 무대 책임자, 주별 톱뉴스에 대한 풍자극(무대에서 공연된 다양한 이야기를 모두 볼 수 있는 링크를 제공했다) 등 프로그램에 필요한 지원을 제공했다. 이 프로그램에는 시카고 시장인 람 이매뉴엘(Rahm Emanuel)부터 쿠키 몬스터(Cookie Monster)에 이르기까지 다양한 게스트가 출연했다. 프로그램이 끝나면 관객들이 로비에서 프로그램 출연자들과 함께 음료를 마시며 함께 어울릴 수 있는 시간도 마련했다. 곧 그 프로그램은 현재 그 도시에서 가장 흥미로운 인물과 대화를 나눌 수 있는 시간이 되었다.

〈시카고 트리뷴〉은 신문 지면과 디지털 서비스를 통해 매일 300만 명이 넘는 사람들에게 소식을 전하지만, 독자가 가끔 편집자에게 보내는 편지를 제외하면 고객과 서로 소통할 수 있는 방법이 없었다. 〈시카고 트리뷴〉은 트리브 네이션을 통해 자기들만의 '즉흥극 세트'를 만든 덕분에 제품의 소비자들과 공동 창작을 하면서 구독자들이 미디어 플랫폼에 기대하는 것과 같은 수준의 노력을 보여줄 수 있게 되었다.

이들은 구독자들과의 의사소통 경로를 신문 지면에서 벗어나 술집이나 무대 등으로 옮김으로써 새로운 환경을 구축했다. 이렇게 장소가 변하고 분위기가 편안해진 덕분에 고객과 더욱 친밀한 대화를 나눌 수 있게 되었다. 또한 〈트리뷴〉은 이런 편안한 분위기에서 구독자들의 기대 범위를 정하고 관리할 수 있게 되었다. 전반적인 목표가 참여도를 높이는 것이라면 대개 고객 범위와 규모를 줄여야만 한다.

| 경고! 그 말만은 하지 마세요!

필요할 때마다 공동 창작을 하건 아니면 좀 더 통제된 '즉흥극 세트'를 실행하건 간에 우리가 지켜야 하는 몇 가지 교훈이 있다. 우리는 이걸 힘들게 배웠지만 여러분은 그럴 필요가 없다.

아무리 재미있는 얘기도 시간이 지나면 재미가 떨어진다

취향과 사회적 관행의 변화에 발 맞춰야 한다. 시간이 지나면 말에 담긴 힘과 의미가 완전히 달라질 수 있다. 만약 우리가 공연 중에 '정신 지체자(retarded)'라는 말을 쓴다면 격노한 사람들이 사무실로 전화를 걸거나 편지를 보내 엄청나게 항의할 것이다. 하지만 5~10년 전에는 한 장면 안에서만 이 말이 수천 번이 나온다 해도 아무도 신경 쓰지 않았다. 오늘날의 관객들은 공연에서 이 단어를 삭제하라고 요구할 가능성이 그때보다 훨씬 높다. 예전에 경멸적인 수식어로 흔히 사용되던 '게이'라는 말도 몇 년 전에 완전히 유행이 지난 단어다.

처음부터 아무 재미 없는 단어도 있다. 기업 임원이나 방송인, 유명인사들이 남의 마음을 상하게 하는 말을 하는 바람에 지금까지 쌓아온 모든 경력을 날리는 모습을 얼마나 자주 봤는가? 위스콘신 주 교통부 간부인 스티브 크리저(Steve Krieser)는 이민자들을 사탄과 비교했다가 해고당했고, 방송인 돈 아이머스(Don Imus)는 대학 농구팀 여자 선수들의 험담을 하는 바람에 해고당했다. 이런 사람들은 남을 웃기려다가 실수를 하는 경우가 많다. 홍보 부서 임원인 저스틴 사코(Justine Sacco)는 트위터에서 아프리카와 에이즈에 관한 '농담'을 한 뒤 해고당했고, 영화배우 길버트 갓프리드(Gilbert Gottfried)는 2011년에 일본에서 쓰나미가 발생한 후 천박한 트윗을 작성하는 바람에 일거리를 잃었다. 미시시피 주 주지사 헤일리 바버(Haley Barbour)의 언론 담당 비서였던 댄 터너(Dan Turner)는 일본 대지진이 발생한 후 몰취미한 농담을 적어 보낸 이메일 내용이 세상에 알려지는 바람에 사임해야만 했다.

광범위한 의사소통을 하려면 자기가 하는 말의 힘을 잘 알고 있어야 한다. 남을 웃기는 일은 전문가들에게 맡기고 젊은 직원들과 함께 계속해서 바뀌는 말의 의미를 판단해야 한다.

종교에 대한 얘기는 문제를 일으킨다

세컨드 시티 연기자들은 진보와 보수에 대해 절규할 수도 있고, 무대에서 다른 사람인 척 연기할 수도 있으며, 약물 사용이나 매춘, 전쟁에 대해 탐구하거나, 온갖 죄악들을 묘사하면서 상륙 허가를 받은 선원처럼 거친 욕설을 내뱉을 수도 있다. 그러나 종교에 대해 얘기할 경우에는 분명 항의 투서가 날아올 걸 각오해야 한다.

도움이 될 만한 힌트를 하나 주겠다. 종교에 대한 풍자는 우리에게 맡기기 바란다. 절대 종교에 대한 농담을 하거나 이 문제에 대해 잘 아는 척하면서 비즈니스 상황에서 철학적인 사색을 늘어놓아서는 안 된다. 헌법 제

정자들은 종교와 국가를 분리시키는 게 꼭 필요한 일이라는 사실을 잘 알고 있었다. 이는 일터에서도 마찬가지다.

오늘의 비극이 내일의 코미디

세컨드 시티에서 공연하는 수십 개의 우스꽝스러운 장면에는 총싸움이 등장한다. 이런 장면이 너무 많아서 순회 공연단 단원들에게 여행을 다닐 때 소도구로 사용하는 총을 포장하는 적절한 절차까지 교육할 정도다. 그러나 코네티컷 주 뉴타운에 있는 샌디훅 초등학교에서 비극적인 총기 난사 사건이 발생하고 몇 시간 뒤, 우리는 공연 중에 총이 등장하는 장면을 모두 삭제했다. 이 글을 쓰는 현재까지도 무대에 다시 총을 등장시키지 않고 있다. 이런 식의 참사를 미리 예측하는 건 불가능하지만, 이런 사건으로 인해 회사의 광고나 제품, 서비스에 대한 대중들의 바뀐 인식에 대응할 수는 있다.

9/11 테러가 발생한 뒤에는 비행기라는 단어를 언급하기만 해도 관객들이 놀라서 헉 하는 소리를 내지르곤 했다. 우리는 공연에서 그런 단어를 전부 빼버렸다. 물론 지금은 다시 예전처럼 비행기에 관한 농담을 많이 하고, 몇몇 코미디언들은 사건 발생 후 몇 달 만에 다시 형편없는 기내식과 좁아터진 좌석이라는 친근한 코미디 재료를 사용하였다.

'비극에 시간을 더하는' 것이 코미디의 공식 중 하나인 데는 이유가 있다. 세컨드 시티 교사인 앤 리버라는 우리 작품에서는 그 공식이 "비극 더하기 시간 더하기 거리"가 된다고 말한다. 콜로라도 주 컬럼바인에서 대학

살이 벌어지고 1년 뒤, 세컨드 시티 배우들이 학교 내 총기 사건에 대한 풍자극을 만들었고, 여기에 출연한 두 배우는 그 끔찍한 사건을 재현하려는 서투른 짓을 벌였다. 그 장면은 매일 밤 많은 웃음을 이끌어냈지만, 어느 토요일 저녁 공연을 보던 한 젊은 여성이 울면서 극장을 뛰쳐나갔다. 노스웨스턴대학 신입생인 그녀는 총격 사건이 벌어졌을 때 컬럼바인 고등학교 3학년에 재학 중이었다. 그녀는 앞으로도 절대 그 일을 풍자한 코미디 작품을 태연히 볼 수 있을 만큼 그 사건과 거리를 둘 수 없을 것이다.

이 사례가 주는 교훈은 세상에서 오가는 다양한 대화 속에서 여러분 회사가 어떤 위치를 차지하고 있는지 주의를 기울여야 한다는 것이다. 여러분의 브랜드를 사람들이 나누는 대화 주제와 무관한 이야기나 사건에 주입해서는 안 된다. 9/11 테러 발생 12주기가 되는 날에 이 비극과 자사 브랜드를 연결시킨 소셜 미디어 콘텐츠를 게시한 여러 기업들에 대해 사람들의 분노가 폭발했다. AT&T는 자사 스마트폰 화면에 한때 쌍둥이 빌딩이 서 있던 뉴욕 시 스카이라인에 빛기둥 두 개가 서 있는 모습을 담은 사진을 게시했다가 반발이 너무 거세지자 곧바로 이미지를 삭제하고 사과문을 발표해야만 했다.

결국 관객을 참여시킬 때는 늘 위험이 따르게 마련이지만, 우리는 경험을 통해 공동 창작이 더 나은 공연을 만들고 관객들의 만족도를 높이면서 이익은 훨씬 키운다는 걸 깨달았다. 대부분의 기업들도 마찬가지일 거라고 생각한다. 이건 작은 규모로도 시도해볼 수 있는 방법이니, 고객들에게 여러분 회사가 만드는 이야기의 일부가 될 수 있는 기회를 일단 한번 줘본 다음 그들이 어떻게 반응하는지 살펴보는 게 어떨까?

기억해야 할 점은 신속한 공동 창작 방식은 아이디어 창출 단계에서 하는 게 가장 좋다는 것이다. 이때 현재는 단지 개략적인 단계이므로 실수를 저질러도 그로 인해 곤경에 빠지는 사람은 아무도 없는 안전한 플랫폼을 만들어야 한다. 그러다가 걸려 있는 이해관계가 점점 커지면, 공동 창작 진행 속도를 늦추고 여러분의 독자적이고 진정한 브랜드 아이덴티티를 강조할 수 있는 방식으로 커뮤니케이션 채널을 구성하는 데 더 시간을 들일 수도 있다.

05

변화의 주도권을 잡으려면 진정한 행동 변화가 필요하고,

행동을 변화시키려면 먼저 태도부터 바꿔야 한다고 했다.

코미디를 이용해 긴장을 완화시키면 사람들이 좀 더 빨리 태도를 바꿀 수 있다.

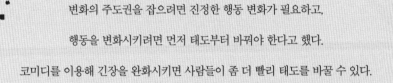

0 5

유머를 통해 변화에 유연해져라

《샬롯의 거미줄》을 쓴 동화작가 E. B. 화이트는 "코미디를 분석하는 건 개구리를 해부하는 것과도 같다. 해부로 인해 개구리가 죽는다는 것에 관심을 가지는 사람은 거의 없다"라고 썼다. 그래서 우리도 분석은 간단하게 할 생각이지만, 세컨드 시티에서는 지난 수십 년 동안 다양한 매체에 유머를 효과적으로 적용할 방법을 연구해왔다. 그렇게 노력하는 과정에서 코미디에 대한 우리만의 이론을 발전시켰다.

이 장에서는 고객의 관심을 사로잡고 싶거나 그래야만 할 필요가 있을 때, 특히 사업 환경이 변화를 거치고 있을 때 코미디를 효과적인 도구로 활용할 방법을 알려줄 것이다. 그리고 코미디를 이용해 고객의 문 안으로 발을 들여놓는 동안, 자유 시장의 힘 때문이든 아니면 대자연의 힘에 의해 발생한 것이든 상관없이 사내외에서 발생한 업무 문제를 관리하는 도구로 즉흥극을 활용할 수 있다. 또 코미디와 즉흥극의 원투 펀치는 많은 브랜드가 소중하게 여기는 것, 바로 진정성에 다가갈 수 있게 해준다.

많은 기업들이 코미디를 커뮤니케이션 수단으로 사용한다는 건 놀라운 일이지만 코미디에 대한 전문 지식을 갖춘 기업은 거의 없다. 그렇다면 코미디란 무엇일까? 우리는 세컨드 시티 트레이닝 센터의 예술 총감독으로 일했던 앤 리버라에게 조언을 얻기로 했다. 그녀는 현재 이 일을 그만두고 컬럼비아 칼리지 시카고(Columbia College Chicago)에서 최초로 개설된 코미디 창작 및 연기 부문 학위 과정의 책임자가 되었다. 그녀는 켈리의 부인이기도 하다.

앤은 코미디에 관한 하나의 거대하고 포괄적인 이론을 찾기보다 연기자와 감독, 교사로서 이 분야의 최전선에서 일했던 경험을 활용해 코미디의 필수 요소들에 집중했다. 그녀가 찾아낸 3가지 요소는 인지, 고통, 거리다.

|유머의 법칙

1. 인지

앤은 이렇게 말했다. "세컨드 시티에서는 코미디 창작의 한 방식으로 계속 인지라는 요소를 사용하고 있어요. 다른 도시에서 공연을 할 때 공연 내용을 그 지역 특성에 맞게 바꾸거나, 이전 장면에 나왔던 등장인물이 공연 뒷부분의 전혀 상관없는 장면에 불쑥 튀어나와서 관객들이 웃음을 터 뜨리게 하는 게 바로 인지를 이용한 방법이죠."

모니카 르윈스키 스캔들이 한창이던 때에 우리가 메인스테이지에서 연기한 어떤 장면은 인지 코미디의 멋진 예이다. 주방을 배경으로 하는 이 장면은 침묵 속에서 시작되는데, 배우들은 서로 말을 하지 않고 의사를 전달한다. 관객들은 자기가 지금 결혼한 부부들이 하는 행동을 보고 있음을 알아차리고 웃는다. 아내는 계속 남편에게 등을 돌리고 서 있다. 남편이 아내에게 다가가 어깨를 만지자 아내는 발끈한다. 남편이 뭔가 잘못한 일이 있어서 용서를 구하는 것이다. 아내는 전혀 용서해줄 생각이 없어서 대신 침묵으로 남편을 대하는 것이다. 남자 배우가 마침내 빌 클린턴 특유의 남부 억양으로 "힐러리……"라며 애원하자 관객들은 그 장면에 포함된 다양한 상황을 알아차렸다. 무대 위의 부부는 당시 모든 언론 매체를 도배하던 엄청난 정치 스캔들의 주인공들이기도 했다. 이것은 우리를 코미디의 두 번째 필수 요소로 이끈다.

2. 고통

클린턴 촌극에서 터져 나온 웃음은 단순히 관객들이 줄거리를 이해했기 때문만은 아니다. 그들은 자기들이 원래 생각했던 것 이상의 뭔가가 이야기에 담겨 있다는 걸 알아차리고 순간적으로 놀랐다. 또 배우자의 외도 문제를 겪고 있는 두 사람의 어색함과 고통에도 어느 정도 반응했다. 앤은 설명했다. "약간 불편한 뭔가가 없으면 코미디가 성립될 수 없어요. 가장 단순하고 유치한 농담(질문: 갈색에 끈적거리는 게 뭐게? 답: 막대기겠지 뭐)의 경우에도 '답을 알고 있다고 생각했는데 내가 틀렸다' 같은 생각 때문에 잠시 불편한 기분을 느끼게 되는 것이죠. 그리고 막대기 농담에는 금기와 관련된 또 다른 불편한 점이 있어요. 갈색에 끈적거리는 게 뭐냐는 질문을 받았을 때 대부분의 사람들이 가장 먼저 떠올리는 게 뭘까요? 진흙? 아니면 우리가 입에 올리면 안 된다고들 생각하는 다른 무언가?"

불편함, 남의 불행에 대해 느끼는 쾌감, 긴장감, 모순, 폭력, 놀라움, 인지적 부조화, 위험, 어색함, 금기, 위험, 실수 등 이 모든 것이 고통스러울 수 있고 또 동시에 코미디 소재로 사용될 수도 있다.

3. 거리

진실과 고통을 합치기만 해서는 코미디가 탄생할 수 없다. 그건 그냥 비극일 뿐이다. 우리에게는 한 가지 요소가 더 필요하다. 진실과 고통을 관객이 안전하다고 느끼면서 마음껏 웃을 수 있는 맥락 안에 집어넣어야 한다. "저는 이런 맥락을 가리켜 '거리'라고 부릅니다. 시간이나 공간상의 거리는 대개 우리가 안전하다고 느끼는 객관성을 낳기 때문이죠." 앤은 이렇게 말한다.

최근 벌어진 폭탄 사고에 대한 농담을 할 경우, 코미디는 비극에 시간을 더한 것이란 사실을 아는 코미디언들은 관객에게 "이런 농담을 하기는 너무 이른가요?"라고 물을 것이다. 영화감독 멜 브룩스(Mel Brooks)는 "내가 손가락을 베는 건 비극이고, 당신이 뚜껑 열린 하수구에 떨어져 죽는 건 코미디다"라고 말했다. 부정적인 상황에 반복적으로 노출되면 자신과 그 상황 사이에 거리를 두게 되는데, 전투에 참여한 군인이나 응급실에서 일하는 의사들(혹은 일터에서 큰 낭패에 처한 동료들)이 심각한 상황에서 서로 빈정거리는 농담을 주고받는 이유도 이 때문이다.

안전한 맥락이란 단지 거리하고만 관련된 것이 아니라 익숙함이나 신뢰와도 관련이 있다. 좋은 의도를 품은 사람이라는 걸 다들 알고 있는 상황에서 그가 위험한 농담을 던지면 더 재미있게 느껴진다. 친구들만 모인 자리에서는 금기시되는 상황에 대해서도 웃음을 터뜨릴 수 있지만 자기 어머니가 그 무리에 함께 섞여 있다면 웃는 게 불편하게 느껴질 것이다.

코미디와 즉흥극의 원투 펀치

여러분이 일하는 분야가 교육, 정치, 신생 기업, 포춘 500대 기업 중 어디든 간에 변화는 어려운 일이다. 우리는 변화 관리 자문 회사는 아니지만 지금껏 변화를 싫어하는 수천 개의 기업과 일한 덕분에 코미디와 즉흥극이 조직 변화에 중요한 역할을 할 수 있다는 걸 알고 있다. 현 상황이 더 이상 기능을 발휘하지 못한다면 조직과 리더는 판도를 바꿀 방법을 찾고, 직원들이 길을 잃고 헤매게 만드는 기존 추정을 재고해야 한다. 이를 위한 방법은 다양하지만 우리는 그저 현 상황의 불편한 현실을 직시할 수 있게 신중하게 고안된 희극적 메시지를 통해 클라이언트를 돕는다. 코미디는 기능을 상실한 부분에 대해 부드러우면서도 강력한 어조로 얘기하면서 그와 동시에 분명하게 변화를 주장할 수 있게 해준다.

하지만 조직의 결점과 문제를 둘러싼 긴장의 거품을 터뜨리는 것만으로는 충분치 않다. 단순히 코미디를 이용해 사람들이 안고 있는 심각한 문제를 비웃는 건 전혀 도움이 안 된다. 정말 효과를 발휘하려면 클라이언트들이 이 문제를 해결할 수 있는 역량을 쌓도록 도와야 한다. 따라서 사람들이 새로운 영역으로 진출하거나 큰 변화를 받아들이는 걸 두려워할 때, 우리는 즉흥극이라는 비밀 무기를 동원해 개인과 조직의 기민성을 높이는 핵심 기술을 익히게 해서 조직이 추후 어떤 변화를 꾀하든 그걸 가능케 하고 지지해줄 수 있게 한다.

바꿔 말하자면 코미디와 즉흥극은 변화를 쉽게 이루는 강력한 원투 펀치를 만들어낸다는 것이다. 코미디는 문제를 파악해서 그것에 대해 솔직하게 말할 수 있게 해주고, 즉흥극은 변화에 따르는 문제에 대처하는 데 필요한 핵심 기술을 쌓게 해준다. 이에 대한 구체적인 사례를 몇 가지 제시할 예정인데, 먼저 코미디 부분부터 살펴본 다음 이를 즉흥극과 연결시키면서 여러분 팀의 긍정적인 변화 능력을 높이기 위해 직접 사용할 수 있는 몇 가지 도구와 팁, 실습 방법도 제공할 것이다.

| 코끼리 불러내기

업무적인 부분에서나 평소 삶 속에서나 사람들이 본인의 행동을 변화시키려면 먼저 태도를 바꿔야 하고, 태도를 바꾸려면 상황을 다른 시각으로 바라봐야 한다는 사실을 이해해야 한다. 우리는 클라이언트의 회의실이나 콜센터, 휴게실 등에서 이 방법이 효과를 발휘하는 모습을 봤지만, 이 원칙이 실행된 최고의 사례 중 하나는 일반 비즈니스 상황이 아니라 오랜 파트너인 노르웨지안 크루즈 라인(Norweigian Cruise Line)이 보유한 선박의 선상에서 찾을 수 있었다.

우리와 노르웨지안 크루즈 라인과의 동반자 관계는 믿을 수 없을 정도로 환상적이다. 그건 앤드류 알렉산더의 아이디어였다. 그는 크루즈 산업이 사세를 확장하면서 다양한 브랜드와 협력하기 시작했다는 〈USA 투데이〉지의 기사를 읽었다. 브로드웨이 뮤지컬, 옥스퍼드대학교, 라스베이거스에서 공연되는 시사 풍자극 등이 모두 유람선에 엔터테인먼트 콘텐츠를 제공하기 위해 조치를 취하고 있었다.

우리 회사의 신규 사업 개발팀도 그 즉시 이 일에 뛰어들었다. 구글로 업계에서 가장 규모가 큰 크루즈 회사 다섯 곳을 검색한 뒤 편지와 안내 책자를 보내 관심 있으면 우리에게 전화를 달라고 한 것이다.

이 방법은 효과가 있었다. 몇 주 안에 업계 최고의 크루즈 회사 세 곳과 직접 만나는 자리를 마련할 수 있었다. 1개월 뒤, 노르웨지안 크루즈 라인이 보유한 노르웨지안 던(Norwegian Dawn) 호 선상에서 공연을 하기로 계약을 체결했다. 출연자들은 대본이 있는 공연도 하고 즉흥극 연기도 했으며 관심 있는 사람들을 위한 즉흥극 워크숍도 개최했다.

우리는 기막히게 좋은 사업 기회와 인재 개발 기회가 열렸다는 걸 직감했다(실제로 바네사 베이어(Vanessa Bayer), 에이디 브라이언트(Aidy Bryant), 세실리 스트롱(Cecily Strong) 등 〈SNL〉 출연진 가운데 3명이 노르웨지안 크루즈 라인 선박에서 연기의 첫 발을 떼었다). 하지만 처음에는 우리 브랜드가 과연 이 일에 어울리는지, 배에 승선한 관객들에게 어떻게 받아들여질지 걱정했다. 시카고와 토론토 무대에서는 신랄한 정치 풍자극이 우리의 주 소득원이지만 유람선에서는 이런 소재를 원하지 않을 게 분명했다. 기본적으로, 상설 무대를 위한 공연을 개발한 뒤 이를 새로운 무대에 적용할 때 사용하는 방식을 여기에서도 그대로 되풀이해야 했다. 그러니까 뭐가 재미있고 뭐가 재미없는지를 관객들에게서 직접 듣기로 한 것이다.

많은 시행착오를 거치지 않기 위해, 우리는 어떤 콘텐츠가 가장 효과적일 것인가에 대해 경험에서 우러난 추측을 했다. 그리고 유람선상에서 공연을 시작하면서 다양한 소재를 공연에 넣었다 뺐다 할 수 있게 했다. 첫 번째 공연은 주로 지금까지 공연하면서 가장 크게 히트 친 내용들로 구성했다. 세월이 지나도 재미를 잃지 않는 여러 장면들을 옛 기록 보관소에서 가져온 것이다. 하지만 그 다음에 벌어진 일은 조금 놀라웠다.

한 무리의 즉흥극 연기자들을 유람선에 태우면 어떤 일이 벌어질까? 그들은 유람선에서의 삶을 소재로 삼아 대본을 쓰기 시작했다. 그리고 그 과정에서 앙상블은 자기들도 모르는 사이에 유람선 엔터테인먼트 분야에서 세컨드 시티가 할 수 있는 중요한 창의적 기여가 뭔지 찾아냈다. 유람선 탑승 경험과 관련된 모든 걸 재미있는 놀림거리로 삼는 것이다. 무엇보다도 좋았던 건 우리의 이런 시도에 노르웨지안 크루즈 라인이 움츠러들지 않았다는 사실이다. 오히려 그 반대였다. 그들은 우리의 풍자적인 렌즈를 더 깊숙한 곳까지 들이대 보라며 부추겼다. 소재에 아무런 제약을 두지 않았고 이는 지금도 마찬가지다. 함께 일한 지 거의 10년이 지난 뒤부터, 세컨드 시티는 노르웨지안 크루즈 라인 선박에 앙상블이 상시적으로 탑승하도록 했다. 우리는 노르웨지안 유람선에서의 공연을 위해서만 450여 명의 배우와 음악가, 감독을 고용했다.

남들이 자신을 놀리는 걸 허락하면 그에 따른 힘이 생긴다. 모든 크루즈 회사의 선박 여행 경험에 따르는 골치 아픈 문제들을 해결하면 힘이 생긴다. 선실은 비좁고, 밥 한 번 먹으려면 줄을 길게 서서 기다려야 하고, 배 전체에 설치된 스피커를 통해 시끄러운 안내 방송이 끊임없이 왕왕 울려대고, 화장실에서는 물이 너무 왈칵 쏟아져 나오는 바람에 몸 전체가 배 밑바닥으로 빨려 들어갈 것 같고 등등. 그리고 관객들은 이런 내용에 사로잡혔다.

유람선에서 일하는 직원들에게 있어 가장 심각한 문제 가운데 하나가 바로 악천후다. 크루즈 회사가 날씨까지 제어할 수는 없는 노릇이지만, 승객들은 비가 퍼붓고 파도가 점점 강하게 배를 흔드는 동안 비좁은 선실에 틀어박혀 있으려고 수천 달러나 되는 돈을 지불한 게 아니다. 이런 상황은 모든 사람을 속상하게 한다.

날씨가 안 좋을 때는 대개 극장이 만원이 된다. 이런 때에 우리는 약간 불퉁해진 사람부터 완전히 화가 난 사람까지 다양한 이들로 구성된 관객 2,000명을 위해 코미디 공연을 해야 하는 골치 아픈 상황에 처한다. 어떤 사람은 우리가 날씨에 대해 절대 언급하지 않는 게 최선의 방법이라고 여길 것이다. 모든 이들을 화나게 만든 문제를 굳이 언급할 필요가 뭐 있겠는가? 하지만 우리는 그와 반대되는 행동을 한다.

우리는 끊임없이 날씨에 대한 얘기를 한다. 우리 앞에 가로놓인 골칫거리가 날씨라면, 우리는 날씨에 대한 농담을 더 많이 한다. 그리고 이 방법은 효과가 있다. 공연이 진행되는 동안 공기 중에 들끓던 긴장감이 점점 줄어드는 걸 느낄 수 있다. 우리는 관객들이 그 순간 느끼고 있는 부정적인 에너지를 해소할 수 있는 수단을 제공한다. 자신의 문제를 두고 웃을 수 있을 때, 그 문제와 얽힌 감정적인 부분이 해소된다. 날씨에 대한 관객들의 기분을 존중하지만 그건 웃음을 통해 상황을 개선하는 우리의 능력에 해를 끼치기 때문에 우러러 공경하지는 않는다.

그렇다면 노르웨지안 크루즈 라인에서 얻은 경험이 조직 변화와 무슨 관련이 있는 걸까? 우리는 중요한 관련성을 찾아냈다. 보고 체계나 일상적인 업무, 업무에 사용하는 시스템, 보상 방식 등을 바꿔야 한다고 했을 때

그에 대해 화를 내는 사람이 최소 몇 명 정도 나타나는 건 피할 수 없는 일이다. 예기치 않게 비가 오고 높은 파도가 쳐 배가 뒤흔들리면 유람선 승객들이 뱃멀미를 하고 기분이 나빠지는 것처럼, 자기들이 예측하지 못한 방식으로 억지로 바뀌어야 하는 직원들도 마찬가지다.

이런 상황에서 기업들이 직원들을 설득하고 변화를 별로 중요치 않은 일처럼 여기게 만들려고 많은 시간과 돈, 에너지를 들이는 모습을 굉장히 자주 봤다. 우리는 이걸 '비즈니스 캐주얼(business casual. 격식 차린 정장 차림이 아닌 편안한 근무복)'이라는 용어를 변형한 "비즈니스 솔직함(business candid)"이라고 부른다. 비즈니스 캐주얼이 85퍼센트 정도 더 편안하면서도 약간만 정도에서 벗어난 것처럼 비즈니스 솔직함도 그렇다. 업무 관계에서 솔직한 태도를 보이고자 하는 사람들은 갈등 쪽으로 눈을 돌려 진실하고 사려 깊은 태도로 이를 해결하기 때문에, 직원들이 문제를 빨리 처리하고 계속 앞으로 나아갈 수 있는 기회를 준다.

우리가 본 장 앞부분에서 한 말을 기억해보자. 변화의 주도권을 잡으려면 진정한 행동 변화가 필요하고, 행동을 변화시키려면 먼저 태도부터 바꿔야 한다고 했다. 코미디를 이용해 긴장을 완화시키면 사람들이 좀 더 빨리 태도를 바꿀 수 있다. 코미디는 효과적인 변신에 수반되는 진정한 이득을 얻을 수 있는 아주 좋은 방법이다.

| 진지한 상황일수록 유머가 답이다

여러분이 지금쯤 무슨 말을 할지 알고 있다. "에, 그런 코미디 이론은 세컨드 시티의 당신들 같은 얼간이에게는 아주 적합하겠지만 우리 회사에서는 절대 효과가 없을 걸요. 우리는 아주 보수적인 회사고, 사장은 우리 회사가 겪는 진짜 문제들을 놓고 공공연하게 웃어대는 걸 절대 허락하지 않을 겁니다."

아, 그렇다면 안심하기 바란다. 이 부분의 내용은 바로 여러분을 위한 것이니까. 우리는 이 문제에 대해 절대적인 확신을 갖고 있다. 여러분처럼 회의적인 사람들을 수천 명이나 만나봤고, 뭔가가 여러분 회사 내부에서도 효과가 있을지 걱정하는 건 당연한 일이다. 하지만 어떤 중요한 메시지를 전달해야 할 때 코미디를 이용해서 도움을 받지 못한 회사나 주제는 없었다. 그리고 메시지 내용이 심각하면 할수록 어수선한 분위기를 없애고 관심을 끌고 사안을 안전하게 전달하기 위해서 더더욱 코미디가 필요하다. 직관에 반하는 말이기는 하지만, 위험 부담이 클수록 솔직한 대화의 장을 마련해야 하는데, 이때 코미디보다 더 효과적인 것은 없다.

아직도 확신이 서지 않는가?

우리가 지난 3년 동안 기업 윤리와 규정 준수 교육이라는 가장 골치 아프고 따분하고 잘못하면 감옥에 갈 수도 있는 주제에 코미디를 도입해서 이 분야를 신속하면서도 은밀하게 혁신했다고 말한다면 어떻겠는가? 우리가 바로 그런 일을 해냈다.

규정 준수 교육 분야에 종사하는 파트너들에게는 미안한 말이지만, 그 분야에는 변화가 절실했다. 부당 내부 거래나 해외 부정 지불 방지법 등에 관한 이러닝(e-learning) 강좌를 수강하면서 호되게 고생한 경험이 있는 사람이라면 이 콘텐츠가 얼마나 지루한지 알 것이다. 너무나도 지루한 교육 내용과 불쾌한 역할극, 그리고 '옳은 답에 체크하시오' 같은 시험 형식으로는 긍정적인 행동 변화를 이끌어내지 못한다. 해마다 이런 지루한 시간을 참고 견뎌야 하는 불쌍한 영혼들에게 냉소만 자아낼 뿐이다.

솔직히 기업 윤리와 규정 준수 교육은 기업과 함께 한 모든 작업을 통틀어 가장 심각한 코미디 불감 지대다. 전통적으로 이 분야에서는 재미라고는 찾아볼 수가 없다. 아무리 가벼운 기업 코미디 기준을 적용해도 주제가 너무 폭력적이었다. 외려 그래서 우리는 이 일을 받아들였고 놀랍게도 우리 사업의 엄청난 성공 분야가 되었다.

간단하게 설명하자면 2007년에 금융 위기가 발생한 후, 그동안 세컨드 시티 웍스의 주요 활동 분야였던 기업 엔터테인먼트, 교육, 마케팅 분야에서의 활동이 막혔기 때문에 불경기에도 끄떡없는 사업 분야를 찾아야 했다. 그러다가 기업의 윤리 규정 위반 행위 핫라인이나 행동 강령을 홍보하는 재미있는 동영상을 제작해달라는 의뢰를 두어 건 받았다. 그리고 이 일을 열심히 하던 중에 이 분야야말로 정말 좋은 사업 기회라는 생각이 들었다. 대기업들은 반드시 이 교육을 받아야 하는데 시장에 나와 있는 제품들은 수준이 너무 낮아 거의 무시당하고 있었다. 그래서 우리는 리얼비즈 쇼츠 (RealBiz Shorts)라는 동영상 콘텐츠 라이브러리를 개발했다. '쇼츠'는 짤막하고 재미있는 동영상을 말하고, '리얼'은 기존에 나와 있는 규정 준수 교육 프로그램 대부분의 조잡함을 해결한다는 의미다. 우리는 진짜배기를 만들었다.

3년의 시간과 거의 300개에 가까운 우량 기업 고객을 거친 후, '리얼비즈 쇼츠'는 회사의 거대한 사업 분야로 성장했는데, 이것은 위험이 클수록 코미디를 통해 많은 이익을 얻을 수 있다는 반직관적인 생각에 근거를 두고 있다. 우리가 성공한 건 불법적이거나 비윤리적인 행동을 비웃었기 때문이 아니라, 이해하기 힘든 주제를 재미있는 콘텐츠로 만들어 관심을 기울일 가능성을 높였기 때문이다.

코미디의 3대 규칙을 존중하기 위해, 비즈니스 커뮤니케이션에서 코미디가 하는 역할에 대한 우리의 슬로건에 한 가지 사소한 사항을 덧붙이고자 한다. 태도를 바꾸지 않으면 행동을 변화시킬 수 없고, 태도를 바꾸기 위해서는 사람들이 관심을 기울여야 한다는 것이다. 우리가 리얼비즈 쇼츠에서 사용하는 재미있는 접근 방식은 사람들의 관심을 끌었고, 규정 준수 분야가 긍정적으로 변했다. 이는 모두가 비윤리적이거나 불법적인 상황에 덜 노출되고 유리한 입장을 취하게 됐음을 뜻한다.

존중과 경외의 역학 관계

기업(그리고 개인)이 유머 감각이 부족한 경우, 이는 어떤 단체와 생각을 경외하는 자세를 유지해야 한다는 잘못된 신념 때문인 경우가 많다. 우리는 경외라는 말을 존중으로 바꾸라고 하고 싶다.

사전을 찾아보면 각각의 단어에 대해 다음과 같이 정의되어 있다.

존중:

개인이나 개인적인 특성, 능력의 가치나 탁월함을 귀하게 생각하는 것

경외:

외경심을 담아 존중하는 것. 공경

세컨드 시티에서는 존중을 열렬히 지지한다. 반면 경외에 대해서는 주의를 촉구한다. 그 차이는 다음과 같다. 존중은 도로상에서 지켜야 하는 규칙과도 같아서 교차로에서 계속 차가 충돌하는 일이 벌어지지 않게 해준다. 존중은 다른 사람을 배려하라고 요구한다.

하지만 경외는 존중을 너무나 완벽해서 감히 건드릴 수조차 없는 대상으로 바꿔놓는다. 존중은 서로 다른 생각과 느낌을 가진 개인들끼리도 대화를 나눌 수 있게 해줘서 잠재적인 이해와 변화의 길을 만든다. 경외는 개인과 단체를 우상화한다. 이건 우리와 함께 얘기를 나누기보다는 우리에게 일방적으로 말을 전한다. 경외는 변화의 적이다.

비즈니스계와 정치계, 그리고 종교 및 교육 기관에서는 계속해서 이런

양분화가 발생한다. 계층 구조를 인정하는 모든 패러다임 — 우리가 속해 있는 거의 모든 기관 — 에는 그 조직의 모든 단위에 존중/경외의 역학 관계가 존재한다. 근로자와 사장, 유권자와 대표, 평신도와 성직자, 학생과 교사, 교사와 교장, 교원 노조와 교육 위원회 등.

이 각각의 관계에는 지위가 다른 사람들이 포함되어 있기 때문에 상호 존중의 역학 관계가 경외로 바뀌기 쉽다. 이런 상황이 되면 지위가 낮은 사람은 지위가 높은 사람이나 그 사람이 대표하는 기관의 약점과 결함을 지적할 수 없다는 생각이 든다. 그리고 어떤 환경에서건 권력에 대고 진실을 말하는 걸 두려워한다면 변화가 생겨야 할 때가 되어도 변화를 일으키기가 어렵다. 궁정 광대가 존재하던 시절 이후, 코미디는 공평한 경쟁 분위기를 조성하고 지위가 낮은 사람들이 자기 리더의 결점과 부적절성을 지적할 수 있는 목소리를 주었다.

가장 멋진 풍자의 핵심은 솔직하고 불손하게 행동할 때에도 상대방을 존중하는 태도를 유지하는 능력이다. 그래야 사람들이 생각을 할 수 있고, 변화를 위한 가능성이 열린다. 사람들은 여러분이 자기를 존중해준다는 기분이 들지 않을 때는 여러분의 말에 귀를 기울이지 않는다. 세컨드 시티가 공연을 할 때면 거의 늘 줄타기를 하는 것처럼 존중과 불경함 사이를 아슬아슬하게 오간다. 이것이 우리의 기본이다.

어쩌면 세컨드 시티의 여러 가지 측면 가운데 가장 기본적이면서도 인정을 잘 못 받는 건, 외견상 서로 달라 보이는 두 가지 사이에서 완벽한 균형점을 찾아내는 능력과 풍자에 대한 재능, 그리고 갈기갈기 분해해야 하는 걸 분해하는 능력이다. 이는 우리가 새로운 것을 쌓아올리는 '예스, 앤드'라는 개념에 헌신하는 것만큼 중용하게 생각하는 정신이다. 우리는 대상을 해체하지만 그걸 다시 쌓아올려서 더 좋은 것, 전에 존재하던 것보다 더 마법적이고 통찰력 있는 뭔가를 만든다.

혁신을 시작할 때 어떤 제품이나 서비스를 지나치게 숭배하면 실제적인 변화를 진행하는 데 너무 소심해지게 된다. 지금보다 나은 걸 만들어낼 수 있는 가능성보다는 현재 존재하는 걸 더 사랑하게 되는 것이다.

이게 왜 그렇게 중요하냐고? 왜냐하면 혁신의 거의 모든 활동이 — 제품 설계부터 상급 교육학, 승리를 거둘 수 있는 야구팀을 조직하는 일에 이르기까지 — 현 상태를 바꾸면서 진행되기 때문이다. 혁신자들은 현상에 질문을 던진다. 혁신자들은 진실에 관한 한 결코 만족을 모른다. 예를 살펴보자.

- 알베르트 아인슈타인 – 수학과 물리학의 기본 법칙을 존중했지만 뉴턴의 법칙을 경외하지는 않았기 때문에 자연 현상들 간의 새롭고 다양한 관계를 증명했다. 그는 우주가 작동하는 방식을 제대로 설명하고 싶다는 기분을 억누르지 않아도 되었다.

- 스티브 잡스 – 기술이 인간의 삶을 개선할 수 있다는 사실을 존중하면서도 현재의 상태를 경외하지 않았다. 그랬기에 최신 기술 분야의 전문

가가 아닌 사람들을 위해 기술의 미적인 부분과 유용성을 개선할 수 있는 여지를 찾아냈다.

- 빌리 빈(Billy Beane) - 메이저리그 야구팀 단장. 마이클 루이스(Michael Lewis)의 책《머니볼(Moneyball)》과 동명의 히트 영화를 통해 유명해진 그는 메이저리그와 오클랜드 A팀 구단주의 예산 한도를 존중했다. 하지만 그는 그 한도 내에서 팀이 좀 더 효과적으로 경기를 벌이기 위해 통계 데이터를 이용하는 방법을 완전히 혁신했다.

이런 혁신자와 변화의 주도자들은 '예스, 앤드'와 우리가 풍자극을 제작할 때 사용하는 것과 같은 공손하면서도 불경스러운 태도를 이용해 세상을 더 나은 쪽으로 변화시켰다. 그들이 진정한 즉흥 연기자들이다.

당신이 온갖 악조건에도 불구하고 신이 명한 일을 행하는 변화의 주도자일 때는 이런 생각을 받아들이기가 쉽다. 당신을 제외한 다른 사람들은 모두 일을 망쳐놓고 있기 때문이다. 그들은 바뀌어야 한다. 그래야 현재 제대로 기능하지 않는 회사 상태를 조금이라도 개선할 수 있다. 하지만 만약 당신이 변화를 요구받는 쪽이고, 다른 사람들 모두 당신이 변화를 가로막고 있는 원인이라고 생각한다면 어떨까? 주제가 회사 전략이나 내부 정책, 신제품 개발 아이디어건 뭐건 간에 리더인 당신은 다른 사람들의 말에 기꺼이 귀 기울이고 더 나은 방법이 있을 가능성에 계속 마음을 열어두고 있으면서 존중과 경외 사이에서 균형을 잡고 있음을 보여줘야 한다. 당신이 CEO가 아니라고 해서 여기서 벗어날 수 있는 건 아니다. 당신이 리더가 아닐 수도 있지만, 만약 다른 사람들을 관리하거나 팀 전체의 일을 돕거나 방해할 수 있는 책임을 지고 있다면 그건 분명 리더인 것이다. 즉 우리는 바로 당신을 향해 말하고 있다.

| 거울 마주하기

세컨드 시티에서는 상대방을 존중하면서도 불손한 리더십을 적극 권장한다. 하지만 솔직하게 말해 제대로 할 때도 있지만 그렇지 않을 때도 있다는 걸 안다. 상황이 어떻든 간에 1년에 한 번 있는 크리스마스 파티 때는 무슨 일이 있어도 직원들에게 있는 그대로의 진실을 들으려고 한다. 우리는 이날을 세컨드 시티 크리스마스 파티라고 부른다.

지난 수십 년 동안 세컨드 시티 크리스마스 파티의 주된 특징은 배우가 아닌 직원들의 공연이었다. 극장의 야간 직원 및 시간제 주간 직원이 약 45분 분량의 시사 풍자극을 공연하는데, 현재 우리가 상연 중인 극의 장면들을 이용해서 세컨드 시티의 무대 뒤에서 일하는 경험을 풍자적으로 표현하는 경우가 많다.

이 공연은 무례하고 저속하고 가시가 돋쳐 있으면서도 사과 같은 건 하지 않고 매우 우스우면서 더없이 진실하다. 그리고 누구도 풍자의 대상에서 제외될 수 없다.

무대에 서는 스타 연기자부터 각 부서 최고 책임자와 회사 소유주에 이르기까지 직원들은 그들의 사소한 자만심이나 인기 없는 업무상의 결정을 폭로하는 데 사정을 봐주지 않는다. 심지어 몇 년 전에는 시간제 직원들을 위해 보험 혜택 제공을 재미있게 간청하기도 했는데, 그 장면은 한바탕 요절복통을 유발하는 동시에 매우 진지하기도 했다.

이 장면은 낮 시간에 일하는 상근 직원과 남이 하기 싫어 하는 일을 죄다 해야 하는 야간 직원들 사이의 차이를 지적하는 노래로 천진난만하게 시작했다. 그리고 야간에 일하는 웨이트리스 한 명이 무대 아래로 내려와 회사 소유주인 앤드류 알렉산더 앞에 똑바로 서더니 "그는 청바지도 잘 차려입으면서 왜 우리에게 보험 혜택을 안 주는 걸까?"라고 노래를 불렀다. 상무이사인 마이크 콘웨이(Mike Conway)는 위축되어 얼른 탁자 아래로 몸을 숨겼지만 앤드류는 웃고 있었다. 그리고 그는 생각에 잠겼다. 다음날, 그는 관련 팀에게 우리 회사에서 일하는 모든 사람에게 보험 혜택을 제공할 수 있는 방법을 즉시 알아봐달라고 부탁했다. 그리고 우리는 그렇게 했다.

야간 직원이 코미디를 이용해 변화를 유도할 수 있었던 건 이들의 풍자가 남들을 존중하면서도(이는 우리 문화에 더없이 적합한 태도다) 적절히 불손한 태도로 많은 이들이 갖고 있는 건강보험에 대한 관심을 재미있고 솔직하게 공개적인 토론의 장으로 불러왔기 때문이다.

물론 대부분의 기업들이 연례 크리스마스 파티 때 무대 공연을 하지 않
는다는 걸 알지만, 적절히 느슨하면서 불손한 기업 문화를 만드는 방법에
는 여러 가지가 있다.

- 전문 서비스업계의 클라이언트 중 한 곳은 고위 경영진이 1년 동안 저
  지른 실수담을 담은 사내 뉴스레터를 제작해서 실수를 인정해도 안전하
  다는 걸 알렸다.

- 프로젝트 관리 기업인 베이스캠프(Basecamp)는 디자인과 생산 과정에
  서 발생한 결함을 지적하기 위한 제품 로스트 파티(사람들이 모여 어떤 대상과
  관련된 일화를 나누는 모임)를 개최하고, 이 자리를 통해 알아낸 사실들을 제품
  개선에 활용했다.

- '만약 우리가 뭐든지 할 수 있다면'이라는 아이디어 창출 세션을 정기
  적으로 진행해서 직원들에게 참신한 생각을 공유할 수 있는 토론의 장을
  제공하는 기업들이 갈수록 늘어나고 있다.

어쩌면 여러분의 조직도 이미 이 주제와 관련해 나름의 방법을 이용하
고 있을지도 모른다. 구체적인 방법은 중요하지 않다. 중요한 건 부드럽고
정중한 태도로 결함과 실수, 의견 충돌 등을 공개적으로 드러낼 수 있는 환

경을 리더들이 조성하고 그런 자리를 마련해야 한다는 것이다. 보복을 두려워해야 하는 환경에서는 문제를 감추려고 하므로 긍정적인 조직 변화를 이룰 수 없다.

| 존중, 경외, 진정성

존중/경외의 역학 관계를 제대로 이해할 경우, 조직의 역량을 개선하는 것 외에 또 하나의 중요한 이익을 얻을 수 있다. 바로 진정성이다.

진정성은 언제나 귀한 대접을 받는다. 비즈니스 리더들은 남들이 자기를 신뢰할 수 있는 사람으로 여기기를 바란다. 정치가들도 그렇다. 브랜드도 그걸 원한다. 오늘날에는 지난 수십 년에 비해 진정성에 대한 이야기들이 더 많이 나오고 있는데 이는 아마도 인터넷이 기업의 투명성과 공개성을 강요하기 때문인 듯하다. 모든 사람이 인터넷에 접속할 수 있는 세상에서는 누구나 확성기를 갖고 있는 셈이고 그걸 사용하는 것도 두려워하지 않기 때문에, 기업의 결함이나 나쁜 짓을 저지른 기업의 정체가 필연적으로 드러나게 된다. 그러니 선행을 하고 성공담을 알리고 감사 쪽지를 보내자.

이 모두를 요약하자면, 인터넷 덕분에 조직은 자신들이 상대하는 관객과 고객에게서 몸을 숨길 수 없게 되었고 이런 새로운 현실은 투명성과 공평무사함, 그리고 어떤 경우에는 지금껏 보지 못한 불손한 태도를 강요하기도 한다.

일례로 자기가 그루폰을 떠나게 됐음을 알리는 앤드류 메이슨(Andrew Mason)의 편지를 살펴보자.

그루폰 직원 여러분,

4년 반 동안 그루폰의 CEO로서 치열하고 멋진 시간을 보냈습니다. 전 가족들과 함께 더 많은 시간을 보내기로 결정했습니다. 농담입니다. 전 오늘 해고됐습니다. 그 이유가 궁금하시다면…… 여러분이 주의를 기울이지 않았기 때문입니다. 논란 이 많은 우리 회사의 SI 지표부터 중요한 취약점, 2분기 동안 우리의 기대치를 밑 도는 실적, 상장 당시 가격의 4분의 1밖에 안 되는 주가에 이르기까지 지난 1년 반 동안 벌어진 여러 가지 사건만 봐도 알 수 있을 겁니다. 그래서 CEO인 제가 책임 을 지기로 했습니다.

메이슨은 시카고의 세컨드 시티에서도 친숙한 인물이라는 말을 해둬야 겠다. 그의 재임 기간 동안 그루폰은 즉흥 연기자들을 고용해서 유머는 물 론이고 융통성과 신속한 사고 능력을 배운 것으로 유명하다.

다른 기업들도 그와 동일한 방침을 받아들였다. 도미노는 자사 피자가 과거에는 사실 맛이 그리 좋지 않았다는 사실을 고백하면서 새롭게 맛이 개선된 피자가 마음에 들지 않을 경우 돈을 환불해주겠다는 광고 캠페인 을 실시했다. 그리고 매출이 크게 늘었다. 도미노의 불손한 태도(수준 이하의 맛이었음을 인정하는 건 '한 입 먹고 미소 짓는' 장면과 싱싱한 채소가 슬로우 모션으로 텀블링을 하는 장면이 일반적인 식품 광고에서 전례 없는 일이다)는 자신들이 경험한 진실을 말하는 것이기 때문에 사실 그들이 고객을 존중하는 최고의 징표라 할 수 있다.

넷플릭스(Netflix. 미국 비디오 대여 및 스트리밍 기업)가 정책을 변경해 수수료를 인상했을 때, CEO인 리드 헤이스팅스(Reed Hastings)가 앞장서서 고객에게 미안하다고 말한 뒤 기존 정책으로 돌아갔다. 현재 넷플릭스는 〈하우스 오브 카드(House of Cards)〉, 〈못 말리는 패밀리(Arrested Development)〉, 〈오렌지 이즈 더 뉴 블랙(Orange Is the New Black)〉 같은 양질의 콘텐츠를 제공하면서 성공의 물결을 타고 있다. 헤이스팅스는 자신의 위치와 회사의 정책을 경외하지 않았기 때문에 진행 과정을 뒤집거나 고객들의 소망을 존중하는 데 따르는 장점을 볼 수 있었다.

이제 존중, 경외, 진정성 사이의 관계를 탐구하는 마지막 사례를 살펴보자. 세컨드 시티에도 항의 투서가 날아온다. 하지만 우리 회사와 다른 회사의 차이는 우리는 그 항의 투서를 액자에 넣어 모든 고객이 볼 수 있도록 로비에 전시할 가능성이 높다는 것이다.

우리가 이런 일을 하는 이유는 두 가지다. 첫째, 재미있기 때문이다. 둘째, 관객들이 세컨드 시티 공연을 보기 전에 우리 브랜드의 본질을 이해할 수 있기 때문이다. 이 항의 투서는 관객에게 우리가 누구인지를 확실하게 보여준다. 그리고 직원들을 위해서도 날마다 세컨드 시티 브랜드의 본질을 강화하는 게 중요하기 때문에 벽에 그 편지를 걸어둔다. 우리에게는 회사 휴게실 출입구 위에 걸려 있는 주변 상황에 관계없이 무조건 힘을 주는 슬로건보다는 이쪽이 훨씬 진실하게 다가온다.

그러니 당신도 변화나 혁신을 바란다면 기존의 세력 기반을 기꺼이 무너뜨리고 — 현재의 업무 처리 방식과 불가분의 관계를 맺고 있는 이들의 기분을 상하게 할 위험을 감수하고 — 그 자리에 완전히 새로운 걸 건설하겠다는 자신감과 투지를 품어야 한다(그리고 마침내 다음 혁신자가 나타나 여러분에게 그와 똑같은 일을 하더라도 그에 대처할 수 있는 불굴의 용기도 있어야 한다). 우리가 받는 항의 투서는 우리가 일을 제대로 하고 있다고 말해준다. 하지만 우리처럼 체제 전복적인 제품을 거래하지 않는 다른 조직에 진짜 항의 투서가 쇄도하고 고객들이 대거 이탈하기 시작한다면 전략을 다시금 확인해볼 필요가 있다. 그러나 여러분이 변화를 시행했는데 아무도 불평하지 않는다면 변화가 그리 충분하지 않았을 가능성이 높다.

존중과 불손함 사이에서 균형을 잡는 동시에 진실한 모습을 보이는 건 쉽지 않은 일이다. 그래서 대부분의 사람들은 변화 주도자와 혁신자는 자신의 성공을 촉진하는 특별한 유전자를 타고난다고 가정하는 것이다. 하지만 사실 당신은 직원들이 뛰어난 혁신자와 변화 주도자가 되도록 교육시킬 수 있다. 우리는 날마다 그렇게 하고 있다.

| 변화 기술을 키우는 방법

오랜 시간 동안 여러 가지 유형의 클라이언트들과 함께 다양한 경험을 한 끝에, 우리는 즉흥극이 변화나 혁신과 관련된 기술을 키울 수 있는 아주 좋은 방법이라는 걸 깨달았다. 우리는 말 그대로 매년 수만 명의 사람들에게 즉흥극 교육을 실시한다. 그 가운데 상당수는 패기만만한 배우들이지만 우리가 세컨드 시티 웍스를 통해 접하는 이들 중에는 팀을 이뤄 일하면서 업무 성과의 특정한 부분을 연마하고 싶어 하는 비즈니스 전문가들도 많다. 우리가 하는 일은 맡은 임무가 무엇이냐에 따라 다르지만 주로 팀의 기민성과 신뢰, 지원, 공개적인 의사소통에 초점을 맞춘다. 이것들을 하나씩 살펴보도록 하겠다.

팀의 기민성

거대 조직에서 일하면 유리한 점도 많지만, 움직이는 속도가 느리고 변화를 싫어한다는 게 문제다. 반면 뛰어난 즉흥 연기자는 매우 기민해서 결정을 빨리 내리고 뛰어난 기술을 발휘하여 새로운 정보에 대응하는 능력을 갖추고 있다. 그러므로 날렵하게 움직여야 하는 상황에 처한 팀들에게 우리가 뭔가를 가르쳐준다는 건 이치에 맞는 일이다.

예전에 제품을 생산하고 이것을 시기적절하게 시장에 내놓는 일로 씨름하고 있는 소비자 기술 기업과 일한 적이 있다. 이 회사는 규모가 큰 글로벌 기업이자 업계의 리더였지만 회사가 커지면 커질수록 제품 개발 프로세스에 매달렸다. 이들은 시장에 진입하고 있는 새롭고 민첩한 경쟁자들과 겨룰 수 있도록 좀 더 날렵하게 시장 상황에 적응해야 했다. 어떤 프로젝트 관리자가 자신이 겪는 문제를 이렇게 요약했다. "다들 우리 프로세스가 복잡하다는 걸 압니다. 그리고 우리가 당면한 가장 큰 사안 중 하나는 예기치 않은 변화가 발생했을 때 프로젝트 추진력을 유지하는 건데, 그런 변화에 대응하기가 힘듭니다."

규모가 큰 변화 관리 계획의 일환으로 이 회사의 교육 개발팀 직원들이 우리와 협력해서 프로세스의 핵심 인물들을 위한 변화와 적응성에 대한 워크숍을 여러 개 마련했다. 그들은 주로 엔지니어링이나 공급망, 프로젝트 관리, 판매, 제품 마케팅 등의 분야에서 일하는 이들이었다.

변화 워크숍 내에 '그 말 취소하세요'라는 실습을 포함시켰다. 이 실습은 팀원들이 예기치 못한 상황에 보다 유연하게 대처하는 연습이다. 또한 그런 상황이 발생했을 때 새롭고 유용한 해결책을 찾기 위한 주도권을 잡을 수 있도록 돕기 위한 것이다. 실습은 세 명씩 짝을 지어 이루어진다. 두 사람은 아무 주제나 가지고 대화를 나누라는 지시를 받고, 세 번째 사람의 임무는 일종의 인간 부저가 되어 간간이 손뼉을 쳐서 두 사람의 대화를 중단시키는 것이다. 이때 말을 하고 있던 사람은 자기가 마지막에 한 말을 취소하고 대화 흐름에 어울리는 새로운 말로 대체해야 한다. 한 그룹의 '그 말 취소하세요' 대화는 이런 식으로 흘러간다.

인물 1: 오늘 출근길에 아들을 어린이집 앞에서 내려주다가 사고가 발생한 걸 목격했어요.

인물 2: 전 사고 장면을 우연히 목격할 때마다 정말 끔찍한 기분이 들어요. 누군가 다치는 게 무섭거든요.

(손뼉)

인물 2: 전 사고 장면을 우연히 목격할 때마다 정말 끔찍한 기분이 들어요. 보나마나 사고 뒤처리 때문에 지각을 하게 될 테니까요.

(손뼉)

인물 2: 전 사고 장면을 우연히 목격할 때마다 정말 끔찍한 기분이 들어요. 16살 때 아버지 차를 끌고 나갔다가 완전히 망가뜨렸던 기억이 떠오르거든요.

워크숍에 참가한 다른 그룹에서도 동시에 이런 식의 대화가 진행되는데, 잠시 뒤 대화를 멈추게 하고 상황을 보고받는다. 이렇게 특이한 대화를 성공적으로 진행하는 데 필요한 게 뭔지에 대해 이야기를 나눈다. 한 참가자는 이렇게 말했다. "사실 더 어려울 거라고 생각했어요. 그런데 팀원들이 그때그때 상황에 잘 적응하면서 새로운 생각을 떠올리는 걸 보며 정말 놀랐습니다."

이 그룹이나 우리가 함께 일한 다른 많은 그룹의 경우, 자신과 팀원들이 생각보다 훨씬 지략이 풍부해서 적절한 마음가짐만 유지한다면 눈앞에 걸림돌이 생기더라도 해결책을 찾아낼 수 있다는 사실에 큰 안도감을 느낀다. 팀 내에서 가장 큰 스트레스를 유발하는 유인이 변화 그 자체가 아니라 변화에 성공적으로 적응해서 주변 사람들을 실망시키지 않아야 한다는 개인적인 책임감인 경우가 많다. '그 말 취소하세요'는 우리가 자신을 믿고 문제 해결을 돕기 위해 서로 의지한다면 예기치 못한 상황에 대처하는 데 필요한 모든 걸 갖고 있다는 사실을 알려준다.

한 워크숍 참가자의 말이 그 경험을 잘 요약해준다. "우리는 제품 결함과 미비점을 없애는 일을 하는 엔지니어링 환경에서 일합니다. 하지만 우리는 완벽한 존재가 아니기 때문에 늘 계획대로 일이 진행되지 못했습니다. 하지만 이제 우리는 모든 제품 개발 프로세스에 나타날 가능성이 있는 예기치 못한 장애물에 잘 대처할 수 있는 자세를 갖추게 되었습니다."

신뢰와 지원

변화는 대개 기업 내의 모든 사람들과 관련되기 때문에 대규모 변화 과정을 거칠 때는 서로를 신뢰하고 지지하는 환경을 구축하는 게 중요하다. 상황이 변할 때는 대개 많은 마찰과 혼란, 긴장이 발생하기 때문에 성공하기를 원한다면 주변 사람들을 신뢰할 수 있다는 걸 알아야 한다. 대기업에서는 이게 항상 어려운데 이는 사람들이 원래 신뢰할 수 없는 사람들이기 때문이 아니라 서로의 우선순위와 의도가 다르기 때문이다. 서로를 지원해주고 싶은 경우에도 자기가 맡은 일을 처리하는 데 너무 집중한 나머지 그럴 엄두를 못 내곤 한다.

186

몇 년 전에 캐나다에 있는 세컨드 시티 웍스 지부가 중요한 조직 재편에 착수한 한 대형 소매업체의 의뢰를 받았다. 이 계획에는 일련의 시스템 및 프로세스 변경도 포함되어 있었는데 이는 이 회사가 늘 하는 일과 상당히 동떨어진 작업이었다. 우리는 재편 작업이 시작되고 1년쯤 지난 뒤에 투입되었는데, 그 시점에는 초반에 직원들이 겪은 충격이 어느 정도 해소된 상태였다. 그러나 여전히 사람들을 괴롭히는 통증이 남아 있었고, 조직 개편을 통해 회사 내에 승자와 패자가 생길 것이라는 생각들도 하고 있었다.

우리는 이 회사의 다양한 분야를 대표하는 50명의 임원들로 구성된 리더십 팀과 함께 일해 달라는 부탁을 받았다. 우리의 목표는 조직 재편 이후 사라진 그들의 상호 신뢰감을 되살려 업무 단위들끼리 좀 더 화합할 수 있도록 돕는 것이었다. 우리는 이를 위해 여러 가지 일들을 벌였는데, 여기에는 리더십 팀의 구성원들이 회사가 이런 변화에 착수한 이유와 여기에서 얻을 수 있는 이익을 설명하는 재미있고 웃기는 임원 토크쇼도 포함되어 있었다. 우리가 임원들과 함께 진행한 변화 워크숍은 아마 이 회사와 함께 한 일들 가운데 가장 중요한 부분이었을 것이다.

우리가 하는 모든 즉흥극 워크숍은 본래 팀워크를 강화하기 위한 측면들이 있다. 재미있고 생기 넘치는 이 워크숍에서 사람들은 평소 업무 중에 하던 것과 완전히 다른 방식으로 서로 교류하게 된다. 그러나 일반적인 팀워크 강화를 넘어 우리는 신뢰란 무엇이고 그게 사라지면 어떤 느낌이 드는지를 본능적이고 경험적으로 보여주기 위해 이 사람들과 신뢰 문제의 핵심을 찌르는 몇 가지 실습을 진행하고자 했다.

이를 위해 약간의 준비 과정과 일반적인 의사소통 실습을 몇 차례 거친 후, '감사의 조각상'이라는 실습에 돌입했다. 이 실습을 할 때는 팀원들이 둥그렇게 모여 서야 한다. 한 용감한 팀원에게 원 중앙으로 나와 자기가 좋아하는 포즈를 취해달라고 부탁한다(얼빠진 자세든 융통성 없이 뻣뻣한 자세든 상관없다). 그가 포즈를 취하고 있으면 다른 사람이 가운데로 나와 첫 번째 사람을 톡톡 두드려서 들여보내고 그 자리에서 자기만의 포즈를 취한다. 두 번째 사람이 첫 번째 사람을 톡톡 두드리면, 첫 번째 사람은 "고맙습니다"라고 말한 뒤 무리 속으로 돌아간다.

우리는 이 실습을 한동안 계속했다. 아무도 원 중앙으로 나가고 싶어 하지 않아 잠시 어색한 침묵이 흐르는 순간도 몇 번 있었다. 동료들 앞에서 홀로 포즈를 취한다는 건 좀 기이한 일이고 얌전한 사람들에게는 약간 겁도 나는 일이기 때문이다. 그러나 몇 번씩 각자에게 차례가 돌아가고 난 뒤, 우리는 사람들에게 움직이는 속도를 높이라고 했고 그러자 곧 일이 제대로 진행되기 시작했다.

그리고 여기에 약간 변화를 주면서 실습을 마무리했다. 더 이상 서로의 몸을 톡톡 두드려서 밖으로 내보내거나 고맙다는 말을 하는 것이 아니라, 그냥 원 안으로 들어가서 현재 동료가 취하고 있는 포즈에 이어지는 포즈를 취하게 한 것이다. 그리고 끝나기 직전, 원 안에 있는 마지막 두 사람에게 자기들이 만든 조각상의 이름이 뭔지 말해보라고 했다. 한 사람은

"컬링. 머리카락 말고요"라고 했고 다른 사람은 "수반 옆에서의 데이트"라고 했다. 캐나다 사람들에게 이렇게 추상적인 기질이 있으리라고 누가 생각이나 했겠는가?

조각상에 이름을 붙인 뒤, 참가자들은 고생한 자신들을 위해 요란한 박수갈채를 보냈고 우리는 박수 소리가 가라앉은 뒤에 실습에 대해 말을 꺼냈다.

"하, 원 안으로 들어가 포즈를 취한다는 게 꽤 어렵더군요." 한 사람이 말했다. 그러자 다른 사람이 이렇게 대꾸했다. "나는 뭔가 멋진 포즈를 궁리하느라 정신이 없는데, 그러는 동안에도 다른 사람들은 죄다 느긋해 보이더군요."

'감사의 조각상'은 우리가 날마다 일터에서 하는 일들을 상징하는 멋진 실습이다. 우리는 자신의 아이디어를 내놓고 다른 사람의 판단을 기다린다. 그 아이디어는 팀원들의 지지를 받거나 받지 못한다. 어떤 사람은 자기만의 멋진 아이디어를 떠올리려고 애쓰는 동안 난관에 봉착해서, 자기 앞에 놓인 일을 무시하기도 한다. 그리고 자기도 곤경에 처해 지원이 필요한 상황에서도 동료들을 돕는 이들도 있다.

조직 내의 분열을 수없이 겪은 이 임원들은 조직 재편이 자신들의 역할이나 관계에 어떤 영향을 미쳤든 상관없이 성공을 위해서 서로에게 얼마나 의지했는지 기억해야만 했다. 아이디어를 처음 제시하는 일이 얼마나 위험한지, 그리고 어떤 아이디어를 제시했을 때 다른 사람이 그걸 지지해주면 얼마나 기분이 좋은지를 다시 한 번 느낄 필요가 있었다. 그리고 감사와 협조의 정신으로 받아들인다면 어떤 변화라도 다 감당할 수 있다는 것도 기억해야 한다. '감사의 조각상' 실습을 마친 후에 점심을 먹으면서 쉬고 있는데 그룹 리더가 강사에게 다가왔다. "정말 흥미로운 실습이었습니다." 임원들이 여러 개의 무리로 나뉘어 함께 점심을 먹는 모습을 바라보면서 그가 말했다. "평소 함께 앉는 사람들과 어울리고 있는 사람이 하나도 없어요." 그는 웃으면서 방 건너편을 가리켰다. "저 두 사람이 같이 점심을 먹는다니, 이런 일이 생기리라고는 상상도 못 했습니다."

개방적인 의사소통

즉흥극이 조직 변화를 뒷받침할 수 있는 세 번째 분야는 좀 더 개방적인 의사소통을 가능케 하는 것이다. 생각해보자. 사내에 중요한 시스템을 도입하거나 회사 조직을 개편해본 적이 있다면, 그 과정에서 아무리 주도면밀한 계획을 세워도 미처 예상하지 못한 작은 문제들이 생긴다는 사실을 알 것이다. 이런 상황에서는 문제를 파악하고 신속하고 효율적으로 해결책을 제시하기 위해 개방적이고 솔직한 의사소통을 자주 나누는 게 중요하다.

즉흥극의 가장 큰 장점 중 하나는 사람들이 좀 더 열린 마음을 갖도록 가르친다는 것이다. 그리고 변화 과정에서 발생하는 문제를 해결하려면 대개 이런 허심탄회한 태도가 필요하다.

우리가 변화 리더십 세션에 포함시킨 즉흥극 실습 중에 '감정적 옵션'이라는 게 있다. '감정적 옵션'은 즉흥극계 내에서는 보통 연기 게임으로 간주

하지만 교육 프로그램에서도 흥미로운 요소가 될 수 있다.

방법은 간단하다. 사람들이 둘씩 짝지어 주제에 상관없이 얘기를 나누는 것이다. 그리고 얘기 도중에 강사가 "분노! 들뜸! 우울함! 걱정!" 등 여러 가지 감정을 소리쳐 말하면 얘기를 나누던 두 사람은 그 감정이 실린 목소리로 대화를 계속해야 한다. 낚시나 팝콘에 대한 대화를 나누던 중 이런 지시를 받으면 상황이 어떻게 전개될지 상상해보라. 여기에서 핵심은 말을 전달하는 방식에 감정을 덧붙이는 것만으로도 말하는 내용이 바뀐다는 걸 사람들에게 가르치는 것이다. 완전히 똑같은 단어를 말하더라도 다양한 감정의 필터를 거쳐서 말을 하면 그 의미가 완전히 달라질 수 있다.

'감정적 옵션'은 여러분이 변화에 잘 대처할 수 있도록 여러 가지 면에서 도움을 준다. 첫째, 사람들이 대화 중에 드러내는 다양한 감정을 읽고 이해할 수 있는 능력을 키워준다. 둘째, 상대방의 어조에 맞추고 싶은지 아니면 자신이 원하는 일을 이루는 데 도움이 되는 다른 어조를 사용하고 싶은지 판단할 수 있다. 셋째, 의사소통은 단순히 말만으로 이루어지는 게 아니라는 사실을 상기시켜준다.

사업과 인생에 찾아오는 변화의 불가피함은 우리가 온갖 유형의 도전과 딜레마에 계속 부딪힐 수밖에 없음을 의미한다. 그러나 코미디는 모든 대화를 위한 문을 열어 변화를 좀 더 감당할 수 있는 뭔가로 만들어준다. 일단 그 문이 열리면 즉흥극에 관한 전문 기술을 이용해 대화를 훨씬 쉽게 이끌어갈 수 있다.

06

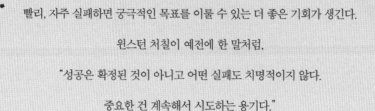

빨리, 자주 실패하면 궁극적인 목표를 이룰 수 있는 더 좋은 기회가 생긴다.

윈스턴 처칠이 예전에 한 말처럼,

"성공은 확정된 것이 아니고 어떤 실패도 치명적이지 않다.

중요한 건 계속해서 시도하는 용기다."

0 6

똑 똑 하 게   실 패 하 기

대본에 따라서 진행하는 공연이 끝나고 한밤중에 시작되는 '즉흥극 세트'를 무료로 볼 수 있게 해주는 이유가 있다. 이 시간에 공연하는 장면 대부분이 엉망진창으로 돌아가다가 결국 실패로 끝날 가능성이 매우 높기 때문이다. 그래도 괜찮다. 사실 우리가 하는 사업이 독특하기는 하지만, 그래도 전 세계 모든 조직과 공통점이 하나 있다면 그건 바로 실패다.

우리는 수없이 실패한다. 때로는 아주 볼만한 실패를 겪기도 한다. 무대에서, 회의실에서, 여행 중에, 직원을 채용하거나 해고할 때, 때론 트레이닝 센터에서 계속 실수와 실패를 겪는다. 우리는 55년 전에도 실패했고 오늘도 실패했고 분명 내일도 실패할 것이다. 이 세계에 맞춰 살아가려면 끊임없이 자신에게 과제를 부여하고 새로운 모습을 창조해야 한다. 이 사실을 이해하면 실패는 당연한 일이 된다.

| 우리가 겪은 실패들

우리의 실패담 가운데 유명한 걸 몇 개 풀어보겠다.

우리는 식도락가가 아니다 : 우리가 예전에 토론토에서 운영하던 식당에서 로이스터 오이스터(Royster Oyster)라는 새로운 메뉴를 출시했는데, 굴을 햄버거 위에 올린 요리다. 식중독으로 구역질을 하는 수십 명의 고객을 병원으로 실어 나르기 위해 구급차들이 식당 문 앞에 줄지어 늘어섰다. 당연히 이 요리는 메뉴에서 삭제해야만 했다.

극장 문을 열지 않는 방법 : 클리블랜드에 새로운 극장을 개장하기로 한 날로부터 몇 주밖에 남지 않았는데, 아직 계약이 완전히 체결되지 않은 상태였다. 그래서 광고, 단체 할인, 홍보 등 개장 전에 전통적으로 하는 일들을 미루는 편이 낫겠다고 판단했다. 계약서에 서명을 한 뒤에도 빈 좌석이 마법처럼 가득 차는 일은 벌어지지 않았다. 그러다가 마침내 첫 번째 시사 풍자극인 〈불타는 리버댄스(Burning Riverdance)〉를 선보이자 국제적으로 유명한 아이리시 댄스 회사가 보낸 공연 정지 명령서가 날아왔다. 어쩔 수 없이 제목과 모든 소품을 바꿔야만 했다. 그리고 극장에 온 몇 안 되는 관객들은 배우들이 부시 행정부에 관한 풍자적이고 가시 돋친 대사를 읊을 때마다 큰 소리로 야유를 퍼부었다. 19개월 뒤, 우리는 극장 문을 닫았다. 야호!

그게 효과가 있었으니 이것도 그럴 거야 : 기업 윤리와 직장에서의 규정 준수 문제에 관한 교육용 동영상 시리즈가 큰 성공을 거둔 뒤, 우리는 영업 훈련이라는 주제를 통해서도 많은 돈을 벌 수 있겠다는 생각이 들었다. 유감스럽게도 첫 번째 동영상 시리즈를 제작하는 과정에서, 우리 구매자들의 취향을 지나치게 과대평가하는 실수를 저질렀고, 동영상 제작에 너무나 많은 비용을 투자했다. 할리우드에는 이미 어마어마한 비용을 들이고도 실패한 〈이시타(Ishtar)〉와 〈워터월드(Waterworld)〉와 〈존 카터(John Carter)〉라는 훌륭한 영화들이 있다. 그러니 우리가 망할 수밖에. 긍정적으로 생각하자면, 우리 두 사람이 은퇴하기 전까지는 그래도 그 프로젝트가 손익 분기점에 다다를 것이라고 조심스럽게 낙관하고 있다.

세컨드 시티 몬트리올 : 우리는 지난 20년 사이에 세 번이나 몬트리올에 세컨드 시티 상설 극장을 열 것이라고 공고했다. 하지만 오늘까지도 몬트리올에 극장을 개관하지 못했다.

진지한 즉흥극 : 1990년대 중반에 소규모 그룹이 극장을 빌려서 즉흥극의 밤을 주최하기로 했다. 하지만 이때 우리는 사람들을 웃기기 위해 즉흥극 공연을 하려던 것이 아니었다. 〈보이지 않는 난간(Invisible Rail)〉이라는 그 공연은 코미디 공연이 아니었다. 우리 배우들은 매우 극적인 시나리오를 즉석에서 만들었다. 즉흥극이 반드시 웃겨야만 한다고 말한 사람은 아무도 없지 않은

가. 허세처럼 들리는가? 사실 그랬다. 극장에서 1시간을 보내는 방법치고는 끔찍한 방법 같은가? 당연히 그렇다. 내가 좋아하는 순간은 존경을 받는 세컨드 시티 졸업생이자 교사인 델 클로즈(Del Close)가 공연을 보려고 나타난 때이다. 극장 안의 조명이 어둑해지기 시작하자마자 그는 이 공연이 극적인 즉흥극이 될 거라는 사실을 알아차렸다. 그래서 그는 무대 조명이 막 밝아지기 시작할 무렵 자리를 박차고 일어나 극장 밖으로 나가버렸다.

아방가르드냐 멍청이냐 : 델 클로즈는 1980년대 후반에 어떤 공연을 감독했는데, 그 공연은 결국 세컨드 시티에서의 그의 마지막 공연이 되어버렸다. 그의 위상을 고려해, 델은 공연의 모든 디자인 요소를 결정할 수 있는 무제한적인 자유를 얻었고, 그는 세트 디자인의 일부인 무대 벽화를 제작하기 위해 자기가 아는 한 커플을 고용했다. 문제가 생긴 듯하다는 첫 번째 징후가 느껴진건, 그 커플이 ― 둘 다 보호용 마스크를 쓰고 있었다 ― 극장 벽에 스프레이 페인트를 뿌리기 시작할 때였다. 그들은 자기들이 작업하는 곳에서 3미터도 채 떨어지지 않은 곳에 유아용 의자를 놓고는 마스크를 쓰지 않은 채 자고 있는 아기를 거기 눕혀놓은 것이다. 두 번째 징후는 그날 저녁에 벽화에 씌워놓은 천을 벗기자 한쪽 벽에는 거대한 암소가, 다른 쪽 벽에는 거미가 그려져 있었는데 둘 다 공연 내용과는 아무런 관련이 없었다는 것이다.

| 우리도, 당신도 반드시 실패한다

수많은 실패에도 불구하고 우리 회사는 엔터테인먼트 분야에 폭넓고 긍정적인 영향을 미치고 또 우리 공연을 보면서 웃거나 우리 강의실에서 공부한 수백 만 명의 삶을 밝게 비춰준 성공 기업으로 간주되고 있는데 이는 옳은 생각이다. 우리는 실패를 두려워할 필요가 없다는 걸 안다. 사실 우리는 실패를 받아들여야 한다. 그래서 고객들에게 실패에 대한 두려움 ― 이것 때문에 혁신자가 되고자 하는 사람들이 일을 진행하던 중에 얼어붙어서 일이 중단되는 경우가 많다 ― 을 극복하라고 독려하는 일에 많은 시간을 쏟는 것이다.

여러분의 직업이 무엇이든 상관없이 어느 시점에는 실패를 맛보게 될 것이다. 정치가도 실패한다. 학생 카운슬러도 실패한다. 영업사원도 실패한다. 은행가도 실패한다. 공을 땅에 놓고 차는 선수도 실패한다(그리고 이로 인해 우리 중 누군가가 많은 돈을 잃기도 한다). 그러니까 여러분이 아무리 일을 잘해도 이런저런 위험을 감수해야 하는 상황이 생기기 때문에 결국 실패하게 된다는 뜻이다. 하지만 실패한 사람들이 종종 입증하는 것처럼 실패가 그렇게 나쁜 것만은 아니다.

모든 걸 쓸모없게 만드는 건 실패에 대한 두려움이다. 이런 두려움 때문에 큰 성공을 거두지 못한 사람들은 밤잠을 못 이루고, 일에 몰두하지 못하고, 망설이게 된다. 그래서 결국 어려운 일을 그만두고, 승진을 거절하고,

상사를 피하고, 회의 중에도 입을 꾹 다물고 있다. 실패에 대한 두려움은 기업의 혁신적인 활력을 고갈시킨다.

반면 실패를 창조 과정의 자연스러운 일부로 받아들이는 조직은 생산성과 직원들의 사기가 크게 증가한다. 때문에 관리자들이 사내의 앙상블이 해고될 걱정을 하지 않아도 될 안전한 환경을 조성할 방법을 궁리하는 건 가치 있는 일이다. 사람들에게 실패를 해도 괜찮다고 말하거나 진부한 말이 새겨진 포스터를 덕지덕지 붙여놓는 것만으로는 충분치 않다. 직접 대담하게 도전하는 모습을 통해 모범을 보여야 한다.

하지만 실패에 대한 두려움은 다른 무엇보다 큰 두려움이다. 그렇다면 기업이 그런 대담무쌍함의 모범이 되려면 어떻게 해야 할까? 첫째, 고용주는 위험성이 적은 기회, 즉 실패할 가능성이 낮은 기회를 만들어서 직원들이 일을 시도할 수 있게 해야 한다. 위험을 감수하는 건 모든 이들이 좋아하는 활동은 아니지만 직원들이 새롭고 색다른 아이디어를 추구하기를 바란다면 그들이 일을 시도했다가 실패할 때마다 일자리가 위태로워지지 않는다는 걸 알려줘야 한다. 위험 부담을 약간 줄인 다음 어떤 일이 벌어지는지 지켜보자.

시카고에 기반을 둔 소프트웨어 회사 베이스캠프는 이걸 매우 잘하는 회사다. 이들은 베이스캠프라는 인기 있는 프로젝트 관리 앱을 만드는 곳이다. 이 회사 경영진들은 직원들이 징계를 받거나 너무 부정적인 의견이라는 말을 듣는 일 없이 제품 디자인의 결함을 지적할 수 있는 업무 환경을 조성하고 싶어 했다. 그래서 이 회사의 모든 직원이 참여하는 회의에서 개발 중인 제품의 결함을 파악하기 위한 자기들만의 '제품 일화 파티'를 개최했다. 이들이 직접 인정한 바에 따르면 경영진들은 그 자리를 통해 많은 깨우침을 얻을 수 있었다. 일화 파티는 사람들이 자유롭게 말할 수 있는 안전한 상황을 조성하기 때문에 팀원들은 이때 문제와 결함을 지적해도 괜찮을 거라고 느꼈다. 경영진이 그들에게 기대하는 것도 그것이었다. 이들 개발자와 디자이너, 프로젝트 관리자들은 자기가 저지른 사소한 실패를 털어놓으면서 웃고, 제품 개선을 위한 아이디어를 모았다.

안전하게 실패할 수 있는 장소를 만드는 것 외에 실험과 새로운 발상을 하는 사람들에게 보상을 하는 적절한 플랫폼 — 세컨드 시티가 '즉흥극 세트'를 이용하는 것처럼 — 을 제공하는 방법도 있다. 그런 플랫폼이 없으면 새로운 아이디어와 목소리가 돌파구를 찾지 못한다.

실험을 위한 귀중한 플랫폼을 잃어버린 업계들 가운데 가장 두드러지는 사례는 바로 지상파 라디오다. 예전에는 라디오 방송국에서 야간 근무조가 일을 하는 시간에는 가장 젊은 DJ들이 가장 재미있는 프로그램을 진행하는 걸 들을 수 있었다. 그들은 새로 등장한 이색적인 가수의 노래를 틀었고 분방하고 예리하고 즉흥적인 농담을 던졌다.

그러나 자동화된 콘텐츠의 시대가 도래하고 비용 절감이 화두로 떠오르면서 야간 근무조는 미리 녹음된 디스크자키의 목소리와 유료 광고에 자리를 내주고 말았다. 젊은 인재들이 재능을 실험할 장소가 없어지자 지상파 라디오에서 독특하고 흥미롭고 새로운 목소리도 사라졌다. 결국 비교적 위험성이 낮은 팟캐스트(podcast)와 위성 라디오에 독창적인 입지를 내주고 말았다. 지상파 라디오는 지금도 차세대 하워드 스턴(Howard Stern, 미국 유명 라디오 진행자)을 찾고 있지만, 팟캐스트 분야에서는 그것을 대체할 수 있는 흥미진진한 목소리들이 대거 등장하고 있다. 결국 직원들이 신제품의 결함을 찾아내서 수정하기를 바라는 모든 기업은 실험과 실패가 자유롭게 이루어질 수 있는 작고 안전한 플랫폼을 마련해야 한다는 얘기다.

게다가 관리자와 직원들 모두 실패가 제로섬 게임이라는 생각을 버려야 한다. 그렇지 않다. 실패는 언제나 선물이다. 때로는 우리가 바라는 것보다 훨씬 큰 실패를 겪을 수도 있지만 그보다 작고 사소한 실패는 일상적인 활동의 일부인 경우가 많다. 마음가짐을 바꿔서 실패를 받아들이고 인정해야만 실패를 장애물이 아닌 업무 흐름의 긍정적인 일부로 바꿀 수 있다.

| 왜 실패해야 할까

우리는 세컨드 시티가 대담무쌍함의 완벽한 모범이라고 생각한다. 사실 우리는 6가지 방식으로 거듭 실패를 겪는데, 어느 분야에서 일하건 상관없이 이 내용을 알아두면 유익할 것이다. 본 장 마지막 부분에 목록을 적어놓겠다. 하지만 우선 우리는 왜 실패하는 걸까?

창조하기 위해 실패한다

즉흥극을 연기한다는 건 즉석에서 무에서 유를 창조하는 일이다. 세컨드 시티에서는 관객 앞에서 그 일을 한다. 여러분의 직업도 우리와 비슷하다면, 아마 기본적으로 붐비는 실내에 모인 수백 명의 사람들에게 초고를 제시하는 대가로 돈을 받을 것이다. 좀 더 정확하게 말하자면, 그 초고를 뭔가 근사하고 예상 밖의 재미있는 것으로 발전시키는 과정을 사람들에게 보여주면서 돈을 받는다고 할 수 있겠다. 그런 모습을 지켜보는 건 정말 영광스러운 일이다. 하지만 아무리 실수를 하지 않는다 해도 모든 게 완전히 엉망이 될 수도 있다.

세컨드 시티에서 시사 풍자극을 제작할 때는 10~12주 안에 최고의 소재를 찾고 가능한 한 최고의 공연을 만들기 위해 온갖 수단을 동원한다. 등장인물과 그들이 나누는 대화, 장면 순서, 음악을 이리저리 만지작거린다. 이렇게 어설프게 손보는 과정으로 인해 프리뷰 공연을 보러 온 관객들이 고통을 겪을 수도 있다는 걸 잘 알면서도 장기적인 이익(여러 달 동안 성공적으로 상연할 수 있는 시사 풍자극을 완성해서)을 얻기 위해 그렇게 하는 것이다.

2010년에 세컨드 시티 e.t.c가 상연한 시사 풍자극 〈인생 최고의 순간 (The Absolute Best Friggin' Time of Your Life)〉을 위한 리허설과 프리뷰 공연을 진행하던 중에 여배우와 남배우가 백인 간호사가 흑인 의사와 갈등을 빚는 장면을 실험 삼아 연기했다. 아프리카계 미국인인 여배우가 백인 간호사 역을 맡고 백인 남배우가 아프리카계 미국인 의사 역을 맡는다는 게 이 장면의 묘미였다.

정말 훌륭하고 대담한 아이디어다. 그렇지 않은가? 그러나 안타깝게도 무대에서 이 장면을 선보이자 관객들이 우리가 원하는 반응을 보여주지 않았다. 매일 밤 배우들이 '즉흥극 세트'에서 이 장면을 연기했지만 기분 나쁜 침묵만이 그들을 감쌀 뿐이었다. 결국 세 번째 공연을 마친 뒤에 조감독이 이렇게 말했다. "이게 코미디 공연이어야 한다는 거 알잖아요."

때로는 최종적인 성공을 거두기 위해 계속 실패를 쌓아가야만 하는 경우도 있다. 이 경우 배우들은 좀 더 일찍 웃음을 터뜨리게 해서 관객이 무대에 오른 배우들의 인종보다는 진행되는 내용에 더 신경을 쓰게 해야 한다는 걸 깨달았다. 배우들은 다시 무대에 오를 때마다, 결국 자기들이 관객을 이겼다는 느낌이 들 때까지 계속해서 이 장면에 우스운 대사를 추가했다. '건포도'라는 제목의 그 장면은 근래에 세컨드 시티에서 가장 큰 성공을 거둔 장면 중 하나가 되었다.

감독 빌리 벙거로스(Billy Bungeroth)는 이렇게 말했다. "우리 네 사람이 그 장면을 만들었다. 나와 두 배우, 그리고 관객 이렇게 넷이서 말이다."

이는 여러분이 신제품 제작을 담당하는 팀의 일원이 될 때 반드시 기억해야 하는 중요한 말이다. 창작 과정에 고객의 피드백을 포함시키면 단연 유리한 위치를 차지하게 된다.

대부분의 조직은 자기들도 혁신과 진보, 그리고 한계를 초월하길 원한다고 말한다. 하지만 그걸 위해서 꾸준히 시작 단계로 되돌아가야 한다는 걸 알면 그 일을 기꺼이 하는 사람은 거의 없다. 더구나 고객을 초대해 돈까지 지불해 가면서 자사 제품의 형편없는 모습을 보여주려는 조직은 더더욱 없다. 조직들은 대개 어려운 일을 피하고 과거에 효과를 발휘했던 일에만 집중하려고 한다. 물론 이런 방법을 취하는 것도 이해는 간다. 기업이 계속해서 새로운 모험에 모든 걸 다 걸 수는 없는 노릇이니 말이다.

그러나 월마트와 시스코, IBM과 핀터레스트(Pinterest)처럼 번창하는 기업들 중에는 제품 포트폴리오의 일부에 파괴적인 혁신을 받아들인 기업들이 많아지고 있다. 특히 전통 있는 브랜드의 경우, 자신들의 영광에 안주하지 않고 남보다 잘할 수 있고 남들과 다르게 일할 수 있는 새로운 방법을 찾는데 집중하는 게 브랜드가 장수하는 비결이다.

약점을 알기 위해 실패한다

완전히 독창적인 제품을 만들 때는 그 과정에서 많은 실패를 겪게 되므로, 그런 실패가 발생하더라도 회사 전체가 위험에 처하지 않도록 미리 계획을 세우는 걸 최우선으로 삼아야 한다. 실패할 경우 그 오명이 — 특히 사업 부분에서는 — 워낙 널리 퍼지다 보니 일부러 시간을 내서 실패의 이유를 살피려는 사람은 거의 없다. 그러나 그 속성을 철저히 분석해보면 실패의 일부분이 최종적인 성공에 도움이 되도록 할 방법을 찾아낼 수 있다.

여러분의 회사를 살펴보자. 업무 부서들 가운데 실패가 주로 발생하는 곳은 어디인가? 신제품이 잘 팔리지 않는다면 제품 설계와 마케팅 전략 중

어느 단계에 문제가 있어서 판매가 저조한 것일까? 제품 자체에 대한 베타 테스트와 마케팅에 충분한 관심을 기울였는가? 제품의 결함을 좀 더 적극적으로 파헤치거나 다른 홍보 방법을 시도하는 게 여러분이 판매하는 제품에 대한 사람들의 관심을 높이는 데 도움이 될까?

실패의 원인을 알면 자신에게 유리한 방향으로 활용할 수 있는 도구를 얻게 된다. 우리는 실패라는 분야에서 워낙 많은 경험을 쌓았기 때문에 도움이 되는 적절한 실패 방법을 6가지 파악했다. 이 방법은 여러분에게도 효과가 있을 것이다.

| 멋지게 실패하는 6가지 방법

1. 공개적으로 실패한다

실패를 좋아하는 사람은 아무도 없겠지만 이왕이면 가급적 조용히, 남몰래 실패하는 쪽을 선호한다. 사람들이 살면서 느끼는 가장 큰 공포 가운데 하나가 '공개 연설'이라는 조사 결과가 되풀이해서 나오고 있는데, 아마 남들에게 심판받는다는 생각에 극심한 공포를 느끼는데다가 그 일의 공개적인 속성 때문인 듯하다.

인터넷의 익명성 때문에 많은 온라인 게시판이 누구나 자신의 의견과 거만함과 독설을 마음대로 뿜어낼 수 있는 공간이 되었다. 하지만 자신의 신분이 드러나는 현실 세계의 회사나 일상에서는 공개적으로 의견을 말할 경우 다른 사람들이 그걸 꼬치꼬치 따질 수도 있다는 두려움에 일부러 그늘에 몸을 숨긴다. 사람들이 아이디어나 책임감, 역량이 부족해서가 아니라 공론화에 대한 두려움, 특히 그들의 아이디어가 별로 좋지 않다는 비판을 듣게 될까 두려워서 그걸 통제하고 억제하는 것이다. 하지만 이런 두려움을 극복해야 한다. 실패를 피하려는 본능은 당연한 것이지만 우리의 성장에는 아무런 도움도 되지 않기 때문이다. 이 두려움은 자기가 실제로 성공을 거둘 수 있는 상황에서도 기회를 차버리게 만든다.

믿기 힘들겠지만 우리도 그 마음을 이해한다. 물론 매일 무대에 오르는 일을 하고 있기는 하지만, 그렇다고 해서 다른 사람들보다 실패를 더 좋아하는 건 아니다. 우리는 적절한 관점에서 실패를 바라봐야 하고, 공개적으로 실패할 기회가 있으면 공개적으로 환호를 받을 기회도 있다는 걸 깨달았다. 우리는 거기에 초점을 맞추고 있으며 극장 밖에 있는 사람들도 그렇게 하는 편이 현명하다.

공개적으로 실패하는 걸 자신의 평생 과업으로 삼지 않는 이들이 기억해야 하는 사실이 있는데, 이걸 기억하면 새롭게 도약하거나 좀 더 자주 실패를 시도하는 일도 쉬워진다. 그건 바로, 좀 이상한 얘기지만 우리 사회는 타인을 섣불리 판단하고 실패를 비판하는 한편 엄청난 실패를 겪은 뒤에도 다시 일어나 재기하는 사람들에게는 기꺼이 보상을 해준다는 것이다. 대통령, 운동선수, 대중문화 스타를 막론하고 우리는 유명인들을 과대 포장하며 띄워줬다가 다시 끌어내리는 걸 좋아하는데, 이때 과대 포장은 심하면 심할수록 좋다. 그렇게 유명인사에게도 결점이 있고 우리 같은 인간이라는 걸 확인하고 난 뒤에야 비로소 그들이 다시 임기를 수행할 수 있게 해주거나 두 번째 기회를 주거나 아니면 리얼리티 TV에 출연시키는 것이다.

2. 함께 실패한다

역사는 불리한 상황과 맞서 싸우고 통렬한 비판 앞에서도 꿋꿋이 견디면서 모든 희망이 사라진 뒤에야 비로소 믿기 어려울 정도로 훌륭한 뭔가를 만들어낸 외로운 발명가에 대한 사례로 가득하다. 우리는 이런 개인의 천재성을 좋아한다.

하지만 즉흥극과 새로운 소재 창작에 관한 한 우리는 세컨드 시티의 앙상블을 전적으로 신뢰하고 있는데, 이는 2장에서 설명한 모든 이유 때문이다. 앙상블은 창작 과정의 속도를 높이고, 보다 좋은 소재를 만들어내며, 융통성이 있고, 스타 개개인이 성장할 수 있게 해준다. 무엇보다도 중요한 점은 모든 출연진이 위험을 감수하면서 발전할 수 있는 창작의 안전망을 제공한다는 것이다.

세컨드 시티에서 정말 진지하게 받아들이는 원칙이 바로 "항상 자신의 파트너에게 신경 써라"라는 것이다. 이 말은 다른 출연진들을 판단하는 게 아니라 어떻게든 뒷받침해주려고 애쓴다는 얘기다. 우리는 무대 위에서나 아래에서나 서로 협력한다. 무대 위에서 동료 배우가 마냥 대답을 기다리는 상황에 처하지 않게 한다는 뜻이기도 하다. 자신이 도울 수 있는 상황이라면 그가 실패하게 놔둬서는 안 된다.

기업 문화에서는 직원들을 회사를 구성하는 기계 장치가 아닌 한 인간으로서 지원해줘야 한다는 뜻이다. 이렇게 행동하는 기업은 훨씬 효율적으로 일하는 직원들을 보유하게 되고 직원 유지율도 높아진다. 직원을 지원하는 방법은 능력을 개발할 수 있는 교육 기회를 제공하거나, 직원이 보유한 특정한 기술을 발전 혹은 보완할 수 있게 해주거나, 생일을 기억하거나 개인적인 성공을 공개적으로 인정해주는 등의 사소한 방법까지 매우 다양하다.

직원 입장에서는 동료 직원들의 지지를 받는 것도 똑같이 중요하다. 업무 현장에 상호 지원과 신뢰와 존중의 분위기가 깔려 있어야만 창의력이 꽃필 수 있다. 회의에서 혹독한 비판을 당하는 동료를 도와주거나, 매일 10분씩 시간을 내서 다른 부서에서 일하는 동료들의 사무실을 찾아가거나, 자기가 일을 엉망으로 만들었을 때는 진심으로 미안하다고 사과하는 것이다. 이는 결코 거창한 행동이 아니다. 때로는 이렇게 서로를 지지하는 작은 행동들이 모여 회사 내에 진정한 공동체 의식이 조성되기도 한다. 그리고 앙상블 구성원들이 까다로운 분야로 발을 내딛도록 독려하고 싶다면 바로 이런 환경을 발전시켜야 한다.

우리 앙상블이 무대에 올라 공연을 하기 몇 초 전에 전통적으로 하는 일이 있다. 출연진 모두가 잠깐씩 다른 출연자들을 껴안으면서 "내가 있으니까 걱정 마"라고 말하는 것이다. 모든 공연 전에 이런 의식을 치른다. 이런 언어적, 신체적 신호를 통해 집단은 개인에게 힘을 주고, 개인도 집단에게 힘을 준다. 이런 환경에서는 다들 뭔가 대단한 걸 추구하기 위해 기꺼이 위험을 감수하게 될 것이다.

트위터의 CEO인 딕 코스톨로(Dick Costolo)는 〈블룸버그 비즈니스위크 (Bloomberg Businessweek)〉와의 인터뷰에서 즉흥극 앙상블이 기업 내의 앙상블과 관련이 있다고 말했다.

> 제가 처음 시카고에 가서 즉흥 코미디를 연기할 때, 그곳에는 다트머스(Dartmouth) 졸업생인 레이첼 드래치 등 아이비리그 출신이 많았습니다. 또 크리스 팔리 같은 중서부 대학 출신들도 있었는데 그들은 '무대 위에서 욕도 하고 옷도 벗어던질 것 같은' 사람들이었습니다. 그런 서로 다른 유형의 사람들이 놀랍도록 완벽한 조화를 이루고 있었고, 덕분에 지적인 코미디와 슬랩스틱 코미디가 멋지게 뒤섞였죠.

여러분도 회사 내에 이렇게 조화로운 분위기를 발전시키고 싶을 것이다. 한쪽에는 혁신자들이 있다. 이들은 기성 체제를 거부하는 공상가들이다. 이들은 "내게는 다른 사람들의 업무를 제약하는 것이 무엇이든 그 바깥에서 이 문제를 생각할 수 있는 자유가 필요하다"고 말한다. 그리고 그들은 전체론적인 시각에서 해결책을 궁리하는 경향이 있다. 다른 한쪽에는 대학 시절의 평균 평점이 4.0인 스탠퍼드 졸업생들이 있다. 이들은 규율을 엄격하게 지킨다. 이들은 자기 자신과 주변 모든 사람들을 데이터를 통해 측정하는 사고방식을 갖고 있다. 회사가 제대로 기능하려면 두 부류의 사람들이 다 필요하다.

회사나 조직이 당면한 가장 심각한 문제나 대담한 행동과 어느 정도의 위험 감수가 필요한 문제를 생각할 때 앙상블 체제로 해결책을 마련할 가능성이 높은가, 아니면 개개인의 집합체 형태로 문제에 접근할 가능성이 높은가? 우리가 세컨드 시티에서 하는 작업과 기업 클라이언트들과 함께 하는 작업을 관찰해본 결과, 사람들은 여러 사람이 위험을 분담할 수 있다는 사실을 알면 좀 더 적극적으로 일에 참여한다는 걸 깨달았다. 게다가 이들은 자기 아이디어가 실패하더라도 그건 다른 구성원들의 아이디어와 결합시켜서 고칠 수 있는 일시적인 결함일 뿐이라는 것도 배우게 된다.

물론 집단 협업을 실시할 때는 집단 사고의 위험, 즉 서로 합의를 이끌어내기 위해서 아이디어를 지나치게 단순화하는 위험을 피하고 싶을 것이다. 우리는 그런 상황은 절대 지지하지 않는다. 세컨드 시티에서 출연자들의 아이디어가 서로 상충될 때 감독이 내리는 최종적인 결정에 수긍하는 것처럼, 회사의 조직이나 부서에도 가장 확실한 아이디어가 살아남을 수 있도록 최종적인 결정권자가 있어야 한다.

3. 빨리 실패한다

우리가 하는 게임에서는 속도가 매우 중요하다. 즉흥 연기자들은 대개 극도로 두뇌 회전이 빠르고 영리해서 즉석에서 좋은 아이디어를 떠올리고 계속해서 바뀌는 환경이나 상황에 매끄럽게 적응할 수 있다. 상대의 말을 경청하고 거기에 지적이면서도 재미있게 반응하는 능력이야말로 보통 사람들과 뛰어난 즉흥 연기자를 구분하는 특징이다.

속도에 대한 요구 덕분에 불가피한 실패가 발생하더라도 기존 아이디어의 잘못된 부분을 고민하지 않고 새로운 다음 아이디어로 신속하게 넘어갈 수 있다. 효과를 제대로 발휘하지 못한 부분에 대해서는 나중에 숙고할 시간이 있다는 걸 안다. 하지만 그 순간에는 아직 마무리해야 할 공연이 있기 때문에 실패 때문에 궤도를 벗어날 수는 없다. 이런 점에서 유머는 훌륭한 평형 장치 역할을 한다. 즉흥적으로 만들어낸 상황에서 어떤 장면이 실패로 돌아가면 무대 위의 배우는 "흠, 결국 이런 일이 벌어졌군"이라고 말하며 가볍게 넘길 수 있다. 배우와 관객이 함께 실패한 부분을 비웃으면서 즉시 다음 장면으로 넘어갈 수 있는 것이다. 짧은 농담을 통해 실패를 인정함으로써 그 실패의 영향력이 즉각적으로 소멸된다.

일터에서도 이와 같은 일이 가능하다. 때로는 힘든 하루를 보낸 직원들을 위로하고 긴장을 풀기 위해 식당이나 술집으로 모든 직원을 초대하는 것처럼 간단하고 즉흥적인 방법을 쓸 수도 있고, 때로는 보다 계획적이고 공들인 방법을 이용할 수도 있다. 톰은 예전에 광고 회사에서 일했는데, 그와 한 동료는 이 회사의 연례 크리스마스 파티 때마다 '자기 경력을 위태롭게 만드는 아슬아슬한 재주'를 부린 사람들에게 가짜 상패를 수여했다. 사실 그런 재주가 정말로 경력을 위태롭게 만드는 일은 드물었지만, 한 해 동안 저지른 실패와 불운을 모은 회사의 '실수 장면'을 동료들과 함께 지켜보는 경험은 많은 이들에게 카타르시스를 안겨줬다.

최근에 톰은 카메라 앞에 서서 콘퍼런스 초대 메시지를 녹화하느라 한참 애를 먹었다. 아무리 애써도 촬영을 계속 망치기만 하자, NG가 날 때마다 그의 혈압이 상승하고 카메라가 꺼진 상태에서 내뱉는 말도 점점 저속해졌다. 이때 재치 있는 동영상 촬영 직원들은 상사의 불쾌한 기분을 이용해 재미있는 그림을 만들어낼 기회를 발견했다. 이들은 매우 즐거워하면서, 톰이 실수를 저지르거나 카메라에 대고 욕설을 내뱉는 바람에 삭제한 부분을 합쳐서 동영상을 만들었다. 그리고 그걸 회사 야유회 날까지 아껴뒀다가 동료들과 아무것도 모르고 있던 상사 앞에서 틀었다. 그런 NG 장면을 모아 동영상을 만들었다고 해서 해고된 사람은 아무도 없었고, 덕분에 다들 배꼽을 잡고 웃을 수 있었다.

한 가지 명확하게 할 건, 우리는 모든 실패를 축하해야 한다고 말하는 게 아니다. 실패로 인해 회사와 직원, 고객이 해를 입는 엄청난 결과가 생기는 경우도 있기 때문이다. 우리가 하는 말은 어떤 근무 환경에서건 불완전한 사람들(즉 모든 사람들)이 실수를 저지르게 마련이므로 자신의 불완전함에 대해 개방적이고 건전한 태도를 유지할 수 있다면 직원들의 사기가 높아지고 업무 참여도도 개선된다는 얘기다. 실수를 저지를까 봐 두려워 주춤거리기보다는 훌륭한 결과를 얻기 위해 기꺼이 시도하려고 하는 조직이 만들어질 것이다. 사소한 실수와 선의의 실책을 웃어넘기면 더 훌륭한 결과물을 얻을 수 있는 높은 성과 문화가 조성된다.

기업 내의 업무 팀과 일을 할 때면 일이 벌어진 뒤에 가타부타 잔소리를 늘어놓거나 다른 팀원들은 이미 아이디어 개발이나 문제 해결 과정에 돌입했는데 혼자 뒤늦게 비판에 나서는 사람을 자주 보게 된다. 그들이 그렇게 기다리고만 있지 말고 미리 나섰다면 해결책이 훨씬 쉽게 나왔을 것이다.

비판적인 분석을 삼가라거나 과단성 있는 결정을 내리지 말라는 얘기가 아니다. 다만 행동 방침을 정해야 하는 때와 장소가 있는 것처럼, 질을 따져봐야 한다는 부담감 없이 서로의 의견을 자유롭게 교환해도 되는 때와 장소도 있다는 얘기다. 짧은 시간 동안만이라도 새로운 아이디어가 꽃필 수 있는 환경을 만들어주면, 잠시만 빛을 받아도 그 진정한 모습을 드러내는 보석 같은 개념을 찾아낼 수 있을지도 모른다. 설사 최악의 경우라 하더라도 적어도 사내의 창의적인 직원들에게 자신의 계획을 자유롭게 교환할 수 있는 기회를 주게 된다.

신속한 실패는 즉흥극뿐만 아니라 다른 여러 업계에도 존재한다. 특히 계속해서 새로운 걸 발명하고 재발명해야 하는 기업들의 경우 신속한 실패가 중요하다.

제레미 잭슨(Jeremy Jackson)은 메소드(Method)라는 기술 회사의 수석 기술자다. 디자인, 혁신, 비즈니스 분야를 다루는 코디자인(Co.Design)이라는 블로그에 그는 이렇게 썼다.

"신속한 시제품화는 인터페이스의 주요 기능의 경로를 단시간 내에 만드는 과정이다. 시제품화의 가장 큰 장점 가운데 하나는 잠재적인 최종 사용자와 핵심 고객사의 주주들에게 여러분의 아이디어를 쉽게 제시할 수 있다는 것이다. 디자이너의 머릿속에 있는 아이디어를 꺼내서 눈에 보이는 형태로 만드는 건 초기 결함이나 부적절한 설계상의 가정을 없애기 위한 효과적인 과정이다."

최신식 식당에서도 제품(음식)과 과정(제공 방식)이 끊임없는 해체와 재해석, 재창조 과정을 거친다. 요리 전문가인 매튜 로빈슨(Matthew Robinson)은 "만약 우리가 주방에서 뭔가를 실패한다면 최대한 빨리 실패해야만 혁신의 추진력을 유지하면서 계속 앞으로 나아갈 수 있다"고 말한다.

요컨대 회사와 직원이 뭔가 새로운 걸 만들어내는 동안에는 판단을 유보하는 게 성공적인 빠른 실패의 비결인 것이다.

4. 실패해도 비난하지 않는다

이게 정말 중요하다. 자기가 동료나 상사에게 평가받고 있다고 느낄 때 거리낌 없이 실패할 수 있는, 혹은 역으로 마 음껏 위험을 감수할 수 있는 사람은 없다. 앞에서도 집단 내에 평가와 비판에서 벗어날 수 있는 지대를 만드는 방법에 대해 얘기했다. 그러나 모든 경영자나 관리자들에게 해주고 싶은 조언이 한 가지 더 있다. 그건 바로 관여하지 말라는 것이다. 실패의 경험을 잘 이용하려면 남에게 평가받지 않는 지점 안에 실패가 존재해야 한다.

세컨드 시티에서는 일단 배우와 감독이 정해지고 연습에 돌입하면 그들이 연습을 보러 와달라고 부탁하기 전까지는 아무도 그 연습실 안에 발을 들이지 않는다. 제작자가 연습실을 찾아가 공연 전 연습 모습을 참관하려면 감독의 허락을 받아야 한다. 감독은 작품에 대한 절대적인 권한을 보장받기에 제작자는 때가 되면 제대로 된 결과물을 보게 될 것이라고 믿어야 한다.

감독이 너무 일찍부터 개입하면 창작 과정이 변질된다. 사람들은 긴장하고, 어떻게든 상사의 마음에 들려고 하며, 좋은 모습만 보이려고 한다. 감독관과 관리자는 자기들이 방에 들어서면 그 방의 역학 관계가 변한다는 걸 알아야 한다. 그들이 말을 함으로써 창작 과정에 변화가 생긴다. 상사는 최종적인 판단을 내릴 권한을 갖고 있기 때문에 상사의 의견은 상당히 중요하다. 따라서 상사는 직원들이 제 할 일을 할 수 있도록 언제 자기가 뒤로 물러나야 하는지 알아야 한다.

즉흥극 공연을 할 때 연습을 얼마나 많이 하는지, 배우와 감독이 단어 하나를 내뱉거나 머리를 흔들거나 눈썹을 치켜 올리는 타이밍을 놓고 얼마나 고민하는지 알면 놀랄 것이다. 우리 회사의 감독과 제작자들은 최종적인 제품을 완벽한 모습으로 만들어내는 일에 있어서는 더없이 꼼꼼하다. 그러나 누군가 이런 창작 과정을 뒤흔들 경우 — 다른 창작 활동을 할 때도 마찬가지지만 — 지나치게 성급한 평가로 인해 신속한 공동 창작자였던 이들이 성급한 거부자로 바뀌고 결국 창작 팀은 무너지고 만다.

1장에서 얘기한 것처럼, 훌륭한 관리자는 상황에 개입해야 할 때와 현장에서 사라져줘야 할 때, 지시해야 할 때와 남의 말을 경청해야 할 때, 판단해야 할 때와 관찰해야 할 때, 자기 입장을 내세울 때와 뒤로 물러나서 다른 사람이 일을 이끌어가게 해야 할 때, 그리고 '예스, 앤드'를 외쳐야 할 때가 언제인지 아는 게 정말 중요하다는 걸 알고 있다. 섣부른 평가로 인해 방해를 받지 않고 일을 진행할 수 있어야만 실패를 딛고 일어나 훌륭한 혁신을 이룰 수 있다.

5. 자신 있게 실패한다

세컨드 시티가 잘 못 하는 일도 정말 많다. 일일이 다 적어보면 잘하는 일의 목록보다 훨씬 길 것이다. 일례로 우리는 한 번도 장기 전략을 제대로 수립해본 적이 없다. 또 물품 판매를 통해 많은 돈을 버는 방법을 알려줄 사람이 있다면 당장 채용하고 싶을 정도다. 정말이다.

하지만 우리가 잘하는 일, 정말 잘하는 일도 있다. 우리는 코미디계의 하버드대학이라고 불린다(실은 우리도 하버드대학이 고등 교육계의 세컨드 시티라고 생각한다). 세컨드 시티를 거쳐 간 졸업생 목록은 코미디계와 엔터테인먼트계의 명사 인명록이다. 상업적인 성공과 비평가의 찬사를 합쳐서 생각할 때 우리는 미국에서 가장 성공한 극단임이 틀림없다. 우리가 이런 명성과 성공을 얻을 수 있었던 건 지극히 평범한 예술 조직이라는 안전지대에서 벗어나 위험을 감수하고 전력을 다했기 때문이다.

실패를 겪을 때에도(알다시피 자주 있는 일이다) 우리의 방식과 재능, 경험이 이 상황을 헤쳐 나가도록 도와줄 것이라는 흔들리지 않는 자신감이 있었다. 우리는 훌륭한 역사를 이루기 위해 열심히 일했고, 그 결과 우리의 앙상블 구성원들은 모든 창조적 도전을 자신 있게 받아들여 결국 성공을 거둔다. 그들은 실패가 성공으로 이어질 수 있다는 걸 알기 때문에 실패도 기꺼이 받아들인다.

클라이언트와의 계약 업무를 시작하거나 클라이언트의 조직에 대해 알아갈 때, 그들이 어떤 이들인지 제대로 파악해서 그에 맞는 권고를 할 수 있도록 그들에 대한 질문을 몇 가지 던진다. 이때 기본적인 사실 이상의 것들을 파악하고 기업 문화에 대해 조사하려고 다음과 같은 질문을 한다.

- 귀사의 문화는 자신감이 넘치는 문화인가, 만약 그렇다면 그 자신감은 어디에서 유래한 것인가?
- 혁신이 필요할 때 귀사의 조직은 어디에 의지하는가?
- 회사 내에 사람들이 한데 모여 의지할 수 있는 독창적이고 혁신적인 문화가 존재하는가?
- 조직의 존재를 위협하는 뭔가를 타파해야 했던 적이 있는가, 아니면 지금까지 비교적 순탄하게 사업을 진행해 왔는가?

이 질문에 대한 답을 알면 위험과 실패에 대한 조직의 태도를 추론하는데 도움이 되고, 우리가 실패를 통해 배운 교훈을 이 회사의 어느 부분에 적용하면 좋을지 알 수 있다.

6. 점진적으로 실패한다

처음부터 대성당을 꿈꾸지 말고 벽돌 한 장부터 시작하라는 즉흥극의 격언을 기억하는가? 이 격언은 최고의 즉흥극 연기자는 완벽하게 구성된 최종적인 아이디어를 제시해야 한다는 압박감을 느끼지 않는다는 의미다. 이들은 결국 장면 전체를 만드는 건 서로 협력하는 앙상블이므로, 개인의 책임은 장면을 진행시킬 수 있는 다음 아이디어나 정보를 내놓는 것뿐이라는 걸 알고 있다. 이 때문에 즉흥극 장면은 한 번에 벽돌 한 장씩을 올리는 방식으로 진행되므로 특정한 아이디어나 특정한 한 사람이 크게 중요하지 않다. 그 과정에서 어떤 개인이 내놓은 아이디어가 상황에 맞지 않거나 재미가 없다 하더라도 장면 자체는 아주 괜찮은 방향으로 진행될 가능성이 있다. 사실 최고의 장면은 좋은 아이디어와 외견상 별로인 듯한 아이디어를 적절하게 잘 이용한 것이다.

일에서든 생활에서든 사람들이 자신의 생각이 더 좋은 아이디어로 연결되는 다리일 뿐이고, 삐걱대는 바퀴에 기름을 칠하고 타인의 아이디어를 더 발전시키는 존재라고 여길 경우 상황이 훨씬 좋아진다. 이런 식으로 스스로가 짊어진 짐의 무게를 덜면, 이 상황에서 실패하는 방법은 오려 자신의 의견을 내놓지 않는 것뿐임을 깨닫게 된다.

이는 반직관적인 얘기라서 대부분의 직원들이 잘 받아들이지 못한다. 그들의 의견은 언제나 중요하다. 하지만 이는 그것이 완벽하게 모양이 잡혀 빛을 발하는 지혜의 진주라서가 아니다. 그것이 중요한 이유는 다른 사람들도 계속 아이디어를 내놓을 수 있도록 용기를 주기 때문이다.

사람들은 모든 아이디어를 실제보다 더 중요하다고 잘못 생각하는 일이 많다. 이들은 잘못된 아이디어를 내놓을 경우 거기 따를 대가가 너무 크다고 여기거나, 자기 아이디어가 일의 진행 속도를 늦추거나 조직에 해를 입힐 수도 있다고 생각해서 그 아이디어를 꺼내놓지 않는 것이다. 이렇듯 나중에 후회하느니 조심하는 편이 낫다는 접근 방식은 대개 의식적인 단위에서 벌어지는 일이 아니다. 위험을 자초한 결과 고통을 겪게 된 수많은 동료들의 모습을 보면서 이런 교훈을 얻는 것이다. 이 악순환의 고리를 끊어야 한다. 이제 직원들에게 위험을 감수할 때 얻을 수 있는 긍정적인 결과를 보여주는 조직을 만들기 시작해야 한다.

| Why so serious?

결국 우리는 창작 과정과 우리가 판매하는 제품에 깊이 내재되어 있는 실패를 상당히 건전하게 받아들이는 태도를 발전시킬 수 있었다. 우리 작품(그리고 때로는 여러분의 경우에도)의 결함은 완전무결함보다 더 흥미롭다. 어쨌든 더 웃긴 것만은 확실하다.

조직들이 훌륭하게 실패하는 방법을 가르칠 수 있는 마법의 공식이 존재한다고는 생각하지 않는다. 어떤 사람과 회사는 다른 이들에 비해 늘 실패를 더 편안한 마음으로 받아들인다. 하지만 우리는 이런 방식 덕분에 일을 더 빠르게 진행하고, 더 많은 위험을 감수하며, 상황에 보다 민첩하게 대응하고, 더 즐겁게 일할 수 있다는 걸 안다. 그리고 빠르게 변화하는 기업 풍토에 잘 적응할 수 있게도 해준다.

우리가 현재 누리고 있는 성공은 과거에 겪은 여러 가지 실패와 창작 과정에서 완벽을 바라지 않고 혁신을 목표로 삼아 노력하는 긍정적이고 할 수 있다는 정신 덕분이다. 빨리, 자주 실패하면 궁극적인 목표 — 완벽한 최종 제품 — 를 이룰 수 있는 더 좋은 기회가 생긴다. 윈스턴 처칠이 예전에 한 말처럼, "성공은 확정된 것이 아니고 어떤 실패도 치명적이지 않다. 중요한 건 계속해서 시도하는 용기다."

07

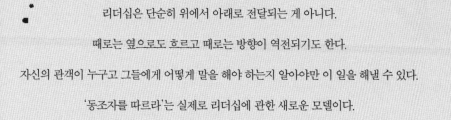

리더십은 단순히 위에서 아래로 전달되는 게 아니다.

때로는 옆으로도 흐르고 때로는 방향이 역전되기도 한다.

자신의 관객이 누구고 그들에게 어떻게 말을 해야 하는지 알아야만 이 일을 해낼 수 있다.

'동조자를 따르라'는 실제로 리더십에 관한 새로운 모델이다.

동 조 자 를 따 르 라

| 즉흥 코미디, 피터 드러커를 만나다

세컨드 시티가 겪은 실패 중 하나는 유대인 관객들을 위해 특별히 맞춤 제작한 〈주시컬 더 뮤지컬(Jewsical the Musical)〉이라는 작품을 만들려고 시도 했던 일이다. 이 시사 풍자극은 유대인 커뮤니티 센터 몇 곳에서 상연되었 지만 창의적인 면에서도 상업적인 면에서도 좋은 결과를 얻지 못했다. 하 지만 이 작품을 제작하는 과정에서 스퍼투스 유대인 연구소의 CEO인 할 M. 루이스와 만나게 되었다. 우리는 〈주시컬〉 공연을 개시할 방법을 찾고 있었는데, 이 연구소에서 첫 공연을 하면서 즉흥극에 관한 워크숍도 개최 했다. 우리의 워크숍 중 하나를 지켜본 할은 "내가 본 강의 내용 중 일부는 현대 세계의 리더십에 관한 드러커의 이론과 정확하게 일치합니다"라고 지적했다. 그래서 좀 더 자세히 살펴보니 그의 말이 옳다는 걸 알 수 있었다.

할이 말한 '드러커'는 물론 기업 구조를 바라보는 새로운 방식을 주창한 오스트리아 출신의 경영 컨설턴트이자 작가인 피터 드러커다. 그는 정보의 시대에는 계층적인 기업 구조를 지식 노동자에게 초점을 맞춘 '좀 더 평평한' 구조로 바꿔야 한다고 주장했다. 드러커는 기업들이 노동자를 부채가 아닌 자산으로 대해야 한다고 생각했다. 그는 또 고객이 없이는 기업도 존재할 수 없다며 고객에게 초점을 맞췄다. 그는 노동자가 자신의 근로 환경에 대한 통제권을 가져야 한다고도 생각했고 기업 내에서 독자적으로 일하는 팀의 역할을 옹호했다. 그의 생각은 즉흥극과 아주 유사한 부분이 많다.

1. 세컨드 시티의 가장 중요한 자산은 우리가 보유한 인재들이다.

2. 연기자들과 감독들에게 그들만의 공간을 보장하고, 그들이 피드백과 의견을 구할 준비가 될 때까지 창작 과정에 대한 전면적인 통제권을 준다.

3. 연기자들의 작품은 창작 과정에 적극적으로 참여하는 소비자(관객)들과 직접 연결되어 있다.

결국 회사에 앙상블을 최우선시하는 방법을 도입하면 리더십에 대한 비즈니스계의 인식에 도전할 수 있다. 드러커의 말처럼, "리더십은 다변가처럼 매력 있는 인품이 아니다. '친구를 사귀고 사람들에 영향력을 행사하는' 것도 아니다. 그런 건 아첨이다. 리더십은 상대방의 비전이 더 높은 곳을 향하도록 하고 그의 성과를 더 높은 기준으로 올려놓으며 일반적인 한계를 넘어서는 인격을 쌓게 해준다." 당신은 더 높은 직함, 더 큰 사무실, 더 멋진 명패를 가지고 있을지도 모르지만, 그래도 자신보다 훨씬 큰 유기체의 일부분이라는 사실에는 변함이 없다.

드러커는 1973년에 이런 말을 했지만 당시에도 세컨드 시티는 앙상블의 힘과 집단 내에서의 개인의 역할, 그리고 낡은 계층 질서는 새로운 경영 및 리더십 모델에 자리를 내주게 되어 있다는 걸 이미 알고 있었다. 그 이듬해에 드러커는 이렇게 썼다.

> 내가 보기에 가장 효율적으로 일하는 리더들은 '나'라는 말을 결코 하지 않는 듯하다. 그건 '나'라는 말을 하지 않도록 스스로를 훈련해서가 아니다. 그들은 '나'를 생각하지 않는다. 그들은 '우리'를 생각한다. '팀'을 생각한다. 그들은 팀이 제대로 기능하게 만드는 게 자신의 역할임을 잘 이해하고 있다. 그들은 책임을 받아들이고 그걸 회피하지 않는다. 그리고 '우리'에게 공이 돌아온다. 이를 통해 신뢰가 쌓이고 일을 완수할 수 있게 된다.

이 역시 즉흥 연기자들이 예전부터 알고 있는 내용이다. 그리고 그의 말은 옳았다. 뛰어난 리더는 팀 안에는 '나'가 없다는 걸 안다. 하지만 효율적인 리더가 이 대명사를 입에서 내뱉지 않기 위해 혼신의 노력을 기울이지 않는다는 말에는 동의할 수 없다. 그들은 아마 노력할 것이다. 그렇게 한다는 건 쉬운 일이 아니다. 세컨드 시티에서 리더 역할을 하고 있는 우리들도 일터에서 실제로 사용하는 단어 중에서 '나'를 없애기 위해 상당 기간 동안 노력했다. 이를 위해서는 훈련과 연습이 필요하다.

우리가 드러커의 뛰어난 리더십 법칙 — 앙상블을 신뢰하고, 협력해서 일하고, 팀에서 '나'를 제거하는 것 — 을 따름으로써 성취할 수 있는 게 뭔지 이해하려면 즉흥극의 어머니인 비올라 스폴린이 개발한 '동조자를 따르라'라는 실습 방법을 이용하는 것이 좋다.

이 실습은 다음과 같이 진행된다. 한 무리의 사람들이 서로 마주볼 수 있도록 둥글게 원을 그리고 앉는다. 진행자의 신호에 따라 각자 소리를 내고 몸을 움직이기 시작한다. 하지만 그와 동시에 각자 다른 사람이 내는 소리와 움직임을 흉내 내야 한다. 아무도 이끌지 않고 아무도 따라가지 않지만 결국 그룹 내의 모든 사람들은 다른 사람이 뭘 하는지 보기 위해 끊임없이 이리저리 관심을 돌려야 한다. 한 사람이 머리를 흔들면 그룹 전체가 머리를 흔들게 된다. 하지만 실습을 제대로 할 경우 외부인은 처음 머리를 흔들기 시작한 사람이 누구인지 확인할 수 없다. 마치 그룹 전체가 똑같은 생각을 하고 있는 것처럼, 아주 미세한 방향 전환도 물고기 떼처럼 정확하고 즉각적으로 예측할 수 있게 된다. 이끄는 사람과 따르는 사람이 계속 유동적으로 바뀐다.

이 실습은 고도의 집중력과 경청 능력을 요한다. 참가자들은 그 순간에 집중하면서 자기 건너편에 앉은 사람이 하고 있는 행동뿐만 아니라 시야

밖에 있는 사람이 하는 행동도 의식해야 한다. 때로는 모든 사람이 혼란에 빠지기도 하고, 때로는 그룹 전체가 자신들의 모습을 그대로 비추면서 모든 개인이 매끄럽게 작동하는 하나의 유기체로 변신한다. 그룹이 조화로운 동작과 소리 패턴을 만들어내서 기계나 파도, 폭풍우와 비슷해 보이는 경우도 종종 있다. 각자의 지위를 박탈당하고 아무 지시도 받지 않은 상태에서도, 우리 인간은 어떤 질서와 형태를 만들어내서 일이 진행되도록 할 수 있다.

'동조자를 따르라'는 우리 사무실과 그보다 규모가 더 큰 시장에서 이미 작용하고 있는 변화의 역학을 신체로 구현한 것이다. 변화는 끊임없이 계속된다. 성공한 리더들은 이 사실을 예리하게 인식하면서 그런 변화를 예측하는 게 자신의 책임이라고 여긴다. 하지만 〈매트릭스〉에 나오는 것처럼 아주 느리고 멋진 동작으로 몸을 구부리고 비트는 능력이 없다면 움직이는 수많은 표적을 어떻게 미리 예측할 수 있겠는가? 오늘날의 리더는 업무에 관한 규정을 철저하게 숙지하고, 필요한 순간에는 그 규칙을 포기할 줄 아는 능력과 비즈니스계에 작용하는 다양한 힘에 실시간으로 반응하는 본능 등 최상급 즉흥 연기자의 속성을 지니고 있을 가능성이 높다.

| 자리를 비켜라

상사가 되는 방법에 관한 매뉴얼을 갖추고 있는 기업은 매우 드물다.

최소한 우리 회사에는 없다. 그러나 우리 선배들에게서 상당히 좋은 조언을 얻을 수 있었다.

앤드류 알렉산더가 해준 리더십에 관한 가장 간단명료하면서도 귀중한 조언은 직원들이 자기 일을 할 수 있는 환경을 만들고, 가능한 한 최고의 상호 보완적 직원들을 많이 채용하며, 그들이 지속적인 간섭이나 방해를 받지 않고 자기 일을 할 수 있게 해주라는 것이었다. 사실 그가 실제로 한 말은 "적당한 모래상자를 만들고, 알맞은 사람들을 채용하고, 그 사람들 옆에서 비키게"라는 것이었다.

어쨌든 우리는 그의 조언을 마음에 새겼고 거기에서 많은 도움을 받았다. 세컨드 시티에서는 연습을 할 때 상사가 지켜보지 않는다. 실시간 제작 상황을 감독하는 제작자들은 감독이 이제 다 되었다고 말해야 비로소 공연 준비 상황을 확인한다. 앞장에서 설명한 것처럼 출연진과 감독은 외부의 시선이나 실제 작업에 직접 관여하지 않는 사람의 평가에 방해받지 않는다.

다른 조직에서도 이런 식으로 창작 과정이 진행되도록 허용해야 한다. 어떤 팀에 새로운 사업 계획을 세우거나 새 광고 캠페인 아이디어를 브레인스토밍하라는 임무가 배정되면, 리더와 관리자는 업무 한도를 정해준 뒤 자리를 비켜야 한다. 하지만 한도를 정하는 건 중요하다. 대부분의 기업들은 제품 개발에 시간을 무한정 들일 수 없다. 모든 사람이 지킬 수 있다고 생각되는 시한과 일정을 정하고, 그 그룹이 일을 완수하는 데 필요한 자원을 제공하고, 매일같이 방해를 하는 게 아니라 가끔씩 진행 과정을 확인하면서 팀원들이 필요할 경우 외부의 지원을 받을 수 있다는 사실을 알 수 있게 해줘야 한다.

왜냐하면 새롭고 독창적인 뭔가를 개발하는 임무를 맡을 경우, 다들 상사의 시선에서 벗어나서 아이디어를 떠올릴 수 있는 시간이 필요하기 때문이다. 너무 일찍부터 외부의 피드백이나 평가를 받으면 그룹의 창작 원동력에 변화가 생기는데 대부분 나쁜 쪽으로 변한다. 이 경우 직원들은 창의적인 상상력에 몸을 맡기고 그게 자신을 어디로 데려가는지 지켜보는 대신, 자기가 상사의 쪽지에 적절히 대응했는지 걱정하거나 상사가 정말 원하는 게 뭔지를 추측하기 시작한다.

관리자와 감독관이 업무 진행 과정에서 일에 개입해야만 하는 때와 장소도 물론 있다. 우리 경우에는 공연 감독이 제작자에게 현재 제작 중인 공연 연습을 참관하고 그에 대한 의견을 전달하는 수 있는 날을 구체적으로 알려준다. 제작자는 깜짝 방문을 절대 하지 않는다. 그래서 감독은 평가에 대한 두려움 없이 마음껏 위험을 감수하거나 새로운 소재를 시도할 수 있다. 일례로 감독은 출연자가 어떤 소재에 극도로 집착하면서 그 장면을 삭제하기를 거부하는 경우, 일부러 실패할 게 뻔한 그 소재를 무대에 올릴 수도 있다.

그렇다 해도 배우들이 관객들 앞에서 그 소재가 실패로 돌아가는 모습을 직접 보면 그들은 대개 집착에서 벗어나 그 소재를 포기해야 한다는 걸 객관적으로 깨닫게 된다. 수준 이하의 소재를 무대에 올림으로써 감독은 출연진에게 엄격하게 행동하는 걸 피할 수 있고, 배우들은 자신의 아이디어가 진지하게 받아들여졌다는 걸 알기에 앙상블의 사기와 온전한 상태를 유지할 수 있다. 또한 형편없는 소재가 어떤 반응을 얻는지 직접 볼 기회를 줌으로써 억울함이나 의심 같은 감정이 오래 남지 않게 된다. 하지만 제작자에게 그런 날에 하는 공연을 보여주는 건 별로 좋은 생각은 아니다.

무대에 올릴 최상급 콘텐츠를 제작하는 동시에 앙상블 구성원들이 서로 온전하게 조화를 이루도록 하는 것이 감독의 일이다. 어떤 배우는 대담해지고 어떤 배우는 울적하고 상처 입기 쉬운 기분을 느끼는 등 실내의 역학 관계는 계속해서 바뀐다. 언제든 그 역할이 역전될 수도 있다. 그곳에 있는 사람들 가운데 밤낮으로 공연을 위해 일했던 사람만이 현재 작용 중인 전반적인 역학 관계를 완전히 이해할 수 있다. 처리해야 할 일이 매우 많지만 세컨드 시티의 재능 있는 감독들은 개인과 그룹 전체의 요구를 파악할 수 있는 능력이 있다.

'동조자를 따르라'는 리더나 그와 비슷하게 남들을 이끄는 이들에게 호소한다. 이는 양자택일이나 '내가 하자는 대로 하든지 아니면 떠나라'는 식의 태도를 견제하는 기능을 한다. 사람은 절대주의를 지향하는 경향이 있는데, 언론매체가 정치에 관해 떠들어대는 방식이나, 판단부터 먼저 내리고 질문은 나중에 하는 경향이 있는 소셜 미디어의 방식 때문에 이런 경향이 갈수록 심해지고 있다. 사실 여러분이 보려고만 한다면 우리가 사는 실제 세계에는 이도 저도 아닌 애매한 상황들이 매우 많다. 즉흥극이 변화에 실시간으로 대응하는 능력을 키워준다면, '동조자를 따르라'는 타인의 관점도 실시간으로 고려할 것을 요구한다.

여러분이 하는 일에 '동조자를 따르라' 방식을 도입하면 직원들과 얘기하고, 관리자와 얘기하고, 고객과도 얘기하게 된다. 그리고 대화 내용이 언제나 바뀌므로 이야기가 끊이지 않을 것이다. 이렇게 교훈을 얻어야 한다.

관리자들은 자기가 실수를 저지른 때를 기억해두는 게 중요하다. 이 책을 쓰는 동안 우리는 서로에게 "우리가 하는 이 조언을 좀 더 자주 따랐더라면 좋았을 텐데"라는 말을 수도 없이 했다. 완벽에 도달하는 건 가능성이 낮을 뿐만 아니라 아예 달성이 불가능한 목표다. 즉흥극은 탁월한 경지에 이르기 위해 노력하는 우리 안의 일부를 포기하지 않고도 이 사실을 이해한다. 책 한 권에 모든 진리를 담을 수 있다고는 생각지 않고 또 목표를 달성할 때 택할 수 있는 흥미롭고 보람 있는 경로는 매우 많다. 그러나 즉흥극에 대한 우리의 믿음 가운데 일부는 이것이 우리의 결함을 수용할 뿐만 아니라 일을 처리하는 과정에서 저지르는 많은 실수를 해결할 수 있는 처방을 제공한다는 것이다.

일상적인 업무를 할 때면 정보와 영업 보고서, 마케팅 보고서, 동향, 기회 등이 사방에서 쏟아져 들어온다. 실시간 정보 시대가 도래하면서 언급된 정보에 즉시 반응할 수 있는 능력을 근육처럼 키우고 강화해야 한다. 훈련된 즉흥 연기자는 항상 바로 그 특정한 근육을 이용해 중요한 정보를 얻고 즉시 그것에 반응한다. 날마다 여러분에게 달려드는 모든 정보를 처리하고 대응하는 능력을 높인다면 일처리를 얼마나 더 효과적으로 할 수 있을지 생각해보자.

즉흥극 학습을 통해 그 근육을 키울 수 있다. 그리고 방법을 익히고 나면 그 훈련과 근육 기억의 효과가 어떻게 나타나는지 놀랄 것이다. 일례로 엘리엇 메이시는 '동조자를 따르라'를 이용한 사람이 어려운 연설을 잘 마친 일에 대한 재미있는 이야기를 들려주었다.

여러 해 전에, 연설을 하러 간 적이 있는데 그곳 사람들이 나를 다른 사람과 혼동했다. 그들이 내게 해주기를 바라는 연설 주제는 내가 전혀 모르는 분야였다. 그러니 재미있는 얘깃거리가 전혀 없을 수밖에. 그리고 모두들 내가 이 주제에 길게 얘기해 주기를 기대하는 상황이었다. 나는 단상에 올라가 말했다. "X에 관해 본인이 겪은 가장 당황스러웠던 일을 하나 말해주십시오." X가 바로 내가 얘기해야 하는 주제였다. 지금은 그게 뭐였는지 기억조차 나지 않는다. 그만큼이나 무자격자였던 것이다. 그래서 사람들이 걱정스러워하며 웅성댔지만 나는 이렇게 말했다. "좋아요, 제가 질문을 했죠. 누가 대답해주시겠습니까?" 계속 이런 식으로 이야기를 이끌어 나갔다. 그리고 정해진 1시간이 끝나자 나는 기립 박수를 받았다. 그리고 그 주제에 대해 연설해달라는 부탁을 네 번이나 더 받았다.

나는 즉흥극 연기자들이 하는 일을 했다. 솔직했다. 음악과 리더로서 허락할 때 리더로서 할 수 있는 일의 마법을 이용했다. 방을 웃음으로 채웠다. 그리고 그들의 콘텐츠를 내 이야기의 콘텐츠로 사용했다.

먼저 엄격하게 짜여진 연습 과정을 매일 거치지도 않고 대뜸 90킬로그램짜리 역기를 들 수 있을 거라고 생각하는 건 말도 안 되는 일이다. 그리고 물론 역기를 들기 위한 훈련을 계속하지 않을 경우 그렇게 무거운 역기를 계속 들 수 있을 거라고 기대하는 사람도 없다.

주어진 상황에 기민하게 대응하고 상황이 바뀌고 달라지는 동안 실시간으로 반응할 수 있게 해주는 우리 뇌의 일부는 팔과 다리와 심장 근육만큼이나 잘 관리할 필요가 있다. 즉흥 연기를 하면 공감 능력을 적극적으로 활용하고, 인간의 행동을 만들어 내거나 재창작하는 등 이 연습에 최선의 노력을 기울이게 된다. 다시 말해 그 공간의 분위기를 읽고 뇌로 들어오는 정보를 바로 해석할 수 있게 해주는 자기 뇌의 일부를 미세하게 조정하는 것이다.

| 분위기를 읽어라

어떤 의미에서 '동조자를 따르라'는 분위기를 읽는 능력을 강화하는 연습이기도 하다. 이 표현은 약간 진부하다. 구글에서 "분위기를 읽어라"라는 말을 검색하면 감당 못 할 정도로 많은 블로그 게시물을 볼 수 있다. 그리고 고객을 만날 때의 옷차림과 회의에 참석하기 전에 참석자들에 대한 정보를 모두 얻는 방법에 관한 경영 관련 기사를 찾을 수 있다. 그러나 분위기를 읽는 법을 배우려는 이유는 그보다 더 근본적인 것이다. 주어진 순간에 정말 적극적으로 관심을 기울이고 분위기를 읽기 위한 감각을 총동원하면 그곳에 있는 사람들과 의미 있고 효과적인 의사소통을 할 수 있는 기회가 기하급수적으로 늘어난다.

유능한 리더는 대화를 이끌어갈 때나 다른 사람들과 똑같이 일개 참석자가 된 상황에서도 타인의 몸짓 언어를 읽는 법을 안다. 이들은 자기 팀의 누군가가 의자에 몸을 파묻거나 휴대폰을 들여다보기 시작하면 대화의 어느 부분인가가 그를 화나게 했거나 흥미를 잃게 만들었음을 금방 알아차린다. 유능한 리더는 그런 순간이 지속되도록 놔두지 않고 그 사람을 재빨리 다시 대화에 끌어들이고 자기 생각을 계속 공유하도록 독려해서 끝까지 적극적으로 참여하게 한다. 이런 방법을 통해 리더는 자기가 모든 이들의 말에 귀 기울이고 있고 그들의 생각을 중요시한다는 걸 알려준다. 이런 행동은 '벽돌'의 흐름이 꾸준히 이어져서 새롭고 중요한 아이디어를 계속 만들어나갈 수 있게 한다.

세컨드 시티 즉흥극 연감을 보면 오랜 세월에 걸쳐 극장에서 물려져 내려온 긴 격언 목록이 나온다. 그중에 "연기는 무대 위에서만"이라는 게 있다. 이 말은 실제로 장면의 일부가 아닌 것을 가지고 장면을 구성하려고 해서는 안 된다는 뜻이다. 앤 리버라는 이렇게 썼다.

"이야기 속에서 미래를 말하거나 계획을 세워서는 안 된다. 과거 이야기도 가급적 꺼내지 마라. 그 자리에 없는 사람이나 동물에 이야기의 초점을 맞춰서도 안 된다. 현재 그곳에 없는 것에 대한 장면을 만드는 건 정말 어려운 일이다."

뛰어난 즉흥 연기자가 될 수 있게 해주는 자질은 곧 어느 장소에서나 뛰어난 리더(혹은 조직 내의 누구든)가 될 수 있게 해주는 자질과 같다. 그곳에 없는 대상 때문에 망설이지 말자. 그보다는 자기 앞에 있는 사람과 공간에 에너지를 집중시켜야 한다. 상상속의 미래에서 살지 말자. 어딘가에 더 좋은 일자리가 있을 거라 환상을 품는 건 자연스러운 반응이지만, 그 환상 속에서 계속 살아간다고 해서 그게 현실이 되지 않는다. 외려 자기 눈앞에 놓인 현실을 개선하는 걸 방해만 할 뿐이다. 분위기를 읽으려면 지금 이 순간에 집중해야 하고 그렇게 집중함으로써 분위기를 더 잘 읽게 된다.

'동조자를 따르라'라는 원칙을 최상급으로 구현한 기업이 바로 트위터다. 트위터 CEO인 딕 코스톨로가 시카고에 살 때 즉흥 코미디 연기 훈련을 받은 건 우연이 아니다.

| 트위터와 즉흥극

트위터 페이지를 살펴보면 '팔로워(Follower)'와 '팔로잉(Following)'이라는 단어가 계속 화면에 등장하는 걸 볼 수 있다. 이 소셜 미디어 플랫폼의 운영 원칙은 '동조자를 따르라'의 인터넷 버전이라 할 수 있다. 코스톨로가 자기 회사를 이끌고 경영할 때 즉흥극 훈련 방식을 적극적으로 활용한다니 더욱 흥미로운 일이다. 〈블룸버그 비즈니스위크〉에 실린 기사에서 코스톨로는 이렇게 말했다.

즉흥극의 기본 원칙은 무대 위에서 시작되는 일들에 귀를 기울이고 받아들이는 것이다. 설거지를 하는 즉흥 연기를 시작했는데 잠시 뒤에 싱크대가 있을 것으로 추정되는 쪽으로 걸어가서 TV를 켠다면 관객들은 그 장면이 엉망이 됐다고 느끼게 된다. 이와 마찬가지로 나는 관리자들이 직원들의 생각을 무시하지 말고 귀를 기울이고 반응을 보이기를 바란다. 관리자들은 마음을 열고 모든 아이디어를 수용해야 한다. 문제가 생겼다는 사실을 부인하고 반사적으로 현 상태를 옹호하려고 한다면 모두가 고통 받게 된다.

코스톨로가 날마다 즉흥극 리더십에 관한 자신의 지식을 트위터 본사에서 적용하는 동안 우리는 트위터가 작동하는 방식에서 다른 교훈을 얻었다. 트위터 그 자체는 여러 가지 면에서 즉흥극의 기술적인 반영이다. 겨우 140자의 짧은 콘텐츠(정말 짧다)는 세컨드 시티의 시사 풍자극 곳곳에서 진행되는 짧막한 농담 한 마디짜리 촌극과 정말 비슷하다.

트위터는 옳고 그름에 상관없이 온갖 정보가 계속 축적되는 지속적인 역동성 속에서 운영된다. 이곳의 콘텐츠는 결코 완제품이 되는 일 없이 계속 바뀐다. 가장 순수한 형태의 즉흥극도 마찬가지다. 즉흥극은 무대 위에 있는 여러 사람에게서 다양한 정보를 받아들이고 관객들은 콘텐츠가 구성되는 방식을 지켜볼 뿐만 아니라 실제 콘텐츠 자체를 직접 가공하게 된다.

트위터는 이런 면에서 매우 훌륭하기 때문에 이 소셜 네트워크를 활용해서 완전히 새롭고 독창적인 재능의 배출구를 찾아낸 코미디언도 많다. 하지만 트위터의 재미있는 목소리에는 부정적인 부분도 있다. 〈디 어니언〉은 9살의 나이에 오스카상 수상 후보가 된 쿼벤저네이 월리스(Quvenzhane Wallis)를 비판하는 트윗을 올린 뒤 사람들에게 맹공격을 당했을 때 이런 사실을 직접적으로 깨달았다. 스티븐 콜베어도 코미디 센트럴(Comedy Central) 직원이 〈콜베어 리포트(The Colbert Report)〉에 실린 풍자적인 내용 가운데 한 줄을 트윗하는 바람에 논란에 휩쓸렸다. 전체적인 내용에서 떼어내 발췌된 그 한 줄만 보면 인종 차별주의적인 발언으로 해석될 여지가 있었던 것이다. 원래는 인종 차별주의를 공격하는 내용이었는데도 말이다.

글은 맥락이 무엇보다도 중요하다. 그런데 트위터에는 맥락이 없다. 특정한 순간에 자신의 관객이 누구인지 알아야 한다는 게 맥락의 요점이다. 〈디 어니언〉의 경우, 이들은 "풍자는 전통적으로 강자에 대한 약자의 무기다"라는 몰리 아이빈스(Molly Ivins)의 중요한 가르침을 잊었다. 콜버트의 논평은 그가 진행하는 TV 프로그램의 일부로 봤을 때는 분명 풍자적이었지만 그 배경이나 전달 방식 등을 제외하고 하나의 농담으로만 놓고 보자 의도치 않게 맹렬한 분노를 불러 일으켰다.

자신의 관객이 누구인지 알아야 한다. 딕 코스톨로는 관리자가 자기 밑에서 일하는 사람들의 이야기에 귀 기울여야 한다고 말했는데 이는 정말 중요한 일이다. 이 조언을 좀 더 확대해서 또 다른 유형의 관객인 고객의 목소리에도 귀를 기울여야 한다. 개인 사무실에서 동료 두 명이 대화를 나눌 때는 정말 멋진 아이디어처럼 느껴졌지만 팀 전원과 함께 논의하기에는 아직 어설플 수도 있는데, 이 경우 그걸 고객 전체에게 널리 알린다는 건 분명 시기상조다.

비즈니스 리더들은 직원들이 의사소통을 하는 다양한 플랫폼에 대한 교육을 실시하는 것이 좋다. 당신의 회사에는 직원들이 소셜 미디어를 사용할 때 본인의 업무에 대해 얘기하거나 회사 생활을 드러내는 방식에 대한 지침이 있는가? 언론매체를 상대하는 일을 하는 직원들은 논란거리에 대해 얘기하는 방식을 정하고 그 기술을 연마하기 위해 정기적으로 모여서 이야기를 나누는가? 당신의 회사는 직원들이 상사 대 상사, 상사 대 직원, 직원 대 고객 등 다양한 관객을 상대로 얘기할 때 필요한 다양한 예의범절을 가르치는가?

리더십은 단순히 위에서 아래로 전달되는 게 아니다. 때로는 옆으로도 흐르고 때로는 방향이 역전되기도 한다. '동조자를 따르라'는 최고의 리더들이 커뮤니케이션의 모든 단계에 정신을 집중할 수 있게 도와주는 본보기를 제시한다. 여러분 회사에서도 실험하고 실패하고 위험을 무릅쓸 수 있는 장소를 찾는 게 중요하다. 자신의 관객이 누구고 그들에게 어떻게 말을 해야 하는지 알아야만 이 일을 해낼 수 있다. '동조자를 따르라'는 실제로 리더십에 관한 새로운 모델이다.

| 리더십 2.0

계층적인 리더십 모델이 평탄하게 바뀌는 과정을 인정하는 것도 리더의 역할이다. 언제 사람들을 이끌고, 언제 따라가고, 언제 비켜야 하는지 알고, 팀을 신뢰하고, 관객들에게 말을 걸면서 그 과정에서 내부 및 외부 커뮤니케이션을 위한 맥락을 형성하는 것이다. 그리고 이런 역할은 시간이 지남에 따라 조금씩 바뀐다.

티나 페이의 저서 《Bossypants》에서 우리가 좋아하는 문장 중에 이런 게 있다. "독선을 도구로 활용하라고 추천하는 경영 강좌는 세상 어디에도 없다." 오늘날의 리더십은 낡은 고정관념을 버리는 게 가장 중요하다. 남들의 존경을 받고 싶다 하더라도 처음부터 존경을 받는 건 불가능하며 최후통첩을 통해서 얻을 수도 없는 일이다.

오늘날의 리더십은 우리가 어릴 때 보던 만화에 늘 나오던 시가를 물고 거대한 옥좌에 앉아 마구 명령을 내리는 사내와 전혀 다르다. 최고의 현대적 리더는 끊임없이 변하는 역동적인 관계 속에서 자신도 함께 변하면서 주변을 관리하고, 필요한 경우 아는 게 가장 많은 직원이 주목을 받게 하며, 필요에 따라 주변 상황을 좀 더 직접적으로 통제하는 능력을 갖춘 사람이다. 흥미롭게도 연구 결과에 따르면 이런 리더십 특성은 남성보다 여성에게서 흔히 발견된다고 한다.

잭 젠거(Jack Zenger) 박사는 조셉 포크먼(Joseph Folkman)과 함께 2011년에

리더십에 관한 연구를 진행하면서 7,280명의 리더를 표본 조사했다. 이들이 분석한 조직 내에서 가장 높은 리더십 위치를 차지한 사람들 중에는 남자의 비율이 훨씬 높았음에도 불구하고, 리더십 효과성을 나타내는 15개의 기능 가운데 12개 부문에서 여성이 더 긍정적인 점수를 얻었다. 최고 경영자이자 작가이고 블로거인 마가렛 헤퍼난(Margaret Heffernan)은 〈CBS 머니와치(CBS MoneyWatch)〉에 기고한 기사에서 이 연구 결과에 대한 젠거 박사의 설명을 다른 말로 바꾸어 표현했다.

리더십 효과성 면에서 여성이 남성보다 높은 점수를 얻었다. 이는 리더십 스타일의 변화에 따른 것이다. 명령과 통제에 의존하던 리더십이 여성의 강점인 좀 더 협업적인 모델로 바뀌고 있다. 여성들은 뛰어난 경청자고 관계를 맺는 능력이 우수하며 남들과 잘 협력하기 때문에 현대적인 리더십의 요구에 잘 적응할 수 있다고 박사는 주장한다.

여성이 남성보다 높은 점수를 받은 분야는 다음과 같다.

- 협업과 팀워크
- 타인을 격려하고 의욕을 북돋아주는 기술
- 타인을 발전시키는 기술
- 변화 옹호

- 강력하고 풍부한 커뮤니케이션
- 자기 개발 훈련

최고의 즉흥 연기자에게서도 이런 속성을 모두 찾아볼 수 있다. 이런 속성을 통해 여성이 전반적으로 남성보다 뛰어난 리더가 될 수 있을까? 우리는 그렇다고 대답할 사람을 많이 알고 있다. 하지만 벳시 마이어스(Betsy Myers)는 아니다. 마이어스는 버락 오바마의 대통령 선거 운동에서 COO 역할을 맡았던 사람이자 매우 높은 평가를 받는 리더십 조언자로서 세컨드 시티 웍스의 몇몇 클라이언트 계약에서 함께 일한 적도 있다. 그녀는 우리가 현재 리더십에 대한 좀 더 균형 잡힌 접근 방법이 필요한 시대에 살고 있다고 생각한다.

리더십에 대한 여성의 접근 방식은 좀 더 협력적이다. 남의 말을 경청하고 사람들을 하나로 묶어주며 긍정적으로 답한다. 지금부터 5년쯤 뒤에는 여성 인력이 더 많아질 것이다. 어제까지 효과적이던 방법이 내일은 효과를 발휘하지 못하게 된다. 그렇다고 남성적인 속성을 모두 버리는 게 답이라고 말하고 싶지는 않다. 우리에게 필요한 건 약간의 균형이다. 성공한 CEO와 리더들은 '예스, 앤드' 철학을 따르게 될 거라고 생각한다. 그들은 더 이상 낡은 명령/통제 방식으로 사람들을 이끌려고 하지 않을 것이다. 이들은 "어떻게 생각합니까?", "당신은 중요한 사람입니다", "물론 당신도 함께 해야죠" 등의 세계관을 가지고 사람들을 이끌 것이다. 역사적으로 좀 더 여성적인 쪽에 가까운 사회적 도구를 이용하는 것이다.

세컨드 시티 사람들이 보기에, 리더십 역할을 맡아 성공한 여성들이 많아지는 건 감성 지능과 소위 소프트스킬이라고 하는 것의 중요성을 보증하는 것과 마찬가지인데 이는 바로 의사소통, 변화에 대한 적응, 공감, 직감 따르기 등 즉흥극이 뒷받침하는 다양한 능력과 일치한다.

이런 특정한 분야에서 뛰어난 힘을 발휘하는 리더의 능력은 대개 리더십 효과와 직접적인 연관성이 있다. 만약 이런 속성을 지니는 게 여러분의 목표라면 즉흥극 연습을 통해 그 목표에 도달할 수 있다. 그리고 남녀 모두 자신의 소프트스킬을 일상생활의 일부로 활용해서 꾸준히 지속적으로 연습한다면 좀 더 효과적으로 사용할 수 있게 된다.

이제 잠깐 리더십 실습을 해보자.

누가 리더인가?

이 실습에서는 사람들이 원을 그리고 선 뒤 그 가운데 한 사람이 원 중앙으로 나와 눈을 감는다. 가운데 있는 사람이 눈을 감은 상태에서 다른 사람들끼리 말은 하지 않고 몸짓을 이용해 자기들 중 누가 리더가 될 것인지 정한다. 이 그룹이 할 일은 입은 열지 않은 채 천천히 신중하게 리더의 움직임을 따라하는 것이다. 가운데 있는 사람은 눈을 뜨고 누가 리더인지 알아내야 한다. 가운데 사람이 리더를 찾아내면 게임이 끝난다.

이 실습을 하면서 배울 수 있는 건 무엇인가? 리드를 하려면 남들이 나를 따르도록 해야 한다는 것, 그리고 명확하고 간결한 움직임이 필요하다는 것이다. 동조자들의 경우에는 리더에게 정신을 집중하고 그의 움직임을 예의 주시하는 동시에 다음 움직임을 예상해야 한다. 원 가운데에 서 있는 사람도 자기가 리더를 얼마나 빨리 알아맞힐 수 있는지 알게 되는데, 때로는 리더십이 제대로 기능하지 못해서 사람들의 움직임이 난장판에 가까운 경우도 있다. 움직임이 물 흐르듯 부드럽고 정확하면 리더를 쉽게 찾아낼 수 있다.

여러분 일터에서는 어떤가? 상사의 행동이 명확한가 아니면 리더십이 거의 혼미한 상태에 빠져 있는가? 직원인 여러분은 상사가 원하는 일에만 정신을 집중하는가? 기억해둬야 할 요점은 외부와 단절된 상태에서는 리더십도 존재할 수 없다는 것이다. 모든 당사자, 즉 이끄는 자와 따르는 자가 각각 해야 하는 역할이 있다.

침묵하는 조직

이 실습을 할 때는 다들 입을 다물고 나이가 가장 어린 사람부터 많은 사람 순으로 일렬로 늘어선다. 하지만 계속 이런 상태로 침묵을 지키고 있어야 하는 건 아니다. 소음, 신체 신호, 시선 맞추기 등 말이 아닌 다른 수단을 통해 의사소통을 할 수 있다. 성의 알파벳순이나 회사 입사일 등 여러 가지 기준에 따라 순서대로 서서 이 실습을 반복한다. 그리고 가장 낙관적인 사람부터 가장 비관적인 사람까지, 혹은 선호하는 브랜드의 알파벳순으로 서라고 하는 등 좀 더 어려운 시나리오를 시도한다.

말을 하지 않으면 의사소통을 할 수 있는 새로운 방법을 억지로 찾게 된다. 다른 무엇보다도 '침묵하는 조직'은 각 개인이 작업을 완수하는 데 있어서 하나의 역할을 하게 한다. 그렇지 않으면 일이 완료될 수 없다. 게다가 다른 사람에게 고도로 집중해야 한다. 어떤 경우에는 몸짓을 통해 뭘 말하려는 건지 알아내기 위해 그 사람이 움직이는 순간에 집중해야 하고, 좋아하는 브랜드의 경우에는 자기가 그 사람에 대해서 당장 주어진 임무와 관련된 정보를 알고 있는지 생각해보고 그걸 이용해야 한다. 이 실습을 통해 — 특히 한동안 같이 일한 팀의 경우 — 몇 가지 재미있는 결과가 생길 수 있다. 어떤 이들은 쉽고 직관적인 동작을 하는 반면 다른 이들의 동작은 알아보기가 어렵다. 어떤 팀원이 타고난 의사소통 능력을 가지고 있고 또 어떤 팀원이 그렇지 않은지 알면 그룹 내의 모든 사람에게 도움이 된다.

리더십 실습이 늘 침묵 속에서 진행되어야 하는 건 아니다. 단어를 이용한 게임도 있다.

진주 목걸이

모든 사람이 앞을 향해 일렬로 선다. 줄의 첫 번째 사람에게 대화의 첫 문장을 알려주고 마지막 사람에게 마지막 문장을 알려준다. 첫 번째 사람이 대화의 첫 문장을 말하면 뒤에 서 있는 사람들은 차례대로 그 이야기를 첫 문장부터 마지막 문장까지 논리적으로 이끌어갈 수 있는 문장을 즉흥적으로 하나씩 생각해서 말해야 한다. 이 게임은 다음과 같은 식으로 진행될 수 있다.

첫 문장: 어느 날, 치타가 우리 집에 피자를 배달했다.

마지막 문장: 직장에서 승진했다.

이제 첫 번째 사람과 마지막 사람의 사이에 있는 세 사람은 치타에서 승진까지 이야기를 어떻게 이끌어갈 것인지 생각해야 한다. 이들이 뭔가 말이 되는 상황을 제시하려면 자기가 말하는 부분뿐만 아니라 자기 앞사람과 뒷사람이 말하는 내용도 전체 이야기에 들어맞는지 살펴야 한다.

둘째 문장: 깜짝 놀라서 휴대폰으로 사진을 찍었다.

셋째 문장: 그 사진을 상사에게 보냈다.

넷째 문장: 내 상사는 피자에 관한 특집 기사가 실린 야생동물 잡지의 사진 편집자다.

대개의 경우 사람들은 훈련을 거의 받지 않은 채로 갑작스럽게 리더십 역할을 맡게 된다. 그러니 신참 관리자가 정보를 격리시키고 리더와 직원 사이의 구분을 강화하는 리더십 스타일을 드러낸다고 해도 전혀 놀랄 일이 아니다. 이런 리더십 스타일이 낳는 불행한 결과는 이런 스타일이 개인과 조직 모두에 깊이 배어들면서 혁신과 성장을 막는 장애물이 된다는 것이다.

'동조자를 따르라'는 우리에게 사람들을 이끄는 더 좋은 방법이 있다는 걸 가르쳐준다. 관리자는 최고의 결과를 얻기 위해 일터의 모든 부분을 통제할 필요가 없다. 사실 그 반대로 하는 게 옳다. 관리자가 자기가 감독하는 사람들이 내놓는 최상의 아이디어와 계획을 듣고 활용할 수 있다면 전략적인 우위를 차지하게 될 것이다.

08

모든 교육 과정에서 경청의 중요성을 강조한다면

다른 이들의 감정과 생각을 본능적으로 배려하는 이들을 키워낼 수 있을 것이다.

많은 사람이 서로의 말에 귀를 기울인다면 거기에 얼마나 많은 가능성이

내재되어 있을지 상상해보자.

우리는 바로 그런 세상에서 살고 싶다.

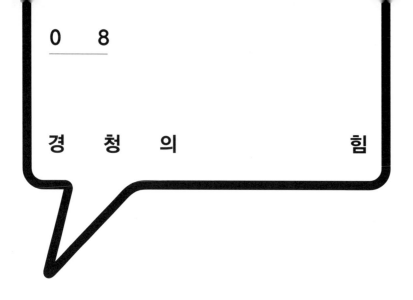

0 8

경 청 의   힘

2004년에 영국의 풍자 작가 토니 헨드라(Tony Hendra)가 《파더 조(Father Joe)》라는 책을 출간했다. 그의 책은 조셉 워릴로(Joseph Warrilow) 신부라는 베네딕트회 수도사와 몇 십 년 동안 이어온 우정에 대한 개인적인 이야기를 담고 있다.

헨드라는 젊은 시절에 자기가 살던 영국의 한 마을에서, 결혼한 가톨릭 교도 여성과 관계를 맺게 되었다. 그녀의 남편이 이 사실을 알게 되자 헨드라는 '구원'을 받기 위해 그 지역 사제에게 끌려가게 된다. 조 신부는 헨드라에게 몽둥이질을 하는 대신 현명하고 동정 어린 충고를 해줬고, 그 이후에도 코미디언의 생활에서 벗어나 정기적으로 휴식을 취하러 고향을 찾는 헨드라에게 수십 년 동안 조언을 해주고 있다.

1970년대 초에 헨드라는 같은 세컨드 시티의 여러 졸업생들과 함께 일하기 시작했다. 그는 당장 머리에서 떠오르는 대로 연기를 펼치는 그들의 재능에 놀라고 어리둥절했다. 그는 즉흥극에 대한 질문을 퍼붓기 시작했다. 그는 조 신부에게 이런 편지를 보냈다.

제가 사방에서 얻은 조언의 결론은, 이와 비슷한 절정기에 도달하고 싶다면 남의 말을 경청해야 한다는 것이었습니다. 단어와 감정과 상대방의 의도 등 모든 부분에 귀를 기울여라. 완전히 마음을 열고 그 순간에 대한 선입관을 없애고 미리 대비도 하지 말아라. 그렇게만 하면 잘못될 일이 없다. 즉흥극은 단순히 즐기기 위한 수단이 아니라 그 자체가 중요한 하나의 과정이고 지식 습득 방법이며, 스스로 알고 있다고 생각했지만 이 순간까지는 진정으로 알지 못했던 다른 사람의 성격과 존재의 실체와 논의 중인 사항의 진실한 측면을 이해하는 방식입니다.

엄격히 말해 이 일의 '일원'이 아닌 사람이 즉흥극에 대해 이렇게 열정적이고 아름답게 표현한 글을 읽게 되어 약간 놀랐지만, 그 후 몇 주 동안 우리 극장 사람들이 이 책을 돌려 읽으면서 온갖 토론과 논쟁을 벌이게 된 결정적인 이유는 그 뒤에 이어지는 문장 때문이었다.

조 신부님도 20여 년 전에 거의 같은 말씀을 하지 않으셨습니까? 하느님을 아는 유일한 방법, 타인을 아는 유일한 방법은 귀를 기울이는 거라고요. 경청은 자신과 다른 사람을 가로막은 벽을 넘어 잘 모르는 다른 자아를 향해 손을 뻗는 일이라고요.

헨드라는 조 신부가 한 말을 이렇게 인용한다. "우리 중에 남의 말을 제대로 경청하는 사람은 없지 않습니까? 그저 사람들이 하는 말의 일부만을 들을 뿐입니다. 경청은 정말 우리에게 도움이 되는 일입니다. 거의 항상 기대치도 못했던 뭔가를 듣게 될 겁니다."

마지막으로 헨드라는 이렇게 결론을 내린다. "즉흥극의 아버지가 한 말과 조 신부가 한 말이 놀랍도록 비슷하다는 데는 의문의 여지가 없다. 세컨드 시티와 하느님의 도시 사이에는 공통점이 있다."

그래도 걱정할 필요는 없다. 우리는 종교를 창시할 생각은 없으니까. 세상에는 스스로를 권위자나 대가라고 칭하는 이들이 이미 너무 많고, 즉흥적으로 만들어낸 다양한 신의 제단 앞에서 기도를 올리는 열성적이고 선의에 넘치는 사도들도 차고 넘친다. 그러나 여기에는 절대적인 진리가 하나 있다. 존 웨인(John Wayne)의 말을 인용하자면, 우리는 귀는 짧고 입은 길다. 즉 남의 말은 잘 듣지 않고 나의 말은 많다.

| 듣는 것도 연습이 필요하다

〈포브스〉지의 칼럼니스트인 글렌 로피스(Glenn Lopis)의 말에 따르면, 우리가 아는 지식의 85퍼센트는 들어서 알게 된 것이고, 근무 시간의 45퍼센트를 남의 말을 듣는 데 쓰지만 인간은 자기가 들은 내용 가운데 겨우 25퍼센트만을 이해한다고 한다. 로피스가 알아낸 더욱 놀라운 사실은 전문직 종사자 가운데 경청 기술을 정식으로 교육받은 사람이 단 2퍼센트뿐이라는 것이다. 우리 모두에게 필요한 기초적인 기술에 이렇게 냉담한 태도를 보인다는 건 상상하기 어려우며 다른 분야에서는 결코 찾아볼 수 없는 실수다.

프로 야구선수 가운데 배팅 연습을 하는 사람이 단 2퍼센트뿐이라는 걸 상상할 수 있겠는가? 오페라 가수들 가운데 전문적인 레슨을 받고 꾸준히 연습하는 사람이 2퍼센트밖에 안 된다고 생각해보자. (이 두 분야에서 핵심 기술 훈련을 게을리 할 경우 발생하는 손실은 일거리와 기회를 상실할 뿐만 아니라 대중들에게 나쁜 인상까지 심어주게 된다. 어쩌면 사람들은 실패의 대가가 구체적이고 내재적이라서 꼭 필요할 때만 자신의 능력을 향상시키기 위해 노력하는 건지도 모른다.)

우리는 자기가 사는 세상, 나라, 일터, 집에서 경청과 관련된 문제를 안고 있다. 왜 그럴까? 연습을 하지 않기 때문이다. 배우지 않았기 때문이다. 물론 부모님이나 선생님 등에게서 남의 얘기를 잘 들으라는 말을 듣기는 했다. 하지만 듣기는 우리가 지식을 습득하는 주요 수단임에도 불구하고 듣기 기술을 발전시킬 수 있는 도구를 손에 쥐어본 적이 없다.

우리 회사의 전문가 개발 강좌에서는 기업과 즉흥극의 공통점이 뭔지를 보여주기 위해 열심히 노력한다. 둘 다 손을 뻗어 마음을 사로잡아야 하는 관객이 있고, 둘 다 팀을 이뤄서 일해야 하며, 둘 다 성과를 올리지 못하면 나보다 유능하고 색다른 재능을 가진 사람에게 자리를 빼앗길지도 모른다는 압박을 느낀다. 또 두 세상 사이의 중요한 차이점도 지적할 수 있다. 우리는 개인보다 앙상블이 강하고, 대본이나 계획이 없어도 편안하게 혹은 적어도 능숙하게 연기할 수 있으며, 우리는 남의 말을 경청한다.

뛰어난 경청 기술은 훌륭한 즉흥 연기의 핵심이다. 앞서 살펴본 것처럼 행동을 이끌어줄 대본 없이 무대 위에서 장면을 구성하기 위해 배우들이 '예스, 앤드'를 이용해 서로의 아이디어를 받아들이고 발전시키면서 근사한 장면을 만들어낸다. 그러나 상대방의 아이디어를 인정하고 발전시키기 전에, 먼저 그들이 하는 말을 잘 들어야 한다. 반드시 귀를 기울여야 한다.

누군가가 "스쿠버 장비가 이렇게 불편한 줄은 몰랐어"라는 말로 장면을 시작했는데, 그의 무대 파트너는 "이 도시에는 갈수록 코기(Corgi) 종 개들이 늘어나는 것 같아"라고 받아친다면 그 장면은 어디로도 진행될 수가 없다. 상대방이 자기 말을 듣고 있지 않았다는 걸 알게 되고, 우리가 '악성 즉흥극'이라고 부르는 상황에 발목이 묶여 옴짝달싹 못 하게 된다.

세컨드 시티 배우들은 커뮤니케이션을 개선하기 위해 청자가 화자가 한 말을 바꾸어 표현해서 자기가 상대방의 의도를 제대로 알아들었음을 확인하는 단순한 경청의 수준을 넘어선다. 적극적인 경청은 '예스'다. 즉흥극에 필요한 경청 기술을 최고 수준으로 연마하려면 '앤드'도 제시해야 한다. 즉흥 연기를 할 때는 무대 파트너가 내뱉는 단어 하나하나가 선물이자 생명줄이 된다. 이걸 다른 앙상블 구성원들이 발판으로 삼아 웃기고 볼 만한 장면을 만들 수 있기 때문이다.

이런 사실은 특히 우리 트레이닝 센터에서 처음 공연을 펼치는 초급반 학생들의 모습을 지켜볼 때처럼 자신의 경청 기술을 아직 완벽하게 연마하지 못한 사람의 경우에 더욱 자명해진다. 당연한 일이지만 이런 공연은 마구 요동치는 장면, 서로를 뒷받침해주지 않는 배우들, 더 이상 발전되지 못하는 아이디어들로 짜깁기된다. 이는 학생들이 관심이 없거나 노력을 기울이지 않았기 때문이 아니다. 아직 듣는 방법을 배우고 있는 상태에서는 압박감이 높아지면 두려움이 경청 기술을 무시하기 때문이다. 학생들은 너무 긴장한 나머지 고함을 지르거나 상대에게 질문을 던지는 등 우리가 얘기한 두려움에 근거한 온갖 반응들에 의지하게 된다.

세컨드 시티 트레이닝 센터의 공동 설립자인 고 마르탱 드 마트(Martin de Maat)는 긴장한 젊은 학생들은 종종 이야기 속으로 추락하는 경향이 있다고 말했다. 무대 위에 함께 있는 사람이나 주변에서 벌어지는 일들과 무관하게, 뭔가에 대해 끝없는 독백과도 같은 말을 끝없이 늘어놓는 것이다. 기본적으로 이들은 듣기보다는 계속 말을 한다. 여러분 회사에도 이런 사람이 있는가?

즉흥극에서는 흔히 받은 선물과 주는 선물이라는 측면에서 대화를 나눈다. 다른 배우들이 뭔가를 말한다면 그건 여러분과 장면에게 주는 선물이고, 모두가 열심히 귀를 기울이면서 제시된 것을 발전시켜 나간다면 멋진 장면이 만들어질 수 있다. 업무 환경에서도 마찬가지다. 여러분 혼자서만 말을 하면서 다른 사람들이 제시하는 아이디어에는 진심으로 귀를 기울이지 않는다면 동료들과의 의견 교환은 생산성이 떨어질 수밖에 없다.

이런 생각의 중요성을 강조하기 위해 기업 클라이언트와 함께 일할 때 '고맙습니다'라는 즉흥극 실습을 포함시키는 경우가 종종 있다. 이 실습을 할 때는 사람들이 둘씩 짝지어 주제에 상관없이 대화를 나누는데, 다만 상대방의 생각에 답하기 전에 먼저 상대방이 제시한 아이디어에 대해 "고맙다"고 말해야 한다. 물론 지나치게 과장된 면도 없지 않아 있지만 모든 대화에서 상대방의 아이디어를 중요하게 받아들이는 일의 중요성을 강조하는 데 정말 도움이 된다. '고맙습니다'는 주변 사람들의 말과 생각도 자신의 말이나 생각만큼이나 중요하고 귀중하다는 걸 기억하게 해준다.

다른 사람의 아이디어를 듣지 않거나 중요하게 생각지 않으려는 충동에 맞서기 위해 우리 강좌에서 가장 먼저 진행하는 실습 중 하나가 바로 '반복'이다. 실습에 참가한 학생들은 자기가 새로운 이야기를 꺼내기 전에 무대 파트너에게서 방금 들은 대화 내용을 반복해서 말하거나 다른 말로 바꾸어 표현해야 한다. 이것이 적극적인 경청의 기초다. 학생들이 진도를 나가는 동안 운이 좋으면, 다음에 자기가 할 말을 생각하는 것이 아니라 무대 파트너가 하는 말에 온전히 귀 기울이는 이런 적극적인 경청을 배우고 충분히 연습할 수 있다.

꼬리를 물고 이어지는 생각들 사이에서 길을 잃고 갈팡질팡하는 사람을 본 적이 있거나, 자기가 그런 상황에 처한 적이 있는가? 자의식이 강해질수록 목구멍이 말라붙고 땀이 흐르기 시작하고 갑자기 알고 있던 내용과 준비한 내용이 모두 머릿속에서 사라져버린다. 자의식이 효과적인 의사소통 기술을 억누르는 것도 이런 이유 때문이다. 경청 연습에 깊이 빠져든 사람은 자기 회의가 찾아와도 그걸 가까이 못 오게 막을 수 있다. 이를 통해 자기 자신이 아닌 아이디어와 같은 공간에 있는 다른 사람들에게 집중할 수 있다.

7장에 나온 얘기처럼 엘리엇 메이시가 실생활 속에서 자기가 전혀 모르는 주제에 대해 군중들 앞에서 연설을 해야 하는, 배우들이 자주 꾸는 악몽과도 같은 상황에 처하더라도 너무 당황하지 말라고 한 이유도 이 때문이다. 그는 그저 귀를 기울였고 그렇게 함으로써 관중들이 원하는 걸 줄 수 있었다.

| 슈퍼스타 없이 승리하는 법

진지하게 연습하는 경청 기술은 사실 명상의 한 형태이기도 하다. 이는 뇌의 판단 부분의 작동을 멈추고 개인이나 단체와 아주 원활하게 상호 작용을 할 수 있게 해준다. 뛰어난 경청 기술이 300명의 관중 앞에서 털썩 주저앉느냐 아니면 예술을 창조하느냐의 차이를 낳는다고 해도 과언이 아닐 것이다.

우리가 무대에서 즉흥 연기를 할 때는 무대 파트너가 하는 말을 들을 뿐만 아니라 관객들이 제안하는 내용에도 귀를 기울인다. 그리고 때로는 실수에도 귀를 기울여 "실수가 도움이 되도록 활용하라"라는 또 하나의 즉흥극 격언을 따를 수 있다.

우리는 매일 밤 무대 위에서 이런 일이 벌어지는 걸 지켜보았고 결과는 언제나 똑같았다. 이름을 제대로 못 알아듣는 것처럼 간단한 실수가 자주 벌어진다. 예를 들어, 장면이 시작되면서 배우 A에게는 폴이라는 이름이 주어지고 배우 B에게는 스티브라는 이름이 주어졌다. 그런데 장면 뒷부분에서 배우 A가 배우 B를 빌이라고 불렀다. 관객들은 배우가 실수했다는 걸 안다. 무대 위의 다른 배우들도 그가 실수했다는 걸 안다. 배우 A만 빼고 모두들 그가 실수했다는 걸 아는 것이다. 이 실수를 통해 배우 B는 기회를 발견한다.

실수를 지적하기보다 ─ 그런 건 재미있지도 않고 장면에 대한 사람들의 관심을 앗아갈 뿐이다 ─ 상대방의 말을 주의 깊게 들으면서 그 순간에 푹 빠져 있던 배우는 상대방의 실수를 이야기에 안에 포함시킨다. 그래서 배우 B는 이렇게 대답한다.

"아니, 내 본명은 언제 알아낸 거야?"

관중들은 열광한다. 이들은 방금 무대 위에서 어떤 변화가 벌어졌는지 이해했다. 난처해질 수도 있었던 순간이 멋지고 재미있는 순간으로 바뀐 것이다.

즉흥극 연기자는 보통 사람들보다 남의 말을 더 잘 들을 것이라고 생각할지도 모른다. 안 그랬다가는 무대 위에서 공개적이고 굴욕적인 실패를 겪게 될 테니까 말이다. 상대의 이야기에 귀를 기울이지 않으면 관객들에게 야유를 받고 그로 인해 극을 바로 진행하기가 힘들어질 것이다. 또 남의 말을 잘 듣지 않는 사람은 좋은 무대 파트너가 될 수 없고, 즉흥극계에서 그런 소문이 돌면 아무도 그 사람과 공연하고 싶어 하지 않을 것이다. 그렇게 높은 위험성을 안고 있기 때문에 우리 즉흥극 연기자들은 죽기 살기로 경청 기술을 배운다.

무대 아래의 비즈니스 세상, 또는 사람들이 서로 의사소통을 하는 모든 장소에서는 상대의 말을 제대로 듣지 않았을 때 생기는 결과를 그 즉시 느낄 수 없는 경우가 많다. 상사가 고함을 지르는 동안 딴 생각을 하거나, 그날의 고된 일과에 대해 털어놓는 배우자의 말을 한 귀로 듣고 한 귀로 흘려버린다면 상대방과 마음이 연결될 수 있는 기회를 잃게 될지도 모른다. 하지만 자기가 얼마나 딴 생각에 빠져 있는지를 숨길 수 있기 때문에 상대에게는 그런 사실을 들키지 않을 수도 있다. 고개를 몇 번 끄덕거리고 대꾸 삼아 몇 마디 웅얼거리면, 이것만 보고 진짜 자기 말에 귀 기울이고 있나 보다고 착각하는 사람이 많다.

그러나 자기가 상대방의 말에 귀 기울이지 않았다는 걸 숨길 수 있다 하더라도 그런 태도에 아무런 대가도 따르지 않는다는 뜻은 아니다.

그렇다면 잘못된 경청 습관의 대가는 무엇일까? 아무도 부탁하지도, 원하지도 않는 걸 만들어내게 된다는 것이다.

우리 회사에서도 촌극 코미디 공연을 준비할 감독을 채용했을 때 이런 일이 벌어지는 걸 봤다. 첫 번째 프리뷰 공연 날 무대 위에서 진행되는 장면은 촌극 코미디 공연이 아니었다. 감독은 이를 '혁신'하기로 결심하고 연극인지 뮤지컬인지 아니면 다른 어떤 연극적 효과인지 모르겠는 뭔가를 만들어냈는데, 지금 그 상태로는 우리가 목표로 하는 관객들에게 전혀 호응이 없을 게 뻔했다. 상황이 이렇게 된 데는 고위 경영진의 책임도 있다. 세컨드 시티 제작자 여러 명이 — 이름은 거론하지 않을게, 켈리 — 〈슬랩샷(Slapshot)〉이라는 상징적인 하키 영화를 연극으로 각색하면 사람들이 좋아할 것이라고 판단했다.

결과적으로 공연을 보려고 하지 않는 사람들을 억지로 끌어들일 수는 없었다. 〈반지의 제왕〉이나 〈캐리(Carrie)〉나 〈스파이더맨〉 같은 영화를 연극으로 만들어서 보고 싶다고 하는 사람이 있을까? 아마 없을 것이고, 이런 공연은 막을 내리기 전까지 수백만 달러의 손해만 보게 될 것이다. 콘텐츠 제작자인 우리는 뭔가 새로운 걸 만들어내기 위해 서로의 말에 귀를 기울여야 한다. 연극 제작자인 우리는 우리가 만드는 새로운 것을 관객이 원하는지 확인하기 위해 관객들의 목소리도 들어야 한다. 비즈니스계에서는 아무도 원치 않는 제품의 예를 수천, 아니 수백만 개나 찾아낼 수 있다. 만약 제작자들이 관객의 의견을 들었다면 애초에 그런 걸 만드느라고 그 많은 돈을 낭비하지 않았을 것이다.

- 벤게이(Ben-Gay) 아스피린

- 코스모폴리탄(Cosmopolitan) 요거트

- 맥도널드의 아치 디럭스(Arch Deluxe)

- 할리 데이빗슨(Harley Davidson) 향수

- 뉴코크(New Coke)

기업이 자사 고객의 말에 귀 기울이지 않으면 이런 형편없는 제품이 탄생하는 것이다. 평소 코카콜라를 마시던 사람들이 회사 측에게 이제 콜라가 맛이 없다고 적극적으로 말했을까? 맥도널드는 어떻게 고객들이 좀 더세련된 메뉴를 찾는다고 여기게 되었을까? 그리고 벤게이 아스피린은 정말, 정말 역겹다.

| 경청의 기술

전 세계에서 진행되고 있는 거시적인 변화를 생각하면 경청 기술이 그어느 때보다 중요해졌다고 확신할 수 있다. 기업들이 갈수록 글로벌화되고시장에서는 본격적인 세대 교체가 이뤄지고 있다. 이제 자기 목소리만 높이는 게 아니라 커뮤니케이션의 질을 높이는 게 전보다 더 중요해졌다. 그리고 커뮤니케이션의 질을 높이려면 경청 기술을 향상시켜야 한다. 한쪽이 없으면 다른 한쪽도 불가능하다. 우리나 우리 고객들에게 정말 기쁜 일은, 열심히 노력만 하면 누구나 뛰어난 경청자, 뛰어난 의사 전달자가 될 수 있다는 사실을 알아냈다는 것이다. 듣기 능력은 근육과도 같아서 기능을 높이려면 연습이 필요하다. 우리는 듣기 능력을 키워줄 뿐만 아니라 재미있기까지 한 다양한 연습 방법을 고안했다.

뛰어난 경청 기술을 키우기 위한 실습 방법 중에 '마지막 단어에 응답하세요'라는 게 있다. 이 실습을 할 때는 참가자들이 둘씩 짝을 지은 뒤, 업무에 관련된 것이든 아니든 상관없이 아무 주제에 대해서나 대화를 나누게 한다. 딱 하나 지켜야 할 규칙은 참가자들은 반드시 상대방이 말한 마지막 단어를 이용해서 자기 말을 시작해야 한다는 것이다. 실상황에서는 다음과 같은 식으로 진행된다.

인물 1: 난 더운 여름날이 좋아. 일을 마친 뒤에 얼른 수영장으로 달려가 차가운 물에 뛰어들고 싶어 죽겠어(Boy, I love hot summer days. Can't wait to go for a run and jump into the pool after work).

인물 2: 최근에는 일하기가 더 어려워졌어. 새로 온 상사랑 친해지기가 정말 힘들어(Work has been hard lately. I'm really struggling to connect with my new boss).

인물 1: 난 상사란 말이 정말 싫어. 명령을 내리기보다는 다른 사람들이랑 협력해서 일하는 게 좋아(Boss is a title I've never liked much. I like to collaborate more than to give orders).

인물 2: 우리 회사 조달 시스템에는 늘 주문이 밀리지(Orders get clogged up all the time in our procurement system).

무슨 말인지 이해했을 거다. 두 사람의 대화가 실제로 말이 되느냐 안 되느냐는 중요하지 않다. 사실 말이 안 되기 때문에 더 웃기고 재미있다. 그러나 '마지막 단어에 응답하세요' 같은 실습은 일상적인 대화에서 우리가 동료의 말에 얼마나 제대로 귀를 기울이지 않고 있는지를 증명하는 아주 좋은 방법이다. 이 실습이 제대로 이루어지려면 참가자들은 상대방의 생각의 흐름이 끝날 때까지 계속 귀를 기울이고 있어야 한다. 상대방이 말하는 도중에 딴 데 관심을 돌려서는 실습이 제대로 이루어질 수 없다. 말하는 사람의 생각이 끝날 때까지 계속 귀를 기울이는 건 업무에서건 개인 생활에서건 많은 사람들에게 익숙한 일은 아니다. 그보다는 중간에 딴 생각을 하거나 대답할 말을 생각하는 데 골몰하거나 상대가 말을 채 마치기도 전에 반박하는 일이 많다.

스티븐 코비는《성공하는 사람들의 7가지 습관》이라는 책에서 이는 "이해하기 위해 듣는 것과 대답하기 위해 듣는 것"의 차이라고 말했다. 어떤 경우건 간에 상대의 말을 끝까지 듣지 않으면 두 가지 불행한 결과가 생길 수 있다. 첫째, 생각이 딴 데 가 있는 탓에 악의 없이 별 상관없는 대답을 하다가 그가 하는 말의 진짜 내용을 놓치게 될 수도 있다. 더 나쁜 건 말을 끝까지 듣지 않는 바람에 앞사람이 말한 내용을 완전히 부인하는 말을 할 수도 있다는 거다. 이런 상황에서는 전혀 상반된 생각을 갖고 있지 않은데도 불구하고 자기 입을 열기 전에 시간을 들여 상대가 하는 얘기를 낱낱이 듣지 않은 까닭에 서로 불일치하는 얘기를 하게 될 수도 있다.

정치 자문을 하는 벳시 마이어스는 즉흥극을 통해 배운 이런 교훈 덕분에 최악의 냉소주의를 유발할 수 있는 오늘날의 정치 풍토 속에서도 낙관적인 태도를 유지할 수 있다. 그녀는 "진정으로 귀를 기울이면 자기와 마음이 맞지 않는다고 생각했던 사람들과 관계를 맺는 게 얼마나 쉬운 일인지 깨닫게 될 것이다. 즉흥극을 통해 이런 자유를 얻을 수 있다"고 말했다.

기업 클라이언트를 위한 워크숍을 글자 그대로 수천 번이나 진행해본 우리는 사업가들은 대부분 너그럽고 이해심 많은 경청자가 아니라 타고난 응답자들이라고 명확하게 말할 수 있다. 이런 태도의 일부는 대화의 방향을 제어하려는 무의식적인 욕구에서 기인한 것이 틀림없는데, 이는 일을 할 때 나타나는 그들의 조건 반응인 듯하다. 그러나 재미있게도 이런 습관은 대개 역효과를 낳으며 특히 통제가 목적인 경우에는 더욱 그렇다.

우리 경험에 따르면 결과적으로 회의실에서 가장 높은 지위를 얻게 되는 사람은 너그러운 의사 전달자와 이해심 많은 경청자들이다. 이들에게는 무슨 말을 듣는다 하더라도 그에 맞는 적절하고 유용한 대답을 생각해낼 수 있다는 자신감이 있기 때문에 남들보다 확신을 갖고 있는 것처럼 보인다. 하지만 대부분의 사업가들은 '올바른' 대답을 해야 한다는 생각에 사로잡혀 있기 때문에 눈앞에서 진행되고 있는 대화의 본질을 놓치고 만다. 그리고 회의실에 이런 사람이 두 명 이상 있는 경우, 상대방보다 자기 의견을 먼저 내세워서 우위를 차지하려고 할 때마다 점점 초라해 보이고 다른 사람들에게 미치는 영향력도 줄어든다.

'마지막 단어에 응답하세요'는 온전히 귀 기울이는 법을 가르쳐줄 뿐만 아니라 우리가 얼마나 너그럽고 '타인 지향적'이 될 수 있는지도 보여준다. 자신의 의견을 질문 형식으로 던지거나 문장 마지막에 전치사를 붙이는 사람의 경우, 실습 파트너가 그의 말에 쉽사리 대답하기가 정말 어렵다. 예를 들면 다음과 같은 식이다.

인물 1: 제 아이디어를 정말 강하게 밀어붙였지만 그가 제대로 알아들었나 모르겠어요(I pushed my idea pretty hard, but I wasn't sure where he was at).

혹은 이런 질문은 정말 최악이다.

인물 1: 그쪽 생각은 어떠세요?(How about you?)

두 경우 모두 이 문장의 마지막 단어로 대답을 시작할 수는 있지만 꽤 힘들다. 대화의 주도권을 잡고자 하는 이들 중에는 일부러 이런 식으로 말하는 사람도 있지만, 상대방이 하는 말이나 본인이 하는 말에 주의를 기울이지 않는 사람들의 경우에도 이런 일이 종종 벌어진다. 너그러운 의사 전달자와 경청자들은 이런 점에 주의해서 상대방이 좀 더 대답하기 쉽게 문장을 구성하려고 최선을 다한다는 걸 알았다. 이들의 목표는 상대방을 쩔쩔매게 하는 게 아니라 그가 성공할 수 있게 도와주는 것이다.

| 어떻게 해야 본심을 들을까?

즉흥극은 말을 매우 많이 하는 극 형식이지만 언어는 우리가 의사를 소통하는 한 가지 방법일 뿐이다. 화자의 진정한 의도를 전달하는 데 언어만으로는 충분치 않은 경우가 많다. 어조나 말하는 방식도 듣는 사람이 포착할 수 있는 많은 의미를 전달한다. 또 대화 중에 이용하는 신체 신호도 또하나의 커뮤니케이션 단계를 제공한다. 폴 에크먼(Paul Ekman)은 사람들이 의도적으로나 무의식적으로 자신의 진짜 감정을 감출 때 극히 짧은 순간 동안 드러나는 얼굴 표정을 말하는 미세 표정(micro expression)이라는 개념을 동료들과 함께 만들어냈다. 에크먼의 그룹은 분노, 두려움, 슬픔, 혐오감, 경멸, 놀라움, 행복 등 7가지 보편적인 미세 표정을 찾아냈다. 이런 표정은 1

초의 몇 분의 1도 안 되는 짧은 순간 동안만 나타나기 때문에 이걸 알아차리는 방법을 배우기란 매우 어렵다. 하지만 표정을 읽는 능력이 뛰어난 사람들은 우리가 입으로 하는 말과 실제 느끼는 감정 사이에 얼마나 큰 격차가 존재할 수 있는지에 대해 많은 걸 배울 수 있다. 그리고 사람들이 하는 말에 숨겨진 의미를 이해하는 것이 코미디의 기본적인 비유다. 여기에서 많은 웃음이 터져 나온다.

즉흥극 연기자들의 경우 입으로 나온 말 외에도 상대방이 실제 하고자 하는 말이 뭔지 정확하게 아는 게 매우 중요하다. 희극적인 목적 외에도, 이해심 많은 경청을 통해 진실에 이르는 길을 훨씬 또렷하게 찾아낼 수 있다. 어떤 사람이 하는 말 외에 그가 현재 느끼는 기분까지 이해할 수 있다면 그들의 정신세계 전반에 대한 복합적인 통찰을 얻게 된다. 이는 의사소통 가능성을 넓혀준다. 또 에크먼이 인지적 공감이라고 부른 것과도 일맥상통하는데, 《감성 지능》의 작가인 다니엘 골먼은 인지적 공감에 대해 이렇게 설명한다. "상대방이 어떻게 느끼고 무엇을 생각할지 아는 것이다. 때로 조망 수용(perspective-taking)이라고 부르기도 하는 이런 공감은 협상을 하거나 사람들에게 동기를 부여할 때 도움이 된다."

우리는 기업 클라이언트들에게 다양한 실습을 시키면서 단어 이상의 의미를 파악하는 것이 내부 및 외부의 의사소통을 개선하고, 고객을 설득할 때 보다 빨리 승낙을 받아내고, 이런 의견 교환을 연구개발 과정의 핵심으로 만드는 데 얼마나 중요한지 가르쳤다.

한 광고 회사 대표들이 거래처 담당 임원과 크리에이티브 감독을 도와달라며 우리를 찾아왔다. 이들은 고객을 확보하는 팀의 역량을 개선하는 일에만 관심이 있는 게 아니라 이미 거래하고 있는 고객을 계속 유지하는 것도 중요하게 여겼다. 이들은 팀원들이 예전에 같이 일했던 고객의 신호를 잘못 해석하는 바람에 거래가 끊겼다는 사실을 알아차렸다. 때로는 고객이 불만을 느껴도 그런 불만을 여러분에게 직접 말하려고 하지 않는 경우도 있다. 그러니 그들이 다른 거래처를 찾기 전에 빨리 고객의 생각을 파악하는 것이 좋다.

우리는 거래처 담당 임원인 젠과 팀, 그리고 크리에이티브 감독인 네이트가 "손짓으로 전하고 눈빛으로 말하세요"라는 일련의 실습 과정을 거치게 했다. 이들은 서로 신체적 접촉이나 강한 눈빛을 주고받은 뒤에야 비로소 상대방과 말을 할 수 있다. 실습을 시작하고 몇 분이 지나자 젠과 팀, 네이트가 서로 특정한 신체적 접촉을 이루면서 의사소통을 할 수 있게 되었다. 이 실습을 반복하는 사이에 타인에게 완전히 주의를 기울이고자 하는 기본적인 요구가 몸에 배게 되었다. 그와 동시에 이들은 다른 사람이 자신에게 온전히 관심을 가져주면 얼마나 영향력 있는 사람이 된 듯한 기분이 드는지도 경험했다.

이 실습에 이어 '횡설수설 게임'이라는 걸 했다. 젠과 팀은 단어와 소리로만 이루어진 알아들을 수 없는 말을 계속 했고, 네이트는 그들이 하는 말을 방에 있는 다른 사람들에게 통역하는 임무를 맡았다. 네이트는 처음에는 횡설수설에 대한 농담을 하려고 했다. 우리는 그를 내버려뒀다. 그러나 네이트가 농담으로 많은 사람을 웃긴 첫 번째 라운드가 끝난 뒤, 그에게 다시 한번 해보라고 요청했다. 그러나 이번에는 농담으로 넘기는 게 아니라 두 사람이 하는 횡설수설에 진심으로 귀를 기울여보라고 했다. 그의 귀에 들리는 바보 같은 소리에만 관심을 기울이는 게 아니라, 횡설수설 말을 늘어놓으면서 상대방에게 자신의 의사를 전달하라는 요구를 받은 팀과 젠의 몸짓 언어에도 집중하라고 했다.

방안 분위기가 싹 바뀌었다. 네이트는 젠과 팀에게 골똘히 집중하면서 그들이 표현하고자 하는 게 뭔지를 설명하기 시작했다. 젠은 목소리가 떨리고 온몸도 부들부들 떨리고 있었다. "추워요, 겉옷이 필요해요, 아니면 히터를 좀 틀어주세요." 네이트가 통역하자 젠이 미소를 지었다. 그가 젠의 뜻을 정확하게 이해했던 것이다. 팀이 묘사하는 내용은 이해하기가 더 어려웠다. 그는 머리를 꼿꼿이 쳐들고 가슴을 쭉 내민 채 당당한 분위기를 풍기고 있었다. 마침내 네이트가 정답을 찾아냈다. "난 상사다. 내가 여기 책임자다. 누가 나한테 커피를 가져오도록!" 다른 직원들도 팀이 자기 회사 사장을 흉내 내고 있다는 걸 알아차리고는 다들 폭소를 터뜨렸다. 그리고 네이트는 횡설수설하는 말을 통해서도 의미를 알아들을 수 있음을 증명했다.

이런 실습을 반복하고 숨은 의도에 귀를 기울이는 경험에 몰입하면서 광고 회사 사람들은 자신들의 관계가 얼마나 효과적으로 관리되고 있는

지 평가하기 위해 고객이 하는 말 뒤편의 의미에 관심을 집중하는 법을 배웠다. 고객들은 자기 말을 들어주기 원하지만, 자기 기분을 표현하기 위해 늘 가장 직접적인 언어를 사용하지는 않는다. 이런 새로운 깨달음을 얻은 광고 팀은 고객 유지율을 높일 수 있게 되었고 새로운 고객을 확보하는 일도 훨씬 쉬워졌다.

에크먼은 이런 글을 썼다. "타인의 감정을 이해하는 능력을 향상시키면 타인과의 접촉에서 느끼는 친밀함이나 이해도도 높아진다. 연구를 통해 미세 표현을 포착하는 법을 배운 사람은 동료들에게 더 사랑받는다는 사실도 밝혀졌다."

그의 이론은 즉흥극의 핵심적인 요소들과 딱 들어맞는다. 그러고 보면 에크먼이 1950년대 초에 마이크 니콜스, 일레인 메이와 함께 시카고대학을 다녔다는 것도 별로 놀라운 일은 아니다(이때는 니콜스와 메이가 비올라 스폴린의 아들이자 세컨드 시티 제1대 예술 감독인 폴과 함께 비올라 스폴린이 고안한 즉흥 연극 게임을 연습하던 시기이기도 하다).

'즉흥극 경청자'는 대화를 나눌 때마다 다른 사람이 제시한 아이디어를 발전시키려고 하기 때문에 더욱 유능한 경청자다. 이는 즉흥극 경청자들이 유약하다거나 자신의 입장을 강력하게 옹호할 수 있는 능력이 부족하다는 뜻이 아니다. 단지 이들은 자신이 옹호하는 대상은 다른 사람들이 실제로 하는 말을 통해 근거가 마련되고 점점 상황이 나아지게 된다는 걸 안다는 뜻이다. 반향실(echo chamber)에서는 이런 일이 불가능하다.

영업 회의, 다양한 비전이 제시되는 제작 회의, 1대 1 직원 면담 등은 커뮤니케이션의 필수적인 순간들이다. 이런 중요한 순간에 얼마나 상대방의 말을 경청하느냐에 따라 회사 전체의 성패가 결정될 수도 있다. 온전한 듣기 기술을 연마하지 않는다면 좋은 기회를 시도조차 할 수 없게 되는데 성공을 바라는 사람에게 있어서 이런 태도는 말도 안 되는 것이다.

'리얼비즈 쇼츠' 시리즈 중에서 가장 큰 성공을 거둔 동영상 중 하나는 전형적인 전화 회의 모습을 풍자한 것이다. 남의 말을 듣지 않는 사람들을 풍자한 우스꽝스러운 무용극 형식으로 제작했다. 전화 회의 중인 사람들 가운데 어떤 사람은 운전을 하면서 계속 차선을 바꾸는 바람에 도로를 달리는 차들의 경적 소리와 투덜거리는 소리가 계속 들려온다. 어떤 사람은 전화 수신 상태가 너무 안 좋아서 마치 〈스누피〉 만화에 나오는 선생이 지지직거리는 잡음을 뚫고 말하는 것 같다. 또 다른 사람은 자기가 애초에 왜 이 전화 회의에 참석하고 있는지도 모르기 때문에 계속 남의 말을 끊는다. 전부 현실적인 모습들이라서 더 재미있지 않은가?

우리는 즉흥극의 원칙 가운데 가장 중요한 게 뭔지에 대해 자주 이야기를 나눈다. 대개의 경우 사람마다 다르고 또 상황에 따라 달라진다. 하지만 많은 사람들이 즉흥극을 이용해 보다 나은 경청자가 된다면 세상을 바꿀 수 있을지도 모른다. 더 많은 사람이 이해심을 갖고 다른 이들의 말에 귀 기울인다면 오해와 갈등이 줄어들 것이다. 모든 교육 과정에서 경청의 중요성을 강조한다면 다른 이들의 감정과 생각을 본능적으로 배려하는 이들을 키워낼 수 있을 것이다. 많은 사람이 목적의식을 가지고 적극적이고 숙달된 방법으로 서로의 말에 귀를 기울인다면 거기에 얼마나 많은 가능성이 내재되어 있을지 상상해보자. 우리는 바로 그런 세상에서 살고 싶다.

모든 위대한 일은 즉흥적으로 일어난다

이 기술은 일터에서도, 집에서도 사용할 수 있다. 즉흥 연기를 하는 데 상업적인
이유가 있다는 건 안다. 하지만 내게 있어서 즉흥극의 주된 기능은 우리의 삶을 더
멋지고 풍성하고 흥미롭게 해준다는 것이다.
   - 마이클 루이스, 《머니볼》, 《플래시 보이스(Flash Boys)》 작가

결국 즉흥극은 새로운 걸 발견하기 위한 것이다. 완전히 빈손으로 무대 위
에 오르거나 회의실에 들어갔는데, 그곳을 떠날 때쯤에는 뭔가를 만들어내
게 되는 것이다. 그것의 질은 다양한 요소에 따라 달라지는데, 대개의 경우
여러분과 여러분의 팀이 지금 눈앞에 주어진 일에 자신들의 머리와 정신
을 얼마나 잘 집중할 수 있느냐에 따라 결정된다.

　우리는 세컨드 시티에서 50년 넘게 창작 활동을 직접 지켜보고 기록하
는 특권을 누렸다. 무대 위와 교실 안에서 말 그대로 수백 만 가지 시나리
오에 우리의 원칙을 시험하고 기술을 적용했다. 그 결과 알게 된 건 자기 일
에서 탁월한 성과를 올리거나 창의력과 협업 능력을 더 높이거나 보다 뛰

어난 의사 전달자가 될 수 있게 해주는 확정적인 방법도, 유일한 방법도, A 지점과 B 지점을 이어주는 선 같은 것도 없다는 사실이다. 그러나 여러분이 결국 어떤 길을 가게 되건 많은 도움이 될 도구는 줄 수 있다.

이 책을 쓰는 것도 즉흥적인 행동이었고 그 과정에서 수많은 것들을 새롭게 발견했다. 리더를 발전시키는 즉흥극의 역할에 대해 연구하는 동안 맬컴 놀즈(Malcolm Knowles)의 8가지 리더십 원칙을 우연히 발견했다. 그중에서도 특히 4번째 원칙이 아주 흥미로웠다.

"창의적인 리더는 개성을 매우 중요시한다. 사람들은 강요된 고정 관념이나 확실하게 정해져서 할당된 책임에 따르려고 할 때보다 자신만의 독특한 강점과 관심사, 재능, 목표를 바탕으로 움직일 때 더 고차원적인 일을 한다고 느낀다."

이 개념 덕분에 어떤 기억이 떠올랐다. 우리가 이 결론 부분을 쓰고 있을 때 세컨드 시티 졸업생인 해럴드 래미스(Harold Ramis)의 죽음을 애도하고 있었다. 〈동물 농장〉, 〈고스트버스터즈(Ghostbusters)〉, 〈괴짜들의 병영 일지(Strieps)〉, 〈캐디쉑(Caddyshack)〉, 〈사랑의 블랙홀(Groundhog Day)〉 외에도 수많은 작품에 참여한 이 다작 배우/작가/감독은 우리 극장에서도 사랑받는 멘토였다. 여러 해 동안 다양한 자리에 패널로 참석해 얘기하는 해럴드의 모습이 담긴 비디오테이프를 훑어보면서 그가 1999년 12월에 한 이런 말을 찾아냈다.

"대부분의 사람들은 감독이 통제하는 역할을 한다고 생각합니다. 사실 세컨드 시티에서는 말하자면 일을 도모하는 역할 쪽이 더 큽니다. 일을 어떻게 하라든가 공연을 어떻게 바라봐야 한다고 지시를 내리는 게 아니라 조력자가 되어서 사람들이 자신의 가장 좋은 부분을 깨닫도록 도와주는 거죠. 일반적으로 감독이라고 하면 소재를 선택하고 그걸 해석한 다음 그에 대한 자신의 비전을 충족시켜줄 배우를 찾는다고들 생각합니다. 하지만 세컨드 시티에서는 다릅니다. 이곳 사람들은 끊임없이 새로운 아이디어를 뱉어냅니다. 우리는 그들이 최고의 아이디어를 포착해서 그걸 형상화시킬 때 그저 그들이 보지 못한 연결 고리를 찾아준 뒤 거기에 약간 광을 내주는 역할을 합니다."

놀즈와 래미스는 같은 얘기를 하고 있다. 진정한 리더십이란 개인이 본인의 강점을 발휘해서 참여하고 약점이 있어도 서로 뒷받침해주는 강력한 앙상블을 구축하는 것이라고.

만약 우리가 혁신 분야에서 번창하고 싶다면 실패의 오명을 벗어야만 한다. 이 극장 설립자들은 1959년에 이미 그 사실을 알았기에 독창적인 작품 제작을 핵심 사업으로 삼아 이 나라 역사상 가장 큰 성공을 거둔 극장 중 하나를 만들 수 있는 길을 닦았다.

우리는 이 책을 쓰는 내내 서로의 사무실에서 많은 시간을 보내면서 우리가 일을 제대로 하고 있는지 자문해봤다. 부디 제대로 하고 있기를 바라지만, 어쨌든 그런 대화를 통해서 또 하나의 중요한 진실을 깨달았다.

우리는 혹시 뭔가 잘못된 건 아닐까 하는 두려움 때문에 행동이 둔해져서는 안 된다. 지금껏 수없이 잘못을 저질렀다. 즉흥극의 원칙을 잊고 사람들을 밀어내거나 그들의 말에 귀를 기울이지 않거나 "네, 그리고요"가 아닌 "아뇨, 하지만"이라고 말하기도 했다.

그러나 여기에도 중요한 점이 하나 있다. 우리는 그런 판단 착오를 반성한다. 우리가 잘못했다고 말한다. 그리고 더 잘하기 위해 애쓴다.

우리가 경험한 이런 혁명에는 완벽함을 위한 자리가 없다. 세상은 계속해서 바뀌고 속도가 점점 빨라지면서 더 많은 노력을 요구하고 있다. 변화와 혁신의 절정에 오르려고 애쓰건 아니면 스스로 그런 변화를 만들어내려고 애쓰건, 이런 변화에 발맞춘다는 건 상당히 어려운 일이다. 그래도 두려워할 필요는 없다. 즉흥극은 미지의 세계에서 길을 찾을 수 있는 완벽한 도구다.

유연성을 키우는 다양한 실습들

이 책 전체에 걸쳐 조직 내에서 시도해볼 수 있는 다양한 실습 방법을 제시했다. 하지만 너무 많아서 기억하기 힘들기 때문에, 편하게 참고할 수 있도록 한번에 정리했다. 그리고 각 실습이 어떤 목적을 위한 것인지 설명을 곁들였다.

1. 노출, 49쪽

방법

참가자들을 두 줄로 세우고 3미터쯤 떨어진 거리에서 서로 얼굴을 마주보게 한다. 두 그룹이 서로를 바라보며 서 있는 것이다. 그렇게 잠시 서 있게 하다가 사람들이 눈에 띄게 불편한 기색을 보이면 방의 다른 곳을 쳐다보면서 뭔가를 세어보라고 한다(예: 벽의 벽돌, 천장의 타일 등). 몸을 꼼지락거리면서 불편해하던 기색이 사라지고 다들 주어진 일에 집중하게 된다.

주목할 부분

어딘가에 집중하면 두려움이 사라지고 정신이 또렷해진다는 사실을 참가자들이 깨닫게 한다.

2. 한 단어 이야기, 73쪽

방법

6~10명 정도씩 둥글게 모여 앉게 한 뒤 독창적인 이야기를 하나 만들게 하는데 이때 각자 한 번에 단어를 하나씩만 말할 수 있다. 첫 번째 참가자가 단어 하나로 이야기를 시작하면 차례로 옆 사람으로 이어지면서 이야기가 진행된다. 다음 사람들도 각자 전체 이야기에 단어를 하나만 보탤 수 있다. 이 실습을 몇 분 동안 하다 보면 아주 재미있고 예상치 못한 이야기가 완성된다.

주목할 부분

'예스, 앤드' - 각 참가자는 자신들만의 독특한 방식으로 다른 사람의 아이디어를 인정하고 발전시켜서 혼자 구상했을 때보다 훨씬 재미있는 이야기를 만들어낸다.

3. 나를 빼고 얘기하세요, 93쪽

방법

참가자들을 둘씩 짝지은 뒤 주제에 상관없이 '나'라는 단어를 사용하지 말고 대화를 나누게 한다. 실습을 마친 뒤, 이걸 제대로 하려면 무엇이 필요하고 참가자들이 아이디어를 서로 나누거나 다른 사람의 추천한 내용을 평가하는 데 어떤 도움이 되는지 대화를 나눈다.

주목할 부분

앙상블의 중요성 - '나'를 빼고 진행되는 이야기에 집중할 수 있게 해주고 화자들이 서로 상대방을 의식하게 한다.

4. 거울, 104쪽

방법

참가자들을 둘씩 짝지은 뒤 서로 마주보게 한다. 한 사람에게는 자기 얼굴과 몸을 조금씩 움직이게 하고, 다른 사람에게는 앞사람이 하는 모든 행동을 그대로 따라하게 한다. 그런 다음 리더를 바꾼다. 마지막으로 둘 중에 이끄는 쪽이 없어도 계속 서로를 따라할 수 있는지 살펴본다.

주목할 부분

앙상블 구축 - 이 실습은 자신의 모든 관찰력을 동원해 상대방에게 집중하는 기분이 어떤지 알 수 있는 기회를 준다.

5. 기브 앤 테이크, 108쪽

방법

팀원들이 방 전체에 넓게 흩어져서 서게 한다. 처음에는 한 사람씩 간단한 신체적 신호(예: 상대방의 눈을 바라보거나 손가락으로 가리키거나 어깨에 손을 올리는 등)를 이용해 다른 팀원에게 '관심을 주게' 한다. 그 다음에는 똑같은 방법을 이용해(예: 그 사람 앞에 서거나 옆에 서서 그 사람의 팔을 흔드는 등) 상대방의 관심이 자신에게 쏠리게 하라고 시킨다. 마지막으로 이 두 가지를 동시에 해보라는 과제를 내준다. 다른 사람에게 관심을 줬다가 다시 자신에게 관심이 쏠리게 하는 것이다.

주목할 부분

앙상블 작업 – 잘만 하면 여러 팀원들이 똑같은 방법으로 관심을 주고받는 데 익숙해져서 브레인스토밍 시간이 좀 더 생산적으로 진행되고 전략 회의를 할 때의 긴장도 완화된다.

6. 전체의 일부, 118쪽

방법

사람들이 방 전체에 넓게 흩어져서 서게 한 뒤 그들이 흉내 낼 수 있는 형태의 사물(예: 동물, 트럭, 프린터)을 제시어로 준다. 참가자들이 자기 몸을 이용해 그 형태를 만들면서 각자 다양한 부분을 구성하게 된다. 그 다음에는 좀 더 복잡한 것(예:

식품점에서 쇼핑하는 사람, 수족관 물고기 등)을 제시한다.

주목할 부분

앙상블 작업 – 이 실습은 그룹 안에서 일하면서 성공하고자 하는 사람은 남들을 통제하려는 생각을 기꺼이 버리고 자기가 맡은 역할을 수행해야 한다는 사실을 강조한다.

7. 그 말 취소하세요, 184쪽

방법

참가자들은 제안에 따라 어떤 장면을 즉흥적으로 연기한다. 리더가 종을 울릴 때마다 배우는 자기가 마지막에 말한 문장이나 구절, 단어를 다른 걸로 바꾸고 거기에서부터 다시 장면을 계속 이어나간다.

예시

참가자: 난 개를 키웁니다.

(땡!)

참가자: 난 고양이를 키웁니다.

(땡!)

참가자: 몸에 발진이 생겼어요. (이런 식으로 장면이 계속 진행된다.)

지금 이 시간에 집중하고, 참가자들을 혼란에 빠뜨려서 다음에 할 말을 미리 계획

하거나 생각해두지 못하게 한다.

변형

종이 없어도 연습을 할 수 있다. 강사가 그냥 "그 말 취소하세요!" 혹은 "다른 말

을 선택하세요!"라고 외치면 된다. 이렇게 변형된 방식으로 실습을 할 때는, 때때

로 리더가 참가자에게 그가 말한 구절이 아니라 행동을 다른 걸로 바꿔보라고 할

수도 있다. 예컨대 "방금 그 말씨로 다시 말해보세요"나 "다른 춤동작을 보여줘

요!"처럼 말이다.

8. 감사의 조각상, 188쪽

방법

참가자들이 커다랗게 원을 그리며 모여 서게 한다. 지원자에게 먼저 해달라고 부

탁한다. 한 사람이 원 중앙으로 나와 어떤 포즈든 취하게 한다. 그가 포즈를 취하

면 다른 참가자가 원 중앙으로 나와 첫 번째 사람을 톡톡 두드린 뒤 자기만의 포

즈를 취한다. 첫 번째 사람은 "고맙습니다"라고 말한 뒤 다시 제자리로 돌아간다.

각자 두어 번씩 차례가 돌아갈 즈음이면 사람들이 움직이는 속도가 빨라지기 때

문에 일이 좀 더 신속하게 진행된다. 마지막에는 원 중앙에서 포즈를 취하고 있는

사람을 톡톡 두드리지 않고, 한 명씩 가운데로 나가 다른 사람들이 이미 취하고

있는 포즈를 좀 더 발전시켜서 결국 하나의 조각상을 만들어낸다. 원에 단 두 사람만 남으면 현재 만들어져 있는 조각상의 이름을 짓게 한다.

주목할 부분

공동 창작 – 이 실습은 참가자들이 동료들에게 비판당할 것이라는 두려움 없이 자신의 아이디어를 내놓는 능력을 키워준다. 비판보다는 서로의 아이디어를 뒷받침해주고 자기 아이디어에 너무 매달리지 않는 것에 초점을 맞춰야 한다.

9. 감정적 옵션, 190쪽

방법

참가자들을 둘씩 짝지어 주제에 상관없이 대화를 나누게 한다. 그들이 얘기하는 중간 중간에 강사가 다양한 감정을 소리쳐 말한다. 그걸 신호 삼아 두 사람은 그 감정이 실린 목소리로 대화를 계속해야 한다.

주목할 부분

공동 창작 – 변화에 잘 대처하는 방법과 동료들과 효과적으로 의사소통하는 방법을 가르친다.

10. 동조자를 따르라, 225쪽

방법

사람들이 둥글게 원을 그리고 앉게 한다. 리더의 신호에 따라 둥글게 모여 앉은 모든 사람들이 각자 소리를 내고 몸을 움직이기 시작한다. 하지만 그와 동시에 각자 다른 사람이 내는 소리와 움직임도 흉내 내야 한다.

주목할 부분

앙상블 리더십 – 그룹 내의 다른 사람들에게 주목해서 결과적으로 모두가 하나의 단위로 협력하는 방법을 배우는 연습이다.

11. 누가 리더인가? 241쪽

방법

사람들이 원을 그리고 선 뒤 그 중 한 사람이 원 중앙으로 나와 눈을 감는다. 다른 사람들은 말은 하지 않고 몸짓을 이용해 자기들 중 누가 리더가 될 것인지 정한다. 그리고 리더의 몸짓과 움직임을 소리 내지 않고 천천히 따라 하기 시작한다. 가운데 있는 사람은 지시에 따라 눈을 뜨고 누가 리더인지 알아내야 한다.

주목할 부분

리더십과 관찰 – 이 실습은 항상 변화하는 역학 관계 내에서 리더십이 작동하는 방식을 이해할 수 있게 도와준다.

12. 침묵하는 조직, 242쪽

방법

나이순으로, 나이가 가장 많은 사람부터 차례로 일렬로 늘어선다. 이를 위해 서로 의사소통을 할 수 있게 해주는데 이때 말은 하면 안 된다. 서로 시선을 맞추거나 소리, 몸짓 등만을 사용할 수 있다. 실습을 반복하면서 점점 추상적인 특성(가장 비관적인 사람부터 낙관적인 사람까지, 형제자매가 가장 적은 사람부터 가장 많은 사람까지 등)에 따라 팀원들을 정렬시킨다.

주목할 부분

리더십 - 이 실습은 보다 친밀하고 효과적인 커뮤니케이션과 관찰 방법을 가르쳐 주는데, 특히 과업을 완수하기 위해 많은 사람들을 조직화하는 일에 도움이 된다.

13. 진주 목걸이, 243쪽

방법

모든 사람이 앞을 향해 일렬로 선다. 줄의 첫 번째 사람에게 대화의 첫 문장을 주고 마지막 사람에게 마지막 문장을 준다. 첫 번째 사람이 강사가 가르쳐준 첫 문장을 말하면, 줄을 따라가면서 각자 그와 연결되는 문장을 즉흥적으로 하나씩 말해야 한다. 그리고 마지막 사람 차례가 되면 그 사람도 강사가 알려준 문장을 말한다. 이때 중요한 점은 첫 문장부터 마지막 문장까지 최대한 논리적으로 이어져야 한다는 것이다.

284

주목할 부분

경청 - 이 실습은 남의 말에 좀 더 귀 기울이고 자기가 말을 꺼내기 전에 다른 사람들이 한 말을 깊이 생각할 수 있게 하는 데 아주 좋은 실습이다.

14. 반복, 254쪽

방법

참가자들이 둘씩 짝을 짓게 한다. 두 사람은 서로 마주본 상태로 앉거나 서 있는다. 두 사람이 대화를 시작하게 하는데 각자 한 번에 한 문장씩만 말해야 한다. 첫 번째 사람은 아무 말이나 상관없이 해도 되지만, 상대방은 대답을 하기 전에 앞사람이 방금 한 말을 반복해야 한다. 이 과정이 실습 내내 계속된다.

예시

인물 1: 새로 온 상사는 옷을 아주 잘 입어요.

인물 2: 새로 온 상사는 옷을 아주 잘 입어요. 잠옷 같은 내 청바지가 부끄러울 정도라니까요.

주목할 부분

경청 - 이 실습은 말하는 사람의 생각이 다 끝날 때까지 귀를 기울인 다음 자기가 대답할 말을 생각하거나 표현하기 위한 연습이다.

15. 마지막 단어에 응답하세요, 260쪽

방법

참가자들이 둘씩 짝을 짓는다. '반복' 실습 때처럼 아무 주제에 대해서나 대화를 나누는데, 이때도 한 번에 한 문장씩만 말하게 한다. 하지만 앞 사람이 말한 문장 전체를 반복하는 게 아니라, 상대방 문장의 마지막 단어로 자신의 문장을 시작해야 한다.

예시

인물 1: 아무리 애써도 항상 수학 시험에서 낙제점을 받았어요(No matter what I do, I always fail my math tests).

인물 2: 시험 말이죠, 나도 잘 본 적이 한 번도 없어요(Tests - I've never been good at them).

주목할 부분

경청 - '마지막 단어에 응답하세요' 같은 실습은 일상적인 대화를 나눌 때 자기가 동료들의 말을 얼마나 귀담아 듣지 않는지 증명하는 좋은 방법이다.

16. 손짓으로 전하고 눈빛으로 말하세요, 266쪽

방법

사람들을 둘씩 짝지은 뒤 대화를 나누게 한다. 이들은 신체적 접촉이나 강렬한 시선을 주고받는 방법으로만 의사소통을 할 수 있다.

이 실습은 말을 나누기 위해서는 상대방이 있어야 한다는 걸 보여준다. 진정한 커뮤니케이션을 위한 토대를 마련하는 방법이다.

17. 횡설수설 게임, 266쪽

방법

참가자들 중에서 세 명을 뽑는다. 두 사람은 단어와 소리로만 이루어진 알아들을 수 없는 말로 대화를 나눈다. 세 번째 사람은 다른 이들을 위해 그들의 대화 내용을 '통역'해야 한다. 역할을 바꿔서 반복한다.

주목할 부분

경청과 집중 - 참가자들은 의사소통 과정에서 상대방이 하는 말뿐만 아니라 그의 모든 것에 집중하는 법을 배운다.